JN069445

あなたの聴かない世界

スピリチュアル・ミュージックの
歴史とリスニングガイド

西暦	音楽史	出来事	日本での出来事
1830		英、産業革命から本格工業国化へ。	
1848		フォックス姉妹によるハイズビル事件発生。	
1849		ニューヨーク州ロチェスターにて世界初のスピリチュアリスト集会が開催される。	
1854		エリファス・レヴィがパリで「薔薇十字団」を再建。	
1859		チャールズ・ダーウィン「種の起源」発表。キリスト教保守派に衝撃をもたらす。	
1861		南北戦争（1865年まで）	
1865		第一期KKK（1874年まで）	
1868			明治維新、日本近代の始まり。それまでの神仏習合から神道と仏教を完全に区別させるのが目的で神仏分離令が発令される。
1875		マダム・ブラヴァッツキー、ヘンリー・オルコットらによりニューヨークで「神智学協会」設立。	
1882		英国ケンブリッジ大学にて心霊現象研究協会（SPR）が発足。	
1885		米国心霊現象研究協会（ASPR）発足。	
1888	ジョゼファン・ペラダン設立の「薔薇十字カバラ教団」にエリック・サティとクロード・ドビュッシーが参加。	英国にて「黄金の夜明け団」設立。	
1889		アドルフ・ヒトラー誕生。チャールズ・ゴドフリー・リーランド著『アラディア　魔女の福音』出版。	勅令第一12号、宗教教育の禁止が発令。

西暦	音楽史	出来事	日本での出来事
１８９０	最初期のブルースが無名のブルース・マンによってはじめられる。		教育勅語により、国家神道は宗教を超越した教育の基礎と認定される。
１８９２			大本創始。
１８９５	スコット・ジョップリンによりラグタイムが大流行する。		
１８９８			上田喜三郎（出口王仁三郎）高熊山で神秘体験。大本の出口なおの下へ。
１９００	ニューオリンズ歓楽街でジャズが演奏されるようになる。メンフィス・デルタ・ブルースの流行。	「黄金の夜明け団」よりアレイスター・クロウリー追放される。	
１９０１		ソ連民俗学者ウラジミール・ボゴラスがチュクチ族のシャーマン儀式に参加中、世界初の霊界音源を蓄音機に録音する。	
１９０３		ロシアで反ユダヤ主義のポグロム激化。対抗してシオニズム運動発生（１９０６年まで）。ドイツ地政学者カール・ハウスホーファー、チベットでグルジエフの弟子となる（１９０８年ごろまで）。ジェーン・エレン・ハリソンを中心に民俗学研究所ケンブリッジ・スクールが設立。ネオペイガン研究の拠点となる。	
１９０４			日露戦争（１９０５年まで）。
１９０５		オーストリア元修道士アドルフ・ヨーゼフ・ランツ「オースタラ」発行し、「リスト協会」を創設。	
１９０６			神社合祀により一町村一神社を基準にローカルな神社が取り壊される。
１９０７		アドルフ・ヨーゼフ・ランツ、「新テンプル騎士団」創設。	

西暦	音楽史	出来事	日本での出来事
1908		独地政学者カール・ハウスホーファー、日本に在住し緑竜会に合流（1910年まで）。ヒトラー、ウィーン時代（1913年まで）にランツ・フォン・リーベンフェルスの影響を受ける。	
1909		イタリア詩人フィリッポ・トンマーゾ・マリネッティによる未来派創立宣言発表。未来派運動へ。	
1910			御船千鶴子、福来友吉らによる千里眼事件。日本で催眠術などブームに。幸徳秋水による大逆事件。
1912		後のトゥーレ協会の母体となるゲルマン騎士団創設。アレイスター・クロウリー「東方聖堂騎士団 OTO」へ参加。英国OTO首領に着任。ドイツ「メルク社」がMDMAを開発するも商品化を断念。	
1914		第一次世界大戦(1918年まで)。古い欧州の安定したバランスが崩壊する。	
1915		第2期KKK（1944年まで）。	
1916		帝政ロシアの祈祷師グレゴリー・ラスプーチンが暗殺される。	浅野和三郎、秋山真之が大本入信。
1917		ラスプーチンの予言通りロマノフ王朝が倒れ、ロシア革命が起こる。世界初の社会主義国家誕生。	秋山真之、大本脱退。アンチ大本に転身。
1918		独「トゥーレ協会」設立。ルドルフ・ヘスやカール・ハウスホーファーらが参加。同時期ハウスホーファーがヴリル協会設立。	谷口雅春、友清歓真、大本入信。
1919		ディートリッヒ・エッカルトがヒトラーにトゥーレ協会を紹介。ダイアン・フォーチュン、OTOの分派アルファ・エ・オメガに入信。	友清歓真、大本脱退。

西暦	音楽史	出来事	日本での出来事
1920	ビッグ・バンド・ジャズがシカゴ、NY、カンサスで流行。ブラインド・レモン・ジェファーソン、ベッシー・スミス、リロイ・カーなど戦前ブルースの流行。シカゴでブギウギの流行。	伊シチリアにてアレイスター・クロウリーがテレマ僧院設立。独ナチス党誕生。	岡田茂吉、大本入信。友清歓真、神道天行居創始。
1921		伊ファシスト党誕生。マーガレット・マレー（1863-1963）『西洋における魔女崇拝』出版。	第一次大本事件。出口王仁三郎、霊界物語口述開始。
1922		NYでフリーメイソン関連「ルシファー出版社」が設立され、そこで世界初「ニューエイジ」という概念が言語化される。ダイアン・フォーチュン、内なる光の同胞団（フラタニティ・オブ・インナー・ライト）設立。グラストンベリーとロンドンにそれぞれ活動拠点を設ける。	大本教から浅野和三郎、谷口雅春が脱退。臼井甕男、鞍馬山にて神秘体験後に臼井電気療法学会を設立。
1923	アイルランド系ギャング、オウニー・マドゥンがNYハーレムに「コットンクラブ」をオープン。デューク・エリントン、キャブ・キャロウェイ、ルイ・アームストロングなどを輩出する。	独ミュンヘン一揆。アドルフ・ヒトラー逮捕。ヒトラー、獄中でハウスホーファーと出会う。伊にてマリネッティが未来派ファシズム宣言。	浅野和三郎、「心霊科学研究会」創設。関東大震災。大杉栄、伊藤野枝殺害事件。
1924		伊にてマリネッティ、ファシスト党入党。未来派運動分裂へ。	出口王仁三郎、モンゴルにて馬賊とともにモンゴル独立運動。張作霖に捕えられ処刑されかけるも日本領事館介入で帰国。
1925		アレイスター・クロウリー、O.T.O.のO.H.O.就任。ナチス親衛隊SS創設。後にドイツのオカルト総本山となる。	出口王仁三郎、北京にて「世界宗教連合会」を設立。
1926		ナチスによるチベット調査開始（1942年まで）。	
1927		ダイアン・フォーチュン、アルファ・エ・オメガ追放。	友清歓真、神道系秘密結社「神道天行居」を創設。
1928			浅野和三郎、ロンドン開催「第三回国際スピリチュアル会議」参加。

西暦	音楽史	出来事	日本での出来事
1929		ナチスがチベットにてアガルタ派修道士〝緑の手袋の男の会〟とコネクションを作る。ハインリヒ・ヒムラーがSS最高責任者に就任。ムッソリーニ、バチカン市国を独立国家と認める。	
1930	スウィング・ジャズの流行。ロバート・ジョンソン、サンハウスなどカントリー・ブルースの台頭。	ベルリンにナチスのオカルト研究所、ヴリル協会ロッジ設立。ハウスホーファー最高指導者に就任。	生長の家立教。
1931		マーガレット・マレー『魔女の神』出版。これに影響されケンブリッジ・スクールで新魔女運動の始まる。	帝国陸軍、橋本欣五郎率いる秘密結社「桜会」がクーデター未遂事件、「三月事件」「十月事件」をおこす。満州事変（フグ計画）。
1933		「アーネンエルベ」設立。ナチス党権力掌握。	小林多喜二拷問死事件。
1934		ヒトラー総統誕生。長いナイフの夜事件。	岡田茂吉、大本脱退。出口王仁三郎と黒龍会の内田良平による救国運動団体、昭和神聖会結成。皇国思想に基づく運動だったにも関わらず、国家転覆とみなされる。
1935		ジョルジュ・バタイユとアンドレ・ブルトンらが秘密結社「コントル・アタック（逆襲）」を結成。	第二次大本事件。大本教全活動禁止。岡田茂吉、世界救世教創始。
1937		独でフリーメイソン活動禁止。ジョルジュ・バタイユ、秘密結社「アセファル（無頭人）」をパリ郊外サンジェルマンの森のなかで結成する。	浅野和三郎死去。『小桜姫物語』出版。
1938		水晶の夜。	
1939		第二次世界大戦（1945年まで）。アーネンエルベ、ナチスSSの下部組織化となる。ジェラルド・ガードナー（1884－1964）が大魔女オールド・ドロシーに導かれ魔女世界〝ニューフォレスト・カブン〟に参入。ウィッカの始まり。	

西暦	音楽史	出来事	日本での出来事
1940	マンネリ化したスウィング・ジャズへの反発からビバップが生まれ、モダン・ジャズを形成していく（1960年代まで）。モダン・ブルース、リズム&ブルースの誕生。		
1941			太平洋戦争（1945年まで）。
1944			岡本天明、トランス状態で「日月神示」を自動書記する。
1945		独無条件降伏。ヒトラー死去。ベルリンの廃墟から多数のドイツ軍服を着たチベット人の遺体が発見される。エジプトでナグ・ハマディ文章発見。	日本ポツダム宣言受諾。大本教活動再開。
1946		ハウスホーファー、切腹自殺。米国にて第三期KKK設立（現在に到る）。ジェラルド・ガードナーがアレイスター・クロウリーと接触。OTOに入信する。	
1947		アレイスター・クロウリー死去。ジェラルド・ガードナー『高等魔術の効験』出版。	
1948		イスラエル建国。	出口王仁三郎死去。
1949			生長の家教団法人化。
1950	ハードバップの時代、マディ・ウォーター、バディ・ガイなどバンド編成のシカゴ・ブルース台頭。R&Bとカントリーを融合させたロックンロールの誕生。		
1951	DJのアラン・フリードがラジオ番組「ムーンドッグ・ロックンロール・パーティー」を開始。	英国で虚偽霊媒行為取締法廃止。魔女としての活動が法律上認められる。ジェラルド・ガードナーが自らのカヴンを作る。オールド・ドロシー死去。	

西暦	音楽史	出来事	日本での出来事
1953		CIAによるMKウルトラ作戦開始（1960年代末に計画中止）。ジェラルド・ガードナーが自らのカヴンに後の大魔女となるドリーン・ヴァリアンテを入社させる。	
1954	エルヴィス・プレスリー「ザ・ヒルビリー・キャット」名義で歌手デビュー。	ジェラルド・ガードナー『今日の魔女』出版。新魔女運動に大いなる影響を与えガードナー派魔女術が伝統派として定着する。サンフランシスコでロン・ハバートが「サイエントロジー」開設。	
1955	ビル・ヘイリー「ロック・アラウンド・クロック」大ヒット。プレスリー初TV出演。宗教団体やPTAから苦情殺到もスター街道を驀進する。チャック・ベリー「メイベリーン」でデビュー。リトル・リチャードがデビュー。		
1956	ジェーン・マンスフィールド主演ロックンロール映画「女はそれを我慢できない」公開。	アレン・ギンズバーグ『吠える』発表。オースティン・オスマン・スパー死去。	
1957	ビートルズの前身バンド、クオリーメン結成。	ジェラルド・ガードナーとドリーン・ヴァリアンテが決裂。ジャック・ケルアック『路上』発表。米国ロケット工学者でアレイスター・クロウリーの弟子であったジャック・パーソンズが自宅で謎の爆死を遂げる。カルフォルニアのボーリング場で冗談宗教「ディスコード教団」設立。	
1958	ロックにとって初の闇の時代到来。プレスリー徴兵で2年間兵役に。リトル・リチャード引退後牧師になり「ロックは悪魔の音楽」と批判。	米国でビートニク現象が巻き起こる。	
1959	バディ・ホリー、リッチー・ヴァレンス、ザ・ビッグ・ボッパーの乗ったチャーター機が2月3日アイオワ州で墜落。パイロット含む全員が死亡。「音楽が死んだ日」と呼ばれる。	スウェーデンの映画プロデューサー、フレデリック・ユルゲンソンが野鳥の声を録音中に偶然電子音声現象EVPを採取。霊界音源研究に開眼する。ウィリアム・S・バロウズ『裸のランチ』発表。	

西暦	音楽史	出来事	日本での出来事
1960	英国ツアー中エディ・コクランとジーン・ビンセントが乗ったタクシーが街路樹に衝突事故。コクランが翌日死亡する。クオリーメンがザ・ビートルズに改名。	アドルフ・シュライバー率いるアルマーネン教団によりアリオゾフィ思想が復活。レイモンド・バックランド（1934‐2017）がジェラルド・ガードナーと出会う。	第一次安保闘争。国会前にデモ隊33万人集結。岸信介がデモ対のカウンターとして児玉誉士夫を通して全国愛国者団体会議など、総勢3万8千人あまりの右翼団体、任侠団体を招聘。東京大学活動家、樺美智子が安保闘争で死亡。
1962		カルフォルニアのビッグ・サーにエサレン研究所が設立される。NYを中心にフルクサス運動が発生。	
1963	ジャマイカ、キングストンのスラムにてボブ・マーリーとピーター・トッシュらがティーネイジャーズを結成。のちにウェイラーズと改名。	テキサス州ダラスでジョン・F・ケネディ大統領が暗殺される。	
1964	ザ・ヴェルヴェット・アンダーグラウンド結成。デヴィッド・ボウイ、デビュー。	アンディ・ウォーホル、NYにファクトリー開設。マーシャル・マクルーハン『メディア論‐人間拡張の諸相』発表。	
1965		米国が北ベトナムを爆撃。グレッグ・ヒル&ケーン・ソーンリーが『プリンキピア・ディスコーディア』を地下出版が米国で話題になる。	田辺昭知とザ・スパイダース「フリフリ」発表。GS作品登場。
1966	ジョン・レノンによる「ビートルズはキリストより有名だ」発言が米国で大騒動に発展。16歳のジェネシス・P・オリッジ、通っていたパブリック・スクールで「ハプニング」を企画開催。	中国で文化大革命（1977年まで）マルクス主義に基づき徹底した宗教弾圧が実行される。ワシントンで全米女性機構NOW結成。ベティ・フリーダンが初代議長に任命される。マンチェスターでアレックス・サンダースがマクシーンと出会い、アレクサンドリア派魔女術として英メディアを賑わす。サンフランシスコでピーター・コヨーテ、エメット・グローガンによりアナーキズム劇団ディガーズが組織される。サンフランシスコでアントン・ラヴェイが悪魔教会を設立。アレキサンダー・シュルギンがMDMAを再発見する。	ビートルズ日本公演。詩人ナオキ・サカキを中心にバム・アカデミーが形成される。

西暦	音楽史	出来事	日本での出来事
1967	サイケデリック・ロックの時代。	サンフランシスコ、ゴールデンゲートパークでヒューマン・ビーイン発生。サマー・オブ・ラブ発生。ヘイト・アシュベリー崩壊→サンフランシスコ北部マリン・カウンティーにてニューエイジ運動を形成。チャールズ・マンソン出獄。米国にてエド・フィッチがペイガン・ウェイ設立。やがてガードナー派の外部団体に認定される。	新宿バム・アカデミーと国分寺の山尾三省グループが合体し「部族」を名乗りコミューン運動へ発展。東京国分寺「エメラルド色のそよ風族」、長野県富士見高原「雷赤鴉族」、鹿児島県トカラ列島諏訪瀬島「がじゅまるの夢族（のちにバンヤン・アシュラマに改名）にてコミューン運動を始める。このがじゅまるの夢族にゲイリー・スナイダーがティモシー・リアリーのLSDを持ち込み集団投与される。新宿ではマスコミによるフーテン・ブームが頂点に。警視庁に「フーテン課」設立。
1968	ストーンズのブライアン・ジョーンズがモロッコでブライオン・ガイシンの導きのもとジャジューカを録音（ジョーンズ死後1971年リリース）。ジェネシス・P・オリッジ、トランスメディア・エクスプロージョン参加。	米国でLSDが非合法化（日本は1970年）。NYでラディカル・フェミニスト運動W.I.T.C.H.が始まる。シカゴで第一回ウーマン・リブ会議開催。全男性抹殺団S.C.U.M.のバレリー・ソラナスによるアンディー・ウォーホル狙撃事件発生。	全共闘、新左翼を中心に第二次安保闘争始まる。楯の会発足。三島由紀夫「文化防衛論」発表。椛島有三、全国学生自治体連絡協議会（全国学協）結成。「エメラルド色のそよ風族」により国分寺に日本初のロック喫茶「ほら貝」オープン。また「エメラルド色のそよ風族」のコミューンに家宅捜査が入り日本初の大麻取締法違反容疑で5名が検挙される。国際反戦デーの10／21新宿騒乱事件勃発。2万人のデモ参加と743名の逮捕者を出し新宿フーテン文化は終わりを迎えた。ベ平連を中心にベトナム戦争米兵の脱走幇助活動組織「ジャテック」の台頭。
1969	ブライアン・ジョーンズ、ストーンズ脱退直後に変死体で発見される。ストーンズ企画によるサンフランシスコ・フリー・コンサートでオルタモントの悲劇が発生。ジェネシス・P・オーリッジによりクーム・トランスミッション発足。	オルタモントの悲劇。シャロン・テート殺害事件。グラディ・マクマートリーOTO再建。アポロ11号月面着陸。	GSブームが下火に。「がじゅまるの夢族」のコミューンが（「POPEYE」や「宝島」に多大な影響を与えた）米国ニューエイジ雑誌「ザ・ホール・アース・カタログ」に紹介され、諏訪瀬島がインドのゴアやネパールのカトマンズ、アフガンのカブールと並ぶヒッピーの聖地として紹介される。
1970	ビートルズ解散。グラストンベリー・フェスティバル開催。現在にまで至る定期フェスティバルに発展。ジミ・ヘンドリックス、ジャニス・ジョップリン死去。	英国、日本でそれぞれ第一回ウーマン・リブ会議が開催される。	三島由紀夫、森田必勝ら楯の会による三島事件。日本青年協議会発足。日本でLSDが麻薬指定される。

西暦	音楽史	出来事	日本での出来事
1971	ジム・モリソン死去。	魔女、ドルイド、ヒーザンなどのミクスチャー・ペイガン運動ザ・ペイガン・フェデレーションが英国で創設される。ラトビア共和国心理学者コンスタンティン・ラウディヴが霊界音源に関する著書『ブレイク・スルー　死者との電子工学的コミュニケーションの驚異的実験』を発表。	
1972	ジョン・レノン〝女は世界の奴隷か！〟発表。本人曰く「世界で初めて女性解放運動について歌った歌」。	ウォーターゲート事件。アイスランドでアサトル協会設立。ウィーン・アクショニストのオットー・ミュールがフリー・セックス・コミューン「フリードリッヒス・ホーフ」を設立。	連合赤軍による山岳ベース事件、あさま山荘事件。日本赤軍によるテルアビブ空港乱射事件。鈴木邦男、一水会発足。
1973	ニューヨーク・ドールズ・デビュー。NYブロンクスでクール・ハークがDJを開始。後のヒップホップへとつながる。	スターホークがサンフランシスコで女性のためのワークショップを開き、写真、美術、詩、思想などを教える。レイモンド・バックランドがガードナー派離脱、サクソン族の民間信仰を取り入れたシークス・ウィッカを立ち上げる。エリカ・ジョング著『飛ぶのが怖い』がベストセラーに。	日本オカルト・ブーム。新新宗教ブーム（阿含宗、GLA、崇教真光、幸福の科学、統一教会など）。新宿風月堂閉店。諏訪瀬島にヤマハの高級レジャー施設進出計画に対する反対運動「ヤマハ・ボイコット運動」スタート。部族のみならずゲイリー・スナイダーやアレン・ギンズバーグも参加。
1974	ラモーンズ、パティ・スミス・グループ、テレヴィジョン、デビュー。ニューヨーク・パンク時代。アフリカ・バンバータがラップ、DJ、ブレイクダンス、グラフティといったブラック・カルチャーを「ヒップホップ」と命名する。	後に国家ボリシェヴィキ党を結党するエドワルド・リモノフがロシアよりニューヨークへ亡命し、CBGBでラモーンズに夢中になる。	ヤマハ・ボイコット運動の拠点として東京西国分寺にCCC大使館（宇宙子供連合）設立。伊勢神宮にて神社本庁、生長の家、崇教真光らにより「日本を守る会」発足。
1975	スロッビング・グリッスル結成。インダストリアル・ミュージックの誕生。	ベトナム戦争終結。スターホーク、サンフランシスコでウィッチクラフトを教えるカヴンを結成。元プレイボーイ編集者ロバート・アントン・ウィルソンがロバート・シェイとの共著『イルミナティ』三部作発表。	東京練馬のコミューン「星の遊行群」企画によるキャラバン。4月より半年間沖縄から北海道まで部族も参加しての一大ムーブメントとなる。個人の旅を基本としながらも新月や満月にはあらかじめ決められたジョイント・ポイントに皆が集まりコンサートや集会を開いた。ちなみにオープニング集会は御殿場の日本妙法寺で開催され、裸のラリーズやアシッド・セブン、タジマハール旅行団、南正人、久保田真琴らが出演した。このコミューンのネットワークから誕生したのが西荻窪のホビット村である。奄美大島で無我利道場設立。枝手久島石油備蓄基地設立反対運動や徳之島の核燃料再処理施設設立反対運動へ。

西暦	音楽史	出来事	日本での出来事
1976	セックス・ピストルズ「アナーキー・イン・ザ・UK」リリース。12月TV番組出演時にピストルズのメンバーが放送禁止用語を連発し騒動となる。クームがICAで企画した展覧会「プロスティテューション」が保守党議員ニコラス・フェアバーンなどから「公的資金を使用した文明の破壊者！」と批判されお茶の間レベルの社会問題に発展する。ジョン・デンバーがコロラドにニューエイジ・コミューン設立。	ピーター・キャロルとレイ・シャーウインがIOT設立。英国でケイオス・マジックが始まる。Apple I発売。アレキサンドリア派から独立したファーラー夫妻がアイルランドへ移住。国民的人気を博す。	
1977	プレスリー死亡。マーク・ボラン29歳で自動車事故死。ボランはかつてフランスで同棲していた魔女に「あなたは若くして大成功を収めるが、30歳までに血まみれで死ぬだろう」と予言されていたという。アナーコ・パンク創始グループ、クラス結成。NYマンハッタンにラリー・レヴァンでおなじみの伝説的クラブ「パラダイス・ガラージ」誕生。シカゴではフランキー・ナックルズを輩出するウェアハウスがオープン。	ロバート・アントン・ウィルソン〝コズミック・トリガー　イリュミナティ最後の秘密〟発表。	日本にニューエイジ文化が「精神世界」という名前で紹介される。
1979	英国でシャム69、コックニー・リジェクツ、ブリッツなどパンク右派によるストリート・パンク、Oiパンクなどが活性化。	スターホーク『スパイラルダンス』出版。西ドイツのフェミニスト活動家ペトラ・ケリーが「諸派・緑の党」を結成。イギリスで公共団体の労働組合によるストライキが激化。その影響で消費が冷え込み「不満の冬」発生。結果、労働党が失墜し保守党マーガレット・サッチャー長期政権に繋がる。スリーマイル島原発事故。	オカルト専門雑誌「ムー」創刊。
1980	ジョン・レノン暗殺。	ドイツ「諸派・緑の党」が反原発系左派と迎え「緑の党」結成。スターホーク、フェミニストのためのカウンセリング・センターであるリクライミングを創設する。	大本分裂。津村喬、京都気功会、神戸気功塾創立。諏訪瀬島のバンヤン・アシュラマ解散。
1981	スロッビング・グリッスル解散→サイキックTVへ。そのシンパとともにケイオス・マジック教団シー・テンプル・オブ・サイキック・ユース設立。ソニック・ユース結成。マウンテンビューのタワーレコードに世界初の「ニューエイジ・ミュージック」コーナー設立。	英国グリーナム・コモン空軍基地での巡航ミサイル配備に対するフェミニズム運動「グリーンナム・コモン女性平和キャンプ」発生。	

西暦	音楽史	出来事	日本での出来事
1982	クラウス・ノミがエイズで死去。世界初のエイズで死んだ有名人となる。W・S・バロウズ『シティーズ・オブ・ザ・レッド・ナイト』刊行記念にジェネシス・P・オリッジ主催によりロンドンで「THE FINAL ACADEMIE」開催。	ドイツ緑の党から右派グループ脱退。「グリーナム・コモン女性平和キャンプ」、女性主義から完全に女性限定の運動へとシフト。政治運動に神秘主義、ペイガニズムなどが導入される。スターホーク『ドリーミング・ザ・ダーク』出版。フォークランド紛争勃発。イギリスとアルゼンチンが戦争状態に。イギリス軍死者256名、アルゼンチン軍死者746名を出し終結。	
1983	ロンドンで世界初のインダストリアル・ノイズ・イベント「ザ・イクイノックス・イベント」が開催される。	ロンドンのゲイ・コミュニティー間で抗鬱剤として処方されていたMDMAが流行。ティモシー・リアリー著『サイケデリック版チベット死者の書』ブーム。サマー・オブ・デスへ。	
1984		R．U．シリアスを中心にカリフォルニアにてサイバーカルチャー・マガジン「Mondo 2000」発足。ウイリアム・ギブソン『ニューロマンサー』発表。サッチャー政権による炭鉱閉鎖措置に伴い炭鉱ストライキ激化。ストライキ派と反ストライキ派で死者を出す暴力事件に発展するも、最終的にはストライキ派が敗北。以後イギリスにおける労働組合運動の弱体化に拍車をかけた。米国ではクラック・ブームが表面化、社会問題となる。	
1985	ライヴエイド開催。クラス解散。レゲエ・ジャパン・スプラッシュ開催、レゲエ・ブームへ。	ラジニーシプーラムでテロ未遂事件。ラジニーシ米国追放。SF作家、評論家ガードナー・ドゾクがサイバー・パンク宣言。スターホーク&モニカ・シューがグリーナム・コモン女性平和キャンプ参加。	世界的にMDMA非合法化（日本は1990年）され、東京が世界レベルのMDMA大国化。世界中のDJが集結。谷口雅春死去。この頃より生長の家が「国際平和信仰運動」へとシフトしていく。
1986	ロンドンでフレア・アスウィンを中心としたコミューン「エンクレーヴ・エグゼクティヴ」が発生。カレント93、デス・イン・ジューン、コイルらのメンバーがサロンを形成する。グラミー賞にニューエイジ部門が設立される。	チェルノブイリ原発事故。米ネバダ州ブラックロック砂漠でバーニング・マンがスタート。	

西暦	音楽史	出来事	日本での出来事
1987	セカンド・サマー・オブ・ラブにより現在のクラブ・カルチャーが誕生。米国ツアー中のサイキックTVがシカゴでアシッドハウスに遭遇する。ニルヴァーナ結成。	ホゼ・アグエイアス、ハーモニック・コンバージェンス運動。ニューエイジ運動の大衆化。アンディー・ウォーホル死去。アラン・ムーア「ウォッチメン」発表。	オウム真理教設立。藤沢悪魔祓いバラバラ殺人事件発生。
1988	ホアン・アトキンス「Techno!The New Dance Sound Of Detroit」発表。デトロイトよりテクノ誕生。FRONT 242 が Electric body Music 宣言。		長野県八ヶ岳にていのちの祭り開催。「ノー・ニュークス、ワン・ラヴ」をテーマに日本全国の部族のみならず大手企業やブランド、メディアも巻き込んで1万人以上の参加者を集める。
1989	Dr.Motte によりベルリンでラブ・パレード誕生。	天安門事件。東西冷戦集結。ジャロン・ラニアーによりヴァーチャル・リアリティーの概念が定まる。	坂本弁護士殺害事件。
1990	ロンドン・アンダーグラウンド・ダンス・カルチャーでジャマイカなど移民二世を中心にジャングル・シーンが形成される。	ベルリンの壁崩壊。ラジニーシ死去。	第39回衆議院選挙に真理党出馬（全員落選）。第七サティアンから歴史上ない量のLSD（OLストリート）が東京を中心に出回る。芝浦 GOLD にて「ECCO NIGHT」。
1991		湾岸戦争。ソ連解体。ジョン・モーゲンサラー『頭の良くなる薬、スマートドラッグ』出版。サンフランシスコでスマート・バー開店。	「日本を守る国民会議」発足。黛敏郎を議長に三波春夫なども参加。
1992	ノルウェー・ブラックメタル・シーンでバーズムのヴァルグ・ヴィーカネスが地元の有名な礼拝堂を放火＆全焼させたことをキッカケにインナーサークル運動が過激化。		
1993	ヴァルグ・ヴィーカネス（バーズム）がユーロニモス（メイヘム）を刺殺。	米国でIT革命。「WIRED」創刊。モスクワでエドワルド・リモノフ、アレキサンドル・ドゥーギンにより国家ボリシェヴィキ党が結党される。	細川内閣誕生。
1994	ゴア・トランス全盛期へ（1998年ころまで）。	英国にて反レイブ法案である「クリミナル・ジャスティス・アンド・パブリック・オーダー・アクト1994」が可決。	小選挙区制導入。藤田小女姫殺害事件。

西暦	音楽史	出来事	日本での出来事
1995	ミネアポリスの高校生ライアン・シュライバーがピッチフォーク・メディアを設立。	英国ウォーリック大学にてニック・ランド、セイディ・プラントを中心にCCRU結成。米メディア理論家ダグラス・ラシュコフ『サイベリア～デジタル・アンダーグラウンドの現在形』発表。	阪神淡路大震災。オウム真理教事件。
1996	レインボー2000開催。	ティモシー・リアリー死去。太陽寺院事件。ヘヴンズ・ゲート事件。	オウム真理教、宗教法人上解散。
1997		ウイリアム・バロウズ死去。	「日本を守る会」と「日本を守る国民会議」が統合、「日本会議」が誕生。酒鬼薔薇事件。
1998	ゴア・トランスからサイケデリック・トランスへ（2000年代初頭まで）。	ドイツ緑の党と社会民主党の連立政権誕生（2005年まで）。	
1999	ラブ・パレード、参加者数150万人突破。ピークに。		
2000		テレンス・マッケナ死去。グリーナム・コモン女性平和キャンプ解散。ロシア大統領にウラジミール・プーチン就任。	長野県鹿島槍スキー場にていのちの祭り「ネバー・ニュークス、エバー・グリーン」開催。8000人動員、トランス世代への世代移行が見受けられる。生長の家、環境運動本格化。シガチョフ事件勃発。
2001		9・11アメリカ同時多発テロ。ジョン・C・リリー死去。	e-japan 戦略宣言。日本のIT革命。伊藤英明マジックマッシュルーム事件勃発。
2002			マジックマッシュルームがイリーガル化。日本スピリチュアル・コンベンション開催。月刊23曜日開始。
2004	ジョン・バランス（コイル）死去。	マーク・ザッカーバーグがFacebookを開設。	ケイオスマジックワールドミーティングin荻窪。
2005		動画共有サービスYouTubeがサービス開始。ロンドン同時爆破事件。	オーラの泉。日本独自のスピリチュアル大衆文化がお茶の間レベルで広まる。日本協議会結成。「発達障害者支援法」施行。脱法ドラッグ問題が話題になる。

西暦	音楽史	出来事	日本での出来事
２００６	ダフト・パンクのコーチュラ・フェスティバル出演をきっかけにElectronic Dance Musicというジャンルが誕生。	イスラム国家樹立運動ＩＳＩＬ発生。	第一次安倍内閣（２００７年まで）。
２００７		ロバート・アントン・ウィルソン死去。動画共有サービスの世界的認知確立。	
２００８			大阪個室ビデオ放火事件。サント・ダイミ教のダイミ茶による影響と噂される。秋葉原通り殺傷事件。
２００９	ピクチャープレーンことTravis Egedyがウィッチハウス宣言。	オーストラリアで助産婦たちの魔女運動結社The School Of Shamanic Womancraft設立。	民主党政権樹立。
２０１０	ダニエル・ロパティン（ワンオートリックス・ポイント・ネヴァー）「Chuck Person's Eccojams Vol.1」発表（ヴェイパーウェイブ誕生）。ラブ・パレード死亡事故により終了へ。ジェネシス・P・オーリッジ秘密結社THE ONE TRUE TOPI設立。	アラブの春（２０１２年まで）。	Dommune開始。
２０１１	ジェームス・フェラーロ「far Side Virtual」発表。ヴェクトロイドがマッキントッシュ・プラス名義で「Floral Shoppe」発表。ヴェイパーウェイブの確立。DJ LilがTwitter上でシーパンク宣言。	スティーヴ・ジョブズ死去。アル・カイーダ指導者ウサマ・ビンラディンが米諜報機関により殺害される。貧困と格差社会の是正を求めるオキュパイ運動がウォール街より発生。	東日本大震災。福島第一原子力発電所事故。
２０１２	セイント・ペプシ「Empire Building」発表。フューチャー・ファンクやヴェイパー・ブギ発生。マイアミのウルトラ・ミュージック・フェスでマドンナがモーリー（ＭＤＭＡ）発言し物議を呼ぶ。	アラブの春崩壊、ＩＳＩＬ躍進、中東情勢の混迷化。米国ワシントン州、コロラド州で嗜好用大麻の私的使用が合法化。ニック・ランド「暗黒啓蒙論」発表。	富士山のすそのはらキャンプ場でいのちの祭り２０１２開催。動員数８０００人。第二次安倍内閣（２０１５年まで）。中沢新一「グリーンアクティブ」運動。谷崎テトラによる新ヒューマン・ビーイン運動。
２０１３	ルー・リード死去。ネット上でのヴェイパーウェイブ・フェス"#SPF420FEST"開催。	元アメリカ国家安全保障局ＮＳＡ局員エドワード・スノーデンがＮＳＡによる国際敵監視網を全世界に暴露、ロシアに亡命する。ウルグアイが世界初の大麻合法化を宣言。	東京リチュアル設立。ウフィカ設立。

西暦	音楽史	出来事	日本での出来事
2014		ISILによる湯川遥菜、後藤健二の拘束、殺害事件発生。テロの過激化が顕在化される。米国アラスカ州、オレゴン州、ワシントンDCで嗜好用大麻が合法化。	第三次安倍内閣。
2015	サイバーナチなどのファッショウエイブ登場。	パリ同時多発テロ。ミシェル・ウェルベック『服従』発表。	
2016	ボブ・ディランがノーベル文学賞受賞。デヴィッド・ボウイ死去。	英国、国民投票によりEU離脱が決定化する。フロリダのゲイクラブでISIL支持者が銃乱射（オーランド銃乱射事件）。50人死亡。カルフォルニア州、マサチューセッツ州、ネバダ州、メイン州が嗜好品大麻を、フォロリダ州、アーカンソー州、モンタナ州、ノースダコダ州が医療用大麻を合法化。	ロシア国内でのオウム真理教活動が停止される。相模原障碍者施設殺傷事件発生。
2017	CDや有料ダウンロードなど音楽販売をしていないチャンス・ザ・ラッパーがグラミー賞を受賞。アリアナ・グランデが公演を行なっていたマンチェスター・アリーナでイスラム過激派による自爆テロ発生。23名死亡。	ドナルド・トランプ米国大統領就任へ。トランプ大統領、地球温暖化対策のパリ協定から米国の離脱を表明。ドイツが医療大麻を合法化。グアムで大麻合法化案が提出される。米国匿名掲示板4chanにてQアノン登場。	
2018		カナダが大麻合法化。米バーモンド州が嗜好大麻合法化。	麻原彰晃（松本智津夫）以下13名のオウム真理教幹部の死刑が執行される。
2019	チャイルディシュ・ガンビーノがコーチェラ2019でオーディエンスとジョイントを回し吸いするパフォーマンス。	ドナルド・トランプ、メキシコ国境の壁建設のため国家非常事態を宣言。	京都アニメーション放火事件発生。35人が死亡。あいちトリエンターレ表現の不自由展に対し文科省が補助金不交付を宣言。
2020		COVID-19が世界に蔓延。新型コロナ時代突入。	菅義偉内閣発足。
2021		ジョー・バイデンが第46代米国大統領就任。米連邦協議会議事堂乱入事件発生。	

まえがき——霊的リスニング・ガイドブックとしての『あなたの聴かない世界』について

例えばあなたがローリング・ストーンズのファンだったとしよう。そしていくつかのストーンズ作品を聴きこんでいくうちに、あなたは彼らの音楽的ルーツが気になりだす。そのルーツを調べていった結果、あなたはチャック・ベリーやロバート・ジョンソンなど古いロックンロールやブルースに出会うことになるはずだ。そのときあなたはこう思うことだろう。「ああ、ストーンズはこんな想いであの曲を作ったんだなあ」と。

しかしもっと片寄っていて不穏な文化的側面……そう、スピリチュアリズムやオカルティズムからストーンズのルーツを探求した場合はどうだろう？　なぜブライアン・ジョーンズはモロッコの山奥まで行き現地民族音楽ジャジューカを録音しなければならなかったのか（なぜフィールド録音音源にあんなエフェクトをかまさなければならなかったのか）？　そしてブライアンはなぜすぐその後溺死体となって発見されなければならなかったのか？　ブライアンが死んだ同年、ブライアンを追い出したミック・ジャガーはなぜオカルティスト映画監督ケネス・アンガー作品で謎の電子ノイズがピーピー鳴っているだけのサントラを制作するに至ったのか？

もっといえばケネス・アンガー繋がりで映画「ルシファー・ライジング」のサントラをレッド・ツェッペリンのジミー・ペイジが担当依頼されたが結局アンガーからボツにされ、変わってサントラ担当がチャールズ・マンソンのファミリー構成員で当時獄中にいたボビー・ボーソレイユになったのはなぜなのか？　そしてせっかく作った作品をボツにされ激怒するジミー・ペイジが20世紀最強のオカルティスト、故アレイスター・クロウリーの城を購入していたのはなぜなのか？

それらの謎をデコードすることによって初めて「聴こえてくる音」がこの世の中には存在するのだ！

僕自身がこのような問題に興味を持つようになったきっかけは1981年サイキックTVとの出会いによるものが

大きい。当時サイキックTVはテンプル・オヴ・サイキック・ユース「TOPY」というケイオス・マジック秘密結社を組織していた。しかしインターネットもない当時の日本で得られるTOPYの情報はほとんど皆無であり、音楽雑誌では「何かワケのわかんない宗教にハマってるw」的扱いでお茶を濁されることがほとんどだった。しかも驚くべきことにインターネットが普及した現在に至っても「何かワケのわかんない宗教にハマってたww」という認識はあまり変わっていないのだ。はたしてこれは日本だけの現象なのだろうか？　われわれは霊的進化から見放された憐れむべき存在なのだろうか？？

このような音楽とその根幹となるスピリチュアリズムやオカルティズムの相関性を探求する試みを目的として「あなたの聴かない世界」はスタートした。「聴きとれない領域」こそが重要であることをモットーとして。

本書では近代から現在に至る音楽とスピリチュアリズム、オカルティズムの相関的流れを時系列的に追ってみた。

第一章では近代スピリチュアリズムの発祥から、神智学協会、ナチズム、世界大戦への流れとともに、日本の霊的イデオロギーの系譜として出口王仁三郎を中心に取り扱ってみた。

第二章では世界大戦以後のサマー・オブ・ラブと、そこから誕生したカウンターカルチャーによって大戦時壊滅されたスピリチュアリズム、オカルティズムが復活していく経緯、そしてニューエイジ運動と日本の精神世界ブームについて言及している。

第三章では1970年代中期に発生したパンク&インダストリアル・ムーブメント、ユースカルチャーとしてのケイオス・マジックを中心に述べている。

第四章では1987年のセカンド・サマー・オブ・ラブと呼ばれたムーブメントとテクノシャーマニズムや、ミーム化するケイオス・マジック、そしてヴェイパー化するアシッド・キャピタリズムとポスト・ヒューマンの未来について考察してみた。

さらに読者の霊的リスニングにおける具体的イメージを召喚すべくレコード作品紹介も各章ごとに大量に付け加えた。いわゆる一般的な音楽ジャンルとしてはバラバラな作品たちだが、「あなたの聴かない世界」という概念を通すことで、新たな発見と共通項を見出すことができるはずだ。

音楽を触媒として人類の秘教的領域に侵入すること。そこで聴こえる「何か」を体験すること。「あなたの聴かない世界」はそのための水先案内人を目指すものである。

第一章 ―― ドーン・オブ・ザ・スピリット

フォックス姉妹とスピリチュアリズムの夜明け

19世紀中盤、電気や電波、X線など科学の発達にともない従来のキリスト教の力が弱まったことから英米を中心に盛り上がりをみせたスピリチュアリズム（霊性主義）。人間は死後オートマティックに神のもとに召されるのではなく、魂として別次元に存在し続けるという思想・哲学であるこのスピリチュアリズムは、当時のハルマゲドン思想をうたった千年王国信仰ブーム[※1]を背景にしながら、単なるキリスト教カウンターとしてのみならず、奴隷解放やフェミニズムなどリベラルな社会運動の一旦も担っていった。現在では「そんな非科学的なこと」と笑われがちなスピリチュアリズムが、そもそもは科学の発達により生まれた思想であるところが興味深い。

やがてそんなスピリチュアリズムの流れに一大転機を巻き起こす重大事件が発生する。1848年米国ニューヨーク州は北のはずれの村で起こった通称「ハイズビル事件」である。

事件の主人公であるフォックス一家がハイズビルのとある一軒家に引っ越してきたのが1847年12月11日。ほどなくして一家は夜な夜なその家で起こる怪奇現象——どこからともなく鳴り響くコツコツというラップ音[※2]——に悩まされるようになる。おかげですっかり寝不足になってしまったフォックス一家であったが、慣れというのは恐ろしいもので1849年3月31日、次女マーガレット（当時11歳）と三女キャサリーン（7歳）は子供ながらの無邪気さから、怪現象の原因主であろう幽霊に対し対話を試みるのであった。

2人は指をパチパチ鳴らしながら「オバケさんオバケさん、真似してごらんなさい」と幽霊を挑発。するとノリが良い幽霊もいたもので、2人が指を鳴らした数と同じラップ音を返信するではないか。その様子を見た姉妹の母親は「どうやら霊とはラップ音の数を介してコミュニケーションができるらしい」ことを確信。その夜のうちに、フォックス一家は近所の村人たちを家に招き入れ幽霊との公開交信を実施した。

人間側がアルファベットを読み上げ、それを受けた幽霊がAならAの箇所でラップ音を鳴らすことによってアルファベットを綴り会話を成立させるという、画期的すぎる異次元コミュニケーション手段をその夜のうちに開発。結果、この幽霊の事情が判明する。幽霊の生前の名前はチャールズ・ロズマ。彼は行商人をしていたが、ある日この家に宿泊したときに前の住人に５００ドルを奪われたあげく殺害され、地下室に埋められたのだというではないか。

早速翌日には事実確認すべく皆で地下室の発掘作業に取り掛かるが、掘った場所から湧水があふれてきてその日は作業を断念。約４か月ほど経過した夏のある日、湧水もだいぶ引いたので村人たちが調査を再開すると、少量ながら人骨と髪の毛が発見された。[※3]

この事件はたちまち全米に報道され、一大センセーションを巻き起こす。

一夜にしてスピリチュアル界の代名詞となったフォックス姉妹はその後、歳の離れた長女リア[※4]をメンバーに加え、ニューヨークを中心に全米各地を霊媒巡業するようになる。世界初、スピリチュアリズムのエンターテイメント化である。姉妹の人気はピーク時には１５０万人を超えるファンを獲得し、フォックス一家はビッグ・マネーを手中にした。まさに元祖アメリカン・ドリームといえよう。

しかし好事魔多し。アメリカン・ドリームにありがちな堕落の罠がフォックス姉妹を襲う。長女リアの独裁支配とマーガレット&キャサリーンの不和、抑圧のストレスからくるマーガレットの重度アルコール中毒など姉妹の精神的な不安定さがピークに達した１８８８年、50歳になったマーガレットはこれまでのラップ音の正体は霊現象などではなく、自分の足首や膝の関節を鳴らしていたものだとヤラセ暴露する衝撃の手記を発表。多くのスピリチュアリズム信者を失意のどん底に叩き落した。

これには反スピリチュアリズム勢力（キリスト教保守派）が当時精神的、金銭的にボロボロだったマーガレットを買収した説が伝えられており、事実マーガレットはヤラセ暴露から約１年後に前言撤回「ヤラセ暴露は反スピリチュアリズム勢力に買収されて仕方なくウソをついたもの」と逆暴露。キャサリーンとともに再び霊媒活動にカムバックするもすでに取返しはつかず、姉妹が表舞台に返り咲くことはなかった。そしてほどなく貧困と失意のなかでマーガレットは55歳、キャサリーンは51歳で波乱の生涯の幕をひっそりと閉じたのであった。

はたしてフォックス姉妹の霊媒能力は本物だったのか？　真相は現在も藪の中のままだが、19世紀後半から20世紀前半にかけての米国のみならずイギリスや欧州、さらには日本をも巻き込んだ空前絶後のスピリチュアル・ブームのきっかけを作ったのはフォックス姉妹、そしてハイズビル事件であったことは間違いない。そう、フォックス姉妹こそがスピリチュアリズムにおける夜明けの口笛吹きだったのだ。

※1　**千年王国信仰**　ここではヨハネ黙示録20章4節から7節に言及されたキリスト教終末論を指す。新宿歌舞伎町入口などで「悔い改めよ！」と宣伝してるアレ。キリストが降臨、この地上に至福の千年を直接統治するという思想。その後には最後の審判がくだされる。１８４０年代ニューヨーク州では特にこの思想が力を持ち、「キリストがお見えになる前に少しでも我々の住む社会をより良くしておかないといけない」とリベラルな社会運動に発展した。この千年王国信仰を支えたのがスピリチュアリストとユートピア的生活共同体グループだったという。

※2　**ラップ音**　何もないはずの空間で突然謎の音が発生する現象として知られるが、そのラップ音という呼び名が広まったのもこのハイズビル事件がきっかけ。

※3　**人骨と髪の毛が発見された**　当時は、少量すぎるという理由で事件としては取り扱われなかった。しかしフォックス一家の死後１９０４年、お化け屋敷として心霊スポットとなっていた事件現場の地下室に忍びこんだ悪ガキたちが偶然（！）二重扉を発見。そのなかからは人間ひとり分の人骨と行商人が使用するブリキ箱が発見される。これをボストンの新聞が大スクープとして報じ、ハイズビル事件は再度全米にセンセーションを巻き起こした。ちなみにこの後日談にもインチキ説は存在する。

※4　**長女リア**　次女マーガレットと23歳も歳が離れた長

女で事件当時は他所の家に嫁いでいた。ハイズビル事件をきっかけにマーガレット&キャサリーンに近づき霊媒や交霊のエンタメ化を図る。諸説は色々あるが妹たちに相当恨まれていたことだけはガチっぽい。

スピリチュアリズムから魔術ルネッサンスの時代へ

フォックス姉妹のハイズビル事件をトリガーとして、全米で巻き起こったスピリチュアリズム・ブーム。ハイズビル事件翌年1849年にはニューヨーク州ロチェスターにて世界初のスピリチュアリスト集会が開催され、1855年になると米国のスピリチュアリズム肯定派は100万人を超えたと伝えられている。

交霊会も盛んに行なわれるようになり、フォックス姉妹に続けとばかりに多くの霊媒師や超能力者が登場した。そこには一般主婦からの参戦も目立ったという。これは中世までの欧米オカルト運動が知的、社会的エリート、かつ男性中心によって行なわれてきたことと対照的で、スピリチュアリズムが大衆運動的、土俗的であったこととと関係深い。

やがて米国霊媒師たちの人気はイギリスや欧州でも噂となる。前述のフォックス姉妹のケイトや伝説の霊媒師ダニエル・ダグラス・ホーム[※1]など、イギリスから招待された複数の人気霊媒師たちが交霊会ツアーのために海を渡りブームを伝えた。

ところでイギリスや欧州でのスピリチュアリズム・ブームは大衆的、土俗的な広がりをみせた米国のブームと異なり、官邸や富豪のサロン、社交界など上流階級からの支持を中心に広がりをみせる。知識人、文化人も多く関わるようになり、スピリチュアリズムを科学の力で研究しようという運動が盛んになった。

1882年に英国ケンブリッジ大学にて心霊現象研究協会（SPR）が発足する。哲学者・論理学者ヘンリー・シジウィックを初代会長にスピリチュアリズムの真相を科学的に解明しようとする組織であり、これを受けて1885年には米国でも米国心霊現象研究協会（ASPR）が発足された（初代会長は心理学者スタンレー・ホール）。

この協会の支持者には詩人・古典研究者フレデリック・マイヤーズ、物理学者ウィリアム・フレッチャー・バレット、イングランド国教会牧師にして霊媒師でもあるウィリアム・ステイントン・モーセス、生物学者アルフレッド・ラッセル・ウォレス、近代超心理学の父ジョゼフ・バンクス・ライン、精神医学・心理学者カール・グスタフ・ユングから、詩人アルフレッド・テニスン、「不思議の国のアリス」作者ルイス・キャロル、「ハックルベリー・フィンの冒険」作者マーク・トウェイン、「シャーロック・ホームズ」作者アーサー・コナン・ドイル[※2]など、欧米知識階級のスーパースターたちが列挙。

協会はポルターガイスト、エクトプラズム、テレパシー、サイコメトリー、テレキネシスなどといった超常現象概念を産み出し、その活動は創設から約30年の間最も盛んであったという。しかし霊現象の科学的解明は、やがて霊現象のトリック暴きへと移行していき、結果コナン・ドイルを筆頭としたスピリチュアリズム肯定派の大量離脱を招いてしまう。

このように当時のスピリチュアリズムは肯定派にせよ懐疑派、否定派にせよ、あくまでも科学や近代思想に基づいた運動、研究であり、前時代的なオカルトや魔術といったものとは別物である、と強くスピリチュアリスト側から主張されていたものであった。

一方、スピリチュアリズム側から否定されていたオカルト、魔術の世界もこの19世紀末に大きな転換期を迎えていた。魔術ルネサンス時代の到来である。

フランスではロマン派詩人で隠秘学思想家のエリファス・レヴィ[※3]が1854年パリで薔薇十字団[※4]を再建。これが現代魔術の復活の狼煙となった。そのレヴィの弟子であるスタニスラフ・ド・ゲータ伯爵がジョゼファン・ペラダンとともに「薔薇十字カバラ教団」を設立したのが1888年。「薔薇十字カバラ教団」には作曲家エリック・サティやクロード・ドビュッシーが参加していた。

1890年になるとペラダンが独立し「カトリック薔薇十字聖杯神殿教団」を発足させる。1892年、宗教と芸術の融合を目指した「薔薇十字サロン展」第一回にはサティが作曲した「薔薇十字団のファンファーレ」が演奏された[※5]。

イギリスではフリーメーソン[※6]が当時のスピリチュアリズム・ブームに影響されて1866年「英国薔薇十字協会」をロンドンに設立。その会員であったウィリアム・ウェストコット、マクレガー・メイザーズ、W・R・ウッドマンの3人が、よりハードコアなオカルト学を研究する秘密結社設立を目指し1888年「黄金の夜明け団」を結成。アイルランド詩人で劇作家のノーベル文学賞作家ウィリアム・バトラー・イェイツ[※7]や魔術師アレイスター・クロウリー[※8]、オスカー・ワイルド夫人であるコンスタンス・メアリらを巻き込み、分裂や権力闘争、「暁の星」への改名や分裂を繰り返しながら1923年までスキャンダルを巻き起こし続けた。

スキャンダルといえば「黄金の夜明け団」から1900年に追放されたアレイスター・クロウリーの右に出るものはいないだろう。1903年、代表著書『法の書』を書き上げ、自らの秘密結社「銀の星A∴A∴」設立。1912年にはテンプル騎士団[※9]を起源とするドイツのフリーメイソン系秘密結社「東方聖堂騎士団 OTO」へ参加。英国OTO首領に着任する。

魔術界の覇道を突き進みイケイケ状態のクロウリーは1920年イタリアのシチリア島に悪名高き「テレマ僧院」を設立。「汝の欲するところをなせ」をモットーに、セックス&ドラッグス&性魔術に没するインモラルなパーティー・ライフに明け暮れていたが、インモラルすぎて信者のひとりラウル・ラヴィディが変死[※10]してしまう。これに激怒したムッソリーニはクロウリーをイタリアから追放。自国イギリスでもスキャンダルによる評判が最悪で、クロウリーは以後流浪の人生を余儀なくされる。やがて貧困と病苦にあえぎながら1947年イギリスの片田舎でひっそりと72歳の生涯を閉じた。クロウリーの魔術が復活するのは1960年代サイケデリック革命以降となる。

このような19世紀のスピリチュアリズムと魔術ルネサンス運動は、その後二つの世界大戦の波に飲まれ衰退の道を歩むこととなる。ルネサンスの季節は過ぎ、ある意味無邪気ですらあった同好の士によるサロン的世界はナショナリズムの季節へと移り変わる。そう、ナチズムの台頭である。

※1　ダニエル・ダグラス・ホーム（1833‐1886）スコットランド出身のアメリカ移民。空中浮遊、降霊術、身長を自在に伸縮させる、テレキネシスなどを披露した物理霊媒のスター。奇術めいたパフォーマンスで人気を博すが、生涯一度もトリックを証明されたことがないことで伝説となっている。1855年渡英、イギリス社交界で活躍し欧州にスピリチュアリズムを広めた。

※2　アーサー・コナン・ドイル（1859‐1930）　いわずと知れたシャーロック・ホームズ生みの親。1907年英ブラッドフォード近郊コティングリー村に住む2人の少女が撮影した妖精の写真による大騒動「コティングリー妖精事件」では、誰よりも真っ先に「妖精写真は絶対本物！」と主張し騒動の火付け役となったほどガチのスピリチュアリズム肯定派。

※3　エリファス・レヴィ（1810‐1875）　レヴィの著作『高等魔術の教理と儀式』（1856）、『秘教哲学入門』（1860）は19世紀魔術ルネサンスのバイブルと呼ばれている。アレイスター・クロウリーも自らを「自分はエリファス・レヴィの生まれ変わり」と吹聴するほど後のオカルト学に影響を及ぼした。

※4　薔薇十字団　17世紀初頭、ドイツの神学生ヨハン・ヴァレンティン・アンドレーエにより創作されたとされる14世紀秘密結社幻想。ドイツ貴族クリスチャン・ローゼンクロイツを始祖に、「原理」「世界の車輪」「プロテウス」の三つの書物を持ち入り、世界の秘密を極め革命をもたらす運動を目指したとされる。

※5　薔薇十字軍のファンファーレ　場末のピアノ弾きだったサティが「カトリック薔薇十字聖杯神殿教団」公認作曲家兼聖歌隊長に就任したことによって、公の場で作品を発表できたのはこのときが初めてだったという。それも一日の動員数1万1千人以上！　しかしバリバリのワーグナー信者だったペラダンと、非ワグネリアンなサティの関係がうまくいくはずもなく2人は1893年絶交宣言。しかしそこはエソテリック・サティ！　すかさず「首都芸術教会」なる秘密結社を設立。しかし司祭、信者ともにサティたったひとりというぼっちっぷりに涙が止まらない。

※6　フリーメイソン　「坂本龍馬はフリーメイソンだった！」など古今東西の陰謀論に必ずその名を表す世界一有名な友愛団体。16世紀後半から17世紀初盤にかけて、政治的混乱を極めた英国においてフィロゾフや自由思想を喧伝する知識層を中心に、英国各地で自然発生的に生まれたとされる。中世の石工組合の仁義切りのエソテリック性を模範し、「自由」「平等」「友愛」「寛容」「人道」の五つの基本理念を憲章として、世界各地、あらゆる国家、宗教をボーダレスに接続。日本にもロッジは存在し、高須クリニック医院長などが会員になっている。

※7　ウィリアム・バトラー・イェイツ（1865-1939）「黄金の夜明け団」のみならず、神智学協会アニー・ベサントと秘教研究サークルをつくったり、英国心霊現象研究会にも加入したりとエソテリック探求では文学界において右に出るものがいなかったイェイツ。しかし魔術師のクロウリーだけは本気で嫌っていたのが面白い。

※8　アレイスター・クロウリー（1875-1847）　ブラック・サバスやジミー・ペイジ、初期カレント93にまで影響を与えた20世紀最強の魔術師。「黄金の夜明け団」内紛時パリ在住マクレイガー・メイザーズ派閥に属しており、ロンドン派閥のイェイツやフロレンス・ファーと対立。1900年にパリ派切り込み隊長としてロンドン派のオフィスに殴り込みをかけ乗っ取り籠城。ロンドン派の鎮圧を目的とした「ブライスロードの戦い」で勝負をかけるも敗退し、親分メイザーズとともに除名処分をくらった。

※9　テンプル騎士団　名作映画「エル・ゾンビ」でもお馴染み、武装修道士団体。十字軍遠征時代の1119年、聖地エルサレム巡礼者の護衛目的に「9人の貧しき騎士」により結成される。激しい戦いを繰り返し世代交代していくうちにグローバル銀行の先駆けとなる金融システムを構築。国家レベルの富と権力を手中にするも、その富を狙ったフランス国王フィリップ四世の策略にハマる。「テンプル騎士団は男色にふけり悪魔的儀式を繰り返している」と異端裁判にかけられ有罪に。総長ジャック・ド・モレーを筆頭に騎士団員は激しい拷問の末処刑、1314年壊滅した。しかしその後すぐに騎士団を裁いたフィリップ四世、法王クレメンス五世が相次いで死亡。人々はこれを「テンプルの呪い」と呼んだ。

※10　ラウル・ラヴィディが変死　黒ミサで盛り上がってジステンパーにかかった猫を生贄にその生き血を飲んだという。

ダーウィン進化論と神智学協会、霊的進化論

1859年チャールズ・ダーウィンが発表した「種の起源」における生物進化論が19世紀のキリスト教保守派に与えた衝撃は現在では想像もつかないほど大きかったという。

それまでの「神は、6日で世界を創造したとき、全ての生物を個別に創った」「人間は神に似せて創られた」という旧約聖書の前提が覆され、「いやいや、あなたの祖先はサルですよ」と突然宣告されたわけだから、それはアイデンティティ・クライシスも無理がない話であったろう。

また、種の創造は「父なる神」によるものではなく「母なる自然」によってなされた、というキリスト教的男性原理主義の否定も当時の人々の混乱に拍車をかけた。

19世紀中盤の科学発達とキリスト教弱体化によって盛り上がりをみせたのがスピリチュアリズム（霊性主義）だ

ったわけだが、やがてそのスピリチュアリズムに（当時話題沸騰だった）進化論をミクスチャーさせた霊性進化論を提唱し、全く新しいユートピア像を築いた神秘思想団体が誕生する。ブラヴァッツキー夫人率いる神智学協会である。

神智学協会がニューヨークで誕生したのが1875年。当時かの地で交霊会を催していたヘレナ・ペトロブナ・ブラヴァッツキー、通称ブラヴァッツキー夫人[※1]が、その交霊会の資金的スポンサーでもあったアメリカ人弁護士にして奴隷解放運動家でもあったヘンリー・オルコット大佐[※2]たちとともに「宇宙を支配している法則についての知識を収集し普及させること」を目的に設立された。

カバラ、ネオプラトン主義、ヘルメス主義など古代宗教思想から、仏教やヒンドゥー教、キリスト教などあらゆる既存宗教の統合を目指す神智学協会は、人間には不可視とされる神々の英知を探求し、個人個人が至高の存在への進化を目指す霊性進化論をブチあげる。

スピリチュアリズムを進化論風に新しく解釈したものともいえる霊性進化論は「人間の生きる目的は、輪廻転生を通してより高度な霊的進化を果たすことにある」説を唱えた。この思想は時を越えて1960年代以降のニューエイジ運動の根幹となり、現在もなおスピリチュアル関連の思想に広く影響を及ぼし続けている。

神智学協会には様々な歴史上の人物が名を連ねた。初代インド首相ジャワハルラール・ネルーやマハトマ・ガンディー[※3]、黄金の夜明け団でも活躍する詩人のウィリアム・バトラー・イェイツ、作曲家のアレキサンドル・スクリャービン、抽象絵画のワシリー・カンディンスキー、ピエト・モンドリアン、後に人智学を唱えるルドルフ・シュタイナー[※4]などが協会に集まり、（協会から分裂するかたちとなるが）ジッドゥ・クリシュナムルティ[※5]を世に生み出した。

このように神智学協会、および霊性進化論は19世紀スピリチュアリズムを新たなるステージに推し進める功績を果たした。しかし一方では「霊性」と「進化」の概念は霊的レイシズムをも召喚することとなる。『ヴェールを脱いだイシス』（1877年）や『シークレット・ドクトリン』

（1888年）でブラヴァツキー夫人に描かれた宇宙創造史思想[※6]やアトランティス神話[※7]は、19世紀ドイツ人言語学者マックス・ミュラーが提唱し、当時大きな反響を巻き起こしたアーリア神話説[※8]とねじれたミックスを生み出し、アリオゾフィと呼ばれるオカルト運動体へと変貌を遂げるのであった。

アリオゾフィとは「アーリア（白人種）」と「ゾフィ（叡智）」の合体語でゲオルク（アドルフ）・ローゼン・ランツ[※9]が提唱したとされている。「伝説のアーリア人種とは白色人種のことであり、なかでも最も神に近い存在が金髪、碧眼、長身という身体的特徴を兼ね備えたゲルマン人種である。ゆえにアーリア人たるゲルマン人種はほかの非アーリア系有色人種との交配を避け、純潔を保ち、神への進化を目指すべきである」という人間の神性回復運動であったアリオゾフィ。　元修道士のランツはウィーンのオカルティスト、ギイド・フォン・リスト[※10]の影響の下、ランツの著書『神聖動物学』（1905年）や、自らが出版する雑誌「オスタラ」を通してアリオゾフィ思想をオーストリア、ドイツに広めた。「オスタラ」は100号を超える発行を成し遂げ、あのヒトラーも愛読していたといわれている。

アリオゾフィ運動は第一次世界大戦（1914-1918）敗戦を経て、政治的な左右の極化が進むドイツ国内で狂信的に勢力を拡大していく。そのなかでトゥーレ協会[※11]を筆頭に数多くのアリオゾフィ系秘密結社が設立され、やがてそれら秘密結社からハインリヒ・ヒムラーの秘密研究機関「アーネンエルブ」[※12]やアルフレート・ローゼンベルクによる奇書『二十世紀の神話』[※13]が誕生。本格的なナチス・オカルティズムを形成していくのだった。

※1　ブラヴァツキー夫人（1831-1891）　ロシア名門の生まれながら20歳以上年上のニキフォル・ブラヴァツキー福総督との結婚生活を嫌い1848年出奔。法律上の離婚が成立しなかった理由により、生涯ブラヴァツキー夫人と名乗る。その後イギリス、フランス、エジプト、ジャワ、インド、チベット、日本などを放浪。サーカスの裸馬乗りや霊媒師ダニエル・ダグラス・ホームの助手を務めながら、様々な宗教家や魔術師、霊媒師より教えを受ける。1870年代に渡米しニューヨークへたどり着く。基本的

に、彼女の経歴は自己申告で矛盾点も多く未だに謎が多い。

※2　ヘンリー・オルコット大佐（1832‐1907）　神智学協会初代会長。バリバリのプロテスタント育ちながら仏教学と深く関わりをもち、仏教との公式の対話を行なった最初のヨーロッパ人として知られる。また19世紀スリランカ仏教改革にも大きく貢献し、スリランカ人崇拝者からは紀元前3世紀アショーカ王の生まれ変わりとも、釈迦その人であるとも呼ばれている。

※3　ジャワハルラール・ネルーやマハトマ・ガンディー　神智学協会は古代インドの叡智に対するリスペクトからインド独立運動を支援しており、そのことは当時のインド人たちに自分たちのルーツ開眼をもたらした。また、ガンディーの尊称であるマハトマ（偉大なる魂）は神智学協会二代目会長アニー・ベサントが命名したとの説も存在する。

※4　ルドルフ・シュタイナー（1861‐1925）　オーストリア出身の神秘思想家、哲学者、教育者。41歳で神智学協会に加入し、神智学協会ドイツ支部の事務総長を務めるも、協会のインド志向強化と二代目会長アニー・ベサントとの確執（アニーが自らの養子クリシュナムルティを次世代の救世主としようとした）のため1912年脱退。すかさず同年ケルンにて人智学協会を設立。教育、芸術、運動、農業、建築、経済などあらゆるジャンルを霊的に統合しようと生涯活動を続けた。特に教育方面はこの日本でも「シュタイナー教育」として有名だが、そこでシュタイナーの神秘思想家やオカルティストとしての側面が話題になることは皆無なのが寂しい。

※5　ジッドゥ・クリシュナムルティ（1895‐1986）　南インドのチェンナイでバラモン家庭に生まれるも14歳時に神智学協会初代メンバー、チャールズ・W・レッドビーターにその才能を見いだされ、協会にて英才教育を受ける。協会二代目会長アニー・ベサントはクリシュナムルティを「高次の導師によってマイトレーヤ神に選ばれた人物」「1920年代末には神の位に到達する」として1911年〝星の教団〟指導者に任命。しかし宗教的教義に否定的だったクリシュナムルティは1929年3000人以上の信者を前に教団解散を宣言。その際の「真理はそこに至る道のない土地である」という言葉は有名。その後はインド、イギリス、アメリカ、スイスなど各国をまわり「宗教や神からも自由であれ」という思想を生涯にわたって説いた。

※6　ブラヴァツキー夫人が描いた宇宙創造史思想　ブラヴァツキー夫人は七段階に分かれる人類進化論を説いた。第一人類はアストラル体の巨大なかたまりであり、目視

不可。アメーバ体のような分裂生殖をしていた。第二人類はエーテル体までしかないハイパーボリア人。これもまた現代における肉体を持たない霊的存在。かつて北極にあった大陸に存在するも次世代レムリア人の更盛により衰退していった。第三人類はレムリア人と呼ばれる類人猿。4000年～6000年前にレムリア大陸に存在するも、大陸ごと海中に沈没。わずかに生き延びたレムリア人がエジプト人やインカ人の始祖となる。第四人類はアトランティス人。姿形的には現在の人類と同じで、すぐれた霊能力を持っていたものの、権力に固執しアトランティス大陸ごと海中に沈む。第五人類はアトランティス大陸の生き残りで、アーリア人種。第六人類はバーターラ人。この新しい人種は最初のうちこそ精神的、肉体的な奇形児とみなされるものの、着実にその数を増やし現在でのアメリカ大陸でマジョリティとなる。しかしその頃には火山の爆発や津波などの天災が頻繁化し、最終的にはアメリカ大陸ごと水没する。わずかに生き残ったバーターラ人は新たに浮上した大陸で進化を遂げ、人類における物質的周期は終了する。

※7　アトランティス神話　プラトンが紀元前355年頃に提唱した人類文明の黄金時代と衰退の伝説。神智学協会いうところの第四人類アトランティス人時代の神話。失われたユートピア伝説としてその概念は現在に至るまで（例えばサン・ラなどからも）語りつくされている。

※8　アーリア神話説　「言語学的にインドのサンスクリット語とギリシア語は同じルーツを持つ。これらを総称してアーリアン民族と呼ぶ」と当時ミュラーは唱えたが、そのスポンサーがイギリスの東インド会社であったことから、インド植民地化プロパガンダの一環であったという見解が現代では濃厚。事実、ミュラー自身が巨大化していくアーリア伝説に耐えられなくなり、後年は否定的見解を述べている。

※9　ゲオルク（アドルフ）・ローゼン・ランツ（1874-1954）　オーストリアの元修道士で反ユダヤ主義、民族主義思想家にして評論家。レイシズムとナショナリズムを神智学と混ぜ合わせた人物。1907年には新テンプル騎士団を結成し「純血化と人種的調査を行ない、美の審査と民族主義者の将来の居場所を地球の未開発地域に設立することによる、さらなる人種的自信」を目指した。オーストリアがナチス統治下になった1938年、ランツはヒトラーに自らの活動を支援するよう求めるも相手にされず、さらには雑誌「オスタラ」はじめランツ著作は発禁処分となり「ヒトラーは人種的に劣った家系出身」と逆恨みした。

※10　ギイド・フォン・リスト　ランツが心酔したオカル

ティスト。ルーン文字の魔術を初めて世に広めたり、ナチスのシンボルマークとなるスワスティカをはるかに先駆けて自らの儀式に使用したりと、後世のアリオゾフィ思想に大きな影響を及ぼす。ランツはそんなリストの功績を称え1908年リスト協会を設立した。

※11 トゥーレ協会　ルドルフ・フォン・ゼボッテンドルフにより1918年設立されたアリオゾフィ系秘密結社。ルドルフ・ヘス、アルフレート・ローゼンベルク、ハンス・フランク、ディートリッヒ・エッカート……など後のナチ党の重要人物たちが多数参加。スワスティカと剣をシンボルマークとし、ナチスの元型となったという説もあるが、1937年ヒトラーによる条例「フリーメイソンおよび類似団体活動の禁止」によりあっけなく解散に追い込まれた。

※12 秘密研究機関〝アーネンエルブ〟　1935年ヒムラーがナチスSS内に設立したエリート研究機関。選民であるアーリア人種の研究を主題に、第二次世界大戦中莫大なる予算を投入し、魔術研究から囚人を人体実験として使用した生体実験、人種改良などありとあらゆる非人道的行為がなされていたとされる。

※13 『二十世紀の神話』　ユダヤ陰謀論の原点である偽書『シオンの議定書』をヒトラーに紹介した男との説もあるナチス御用学者アルフレート・ローゼンベルクの著書。アトランティス文明から連なるアーリア人（ゲルマン人種）と非アーリア人（ユダヤ人種）の戦いを描いたヒロイック・ファンタジー。アーリア神話とユダヤ陰謀論を結び付けた。

ナチ・オカルティズム

1920年代、ナチスの登場は近代欧米におけるスピリチュアリズムやオカルティズムに多大なる影響を及ぼすこととなった。19世紀頃までは同好の士が集うサロン的運動体だったはずのスピリチュアリズムやオカルティズムは、アリオゾフィ思想を発火点としてナチス登場を境に急速に政治運動へと接近していく。

この時期のドイツは第一次世界大戦での敗北の影響から右派のみならず左派の政治運動も激しかった。しかしウィルヘルム・ライヒ[※1]が「ドイツ共産党は性的欲求も含んだ個人的欲求と、政治の間の結びつきを無視した」と指摘したように、大衆は個別的な知性よりも全体主義による血沸き肉踊る生命体験を求め、ファシズムは束の間ではあってもそんな大衆の欲望を充足させた。どうやら知的エリートたちが大衆の欲望を軽んじるのは時代を問わず万国共通のようである。そしてスピリチュアリズムやオカルティズムは大衆の側に存在していた。

ナショナリズムとアリオゾフィ思想に基づくスピリチュアリズム、オカルティズムは欲望と妄想を互いにフィードバックさせ破滅的なノイズ・シンフォニーを奏でる。世界や歴史を「神聖で、健康で、正しい」道[※2]へと導かんとする集合意識は限りなく肥大していきコントロールを失う。そしてやがてその集合意識はホロコーストへと突き進んでいくこととなる。

ナチ・オカルティズムの総本山となったのはハインリヒ・ヒムラー[※3]が統率した秘密機関アーネンエルベである。アーネンエルベ（先祖からの遺産）はその名前の通り、そもそもはドイツ文化遺産を研究する民間団体として1933年に設立された。しかしほどなくしてアドルフ・ヒトラーが政権を握り、ナチス秘密警察ゲシュタポの長官となったヒムラーの手によりナチス親衛隊SSの内部機関へと吸収されることとなる。

それでも初めのうちこそはアーネンエルベの活動内容も、かつてのトゥーレ協会に代表されるアリオゾフィ思想啓蒙を目的とした神話的考古学やルーン文字研究など、逸脱してはいるもののまだアカデミズム研究機関と「いい張れば」いえないこともなかった。しかし第二次世界大戦突入でそのリミッターは振り切れる。戦時下においてアカデミックな機関が軍事目的化してしまうのは世の常だが、科学とオカルトがボーダレスだったアーネンエルベの場合は常軌を逸した怪しすぎる活動内容も真剣に軍事目的とされた。

ハンス・ヘルビガーの「氷宇宙論」[※4]立証のためのアビシニア探検隊派遣。レイライン[※5]の研究。地球空洞説調査のためのチベット遠征。ラマ教の研究。ベルリンに設立されたナチス・オカルト局[※6]……などなど、ほとんど映画「インディ・ジョーンズ」に出てくる悪役ナチス・オカルト軍団そのもののアーネンエルベ活動にナチスは莫大な国家予算を投入。

ここで注目すべきは、これまでのスピリチュアルやオカルティズムの背後に存在していたフリーメイソンの系譜とは全く異なる流れを、ナチ・オカルティズムが生み出したことではないだろうか。ナチスはSD[※7]を通してフリーメイソンを徹底的に弾圧した。

そんななか、神智学協会時代から西洋オカルティストの聖地であり、アーネンエルベも頻繁に探検隊を派遣していたチベットでは密教界に二つの派閥が発生する。フリーメイソンと繋がるシャンバラ派と、ナチスと繋がるアガルタ派[※8]である。

アガルタ派はルドルフ・ヘス[※9]の師匠である地政学者カール・ハウスホーファー[※10]を通じてナチスと繋がり、そして別名「緑の手袋の男の会」とも呼ばれた。ベルリンに招かれたアガルタ派の修道士たちはナチスの未来についてさまざまな予言をし、ナチスもその予言に従ったという。

伝説では1945年ソ連軍の攻撃によりベルリンが陥落したとき、複数の緑色の手袋をはめたチベット人の死体が発見されたという。また、ハウスホーファーは第二次大戦前、日本に長期滞在していた時分、仏教系右翼団体「緑竜会」[※11]に入団していたという話もある。「緑の手袋の男の会」といい「緑竜会」といい、この「緑」コネクションの正体が何なのかは未だ明らかになっていない。興味深いことにナチス政権時代、ドイツでは爆発的な自然崇拝ブームだったという。

現代の「緑の党」に代表されるエコロジー運動や、自然崇拝を軸とするネオ・ペイガニズム運動の源流がナチ・オカルティズムに繋がるのであろうか？　興味と謎は尽きないままである。

※1　ウィルヘルム・ライヒ（1897-1957）　オーストリア・ハンガリー帝国領だったガリツア出身の精神分析家。ベルリン時代ナチスに対抗したドイツ共産党に籍を置くもマルクス主義すらも性的抑圧と結びつけた主張のために「非マルクス主義的ゴミ溜め」と罵倒され除名処分に。除名後もナチスやファシズムを「性的抑圧によるヒステリー表現」と分析した著書を発表し、ノルウェー、そして米国に逃亡。1939年、物理的性エネルギー微粒子「オルゴン」を発見。オルゴン研究所「オルゴノン」設立し、オルゴン・ボックスやクラウド・バスターを発明。1957年にはオルゴン・ボックス発売禁止命令にライヒが従わなかったために米国政府により投獄される。その後ライヒは9か月後にコネチカット刑務所で謎の獄死を遂げた。

※2　「神聖で、健康で、正しい」道　ヒトラー自身が大の反喫煙運動家であり、酒などのドラッグもやらず、かつベジタリアンであったのは有名な話だが、アーリア人優性政策としてナチス団員も過剰なまでの健康推進運動が課せられていた。最終的な目標としては全ドイツ国民のベジタリアン化が目指されていたという。また健康に関しては肉体面のみならず精神面にも及び、左翼思想や精神病患者は不衛生とみなされ隔離処分。また芸術においても不健全と政府に判断されたものは退廃芸術とされ処分された。

※3　ハインリヒ・ヒムラー（1900-1945）　ナチス親衛隊SS隊長、秘密国家警察ゲシュタポ長官、そしてドイツ警察のトップに立ち、ヒトラーの片腕となった人物。ナチス内部でも屈指のオカルト派であり、魔術師カール・マリア・ウィルグートを導師としてSSの中世騎士団化を目指す。古城であるヴェヴェルスブルク城を購入しSSの拠点とするとともに、その古城地下室にて悪魔召喚儀式や宇宙人とのチャネリングを日夜繰り広げていたといわれている。

※4　ハンス・ヘルビガーの「氷宇宙論」　オーストリア工学家ハンス・ヘルビガーが1912年に唱えた説。宇宙は熱い金属である星と、ガス状の宇宙氷から成り立っていて、そのふたつの衝突により地球や火星など太陽系惑星が誕生した。かつては、月は複数存在し、そのひとつが超古代に地球へと落下。アリオゾフィ思想の重要ポイントであるアトランティス大陸もこのとき滅亡したとナチスは都合よく解釈し、このトンデモ宇宙論を全面バックアップした。

※5　レイライン　1921年英国アマチュア考古学者アルフレッド・ワトキンスによって提唱された「古代遺跡の直線的配置性」を表す謎の道筋。風水的な見方や、地下水脈、地磁気の関連、UFOの移動空路などさまざまな説があるが、ナチスでは古代ゲルマン人であるチュートン民族が聖なる地を結んでレイラインを作ったという説が用いられた。The KLFのビル・ドラモンドやレディオヘッドのトム・ヨークなどもレイライン探求にハマっていることは有名。

※6　ナチス・オカルト局　ヒムラーにより創設された文字通りの機関。ブリル会、トゥーレ協会、アレイスター・クロウリーのOTOなどを統括した。

※7　SD　ナチス親衛隊SSの内部に設置された親衛隊情報部。ゲシュタポがマルクス主義、移民、国事犯を管轄したのに対して、SDは党内問題や人種、文化、教育問題やフリーメイソンを管轄していた。

※8　シャンバラ派とアガルタ派　チベットのヒマラヤにはシャンバラと呼ばれるユートピアが存在し、そのシャンバラの下にはアガルタと呼ばれる地下世界が存在するという伝説。アガルタには全世界に繋がる地下道が存在し、アガルタを制するものは世界を制すると考えられた。この思想が地球空洞説に繋がり、ヒトラーはこの地下道を通って南極に逃亡したというトンデモ説も未だ根強い。

※9　ルドルフ・ヘス（1894-1987）　ナチス党副総統。党結成当初はヒトラーの片腕として絶大なる信頼を得ていたが、その真面目すぎる性格が災いし次第にヒトラーに疎まれるようになる。党内での実権も徐々に失っていきノイローゼを患い、占星術やダウジング、夢占い、千里眼などに没頭するようになっていく。最終的には第二次大戦中ヒトラーに無断で英国へと飛行機で渡り、英国軍に拘束される。ナチスが敵視していたルドルフ・シュタイナー人智学の熱心な信者であった。

※10　カール・ハウスホーファー（1869-1946）　ド

イツ地政学者の父にしてトゥーレ協会、ブリル会に所属したオカルティスト。ナチスとチベット密教やアジア神秘主義を繋げ、ドイツの東方進出策をヒトラーに授けた人物。ドイツ敗戦後、割腹自殺する。

※11　緑竜会　実存するのか不明な秘密結社。日本ではほとんど知られていないが、海外オカルト・マニアの間では有名らしい。西暦8世紀頃紀伊半島に上陸し、以降日本の政治の諜報部隊として暗躍。忍者のルーツであるとか、ヤクザの起源であるとか、内田良平の黒龍会と繋がりがあるとか、大本教と関係あるとか、八咫烏一派であるとか……存在の有無もあわせて、とにかく怪しすぎる謎の団体。

霊界音源とITC実験

1901年、ソ連民俗学者ウラジミール・ボゴラス[※1]は彼のフィールド・ワークであるチュクチ族文化調査のため零下42度のシベリア北東にてチュクチ族のシャーマン儀式に参加。蓄音機を駆使してこの模様を記録していた。シャーマンが奏でるミニマルな太鼓に誘導され、薄暗い儀式部屋全体がトランス状態に達するなか、突如部屋の四隅から「存在するはずのない声」が話しかけてくるのを聴いた。「存在するはずのない声」はシャーマンの願いに答えるかのごとく、ボゴラスの蓄音機に向かって話しかけたという。

このように「私たちが存在する次元に、存在するハズがない音声が録音される現象」は、ELECTRONIC VOICE PHENOMENA 電子音声現象（以下EVP）と呼ばれており、トーマス・エジソン[※2]が1877年蓄音器を発明し、ヴォルデマール・ポールセン[※3]が磁気録音式ワイヤーレコーダー「テレグラフォン」を発明した1898年より現在に至るまで、さまざまな事例が報告されている。

まずはエジソンからしてその生涯を通して、霊界とのコミュニケーションには並々ならぬ関心を公言しており、晩年にあたる1920年代は霊界通信装置スピリットフォン開発に心血を注いでいたのは知る人ぞ知るエピソードだ。

「人間も魂もエネルギーであり、宇宙のエネルギーの一部である。エネルギーの総量は不変なので、魂というエネルギーは人間の死後も存在する。そしてそのエネルギーの蓄積が記憶なのだ」というエジソンの言葉からも、彼が死後の魂の存在を確信していたことがうかがえるし、スピリットフォンはエジソンのみならず人類にとっても最大の発明になるはずだった。

残念ながらそのスピリットフォンは1931年エジソンの死により、未完のまま歴史に埋もれた。しかしエジソンが発明した録音技術の進化にともない、霊界とのコミュニケーションを目指したエジソンの意思は後続の研究者たちに引き継がれていく。

現存するEVPの記録としては冒頭のボゴラスのエピソードが最古のものとなるが、そこから時を経てEVPの歴史上重要となるのがフレデリック・ユルゲンソン[※4]の存在だ。スウェーデンの映画プロデューサーだったユルゲンソンは1959年、野鳥の声を録音中に偶然EVPを採取し、その研究に目覚めた。彼はテープレコーダーやラジオなどの電子機器を使用した「霊界との交信」INSTRUMENTAL TRANSCOMMUNICATION（以下ITC）実験を繰り返し行ない、数百ものEVP音源収集に成功。1964年には『宇宙からの声』『死者とのラジオ・コンタクト』といった著書も発表、同年ITC実験についての国際会見を大々的に開き、霊界音源の存在を世界にアピールした。

そのユルゲンソンに師事し、1970年代にEVPの存在をさらにポピュラーなものとさせたのがラトビア共和国心理学者コンスタンティン・ラウディヴ[※5]だ。

ラウディヴは師匠ユルゲンソンのITC実験手法に、新たにラジオなどの「ザー」というホワイトノイズをミックスすることでEVP収集効率を格段にアップさせることに成功（ちなみにこの手法はラウディヴが霊界からの助言を受けて完成させたという）。これによりラウディヴは７５，０００以上のＥＶＰ音源を収集。１９７１年英訳発表されたラウディヴ著書『ブレイク・スルー　死者との電子工学的コミュニケーションの驚異的実験』は欧州を中心に当時大ヒットを記録する。

ラウディヴが確立したＩＴＣ実験方式、通称ラウディヴ・ヴォイスはその後欧州、アメリカ、ブラジルなどでいくつかの研究機関が設立され、１９９０年代末にはＩＮＩＴやＧＡＩＴ[※6]といったＩＴＣ実験の世界的ネットワークも立ち上げられた。

はたしてＥＶＰは存在するのか否か？　その答えは現在もグレーなままだ。だが「ある」か「なし」かを論ずるのではなく、近年ではＥＶＰの持つマジカルな音響的魅力に着眼し、ＥＶＰを音楽的に味わう動きも活性化してきている。

英国音響ノイズ・レーベルAsh Internationalが１９９９年発足させたAParapsychic Acoustic Research CooperativeはＥＶＰ音源の電子音響的可能性に着眼した作品のみをリリースするサブ・レーベルであり、そのリリース第一弾作品は英国ＥＶＰ音源研究家レイモンド・キャス[※7]が集めた霊界音源集「The Ghost Orchid. An Introduction To EVP」であった。スウェーデン電子音響作家レーフ・エレグレンがコメンタリーを務めるこの作品、驚くべきことに１９７０年代の日本で収集されたというＥＶＰ音源まで収録（でもなぜか英語）されている。

レーフ・エレグレンとはマルチメディア・アート集団PHAUSSでも行動をともにする同じくスウェーデン電子音響作家ＣＭフォン・ハウスウォルフもＥＶＰ音源の音響作品化を語る際には外せない存在だ。彼も「Parapsychic Acoustic Research Cooperative」より同郷のフレデリック・ユルゲンソンが収集したＥＶＰ音源をまとめた「From The Studio For Audioscopic Research」を２０００年に発表するほか、２００６年にはユルゲンソンやジョン・Ｃ・リリーの言語を電子音響化したアルバム『The Wonderful World Of Male Intuition』をカナダＯｒａｌよりリリース。ハウスウォルフはこう語る。「ＥＶＰ音源は音響的可能性に満ちている」と。

これまで日本では、岩崎宏美「万華鏡」での「レコーディング中、幽霊の声がまじって録音された！」などに代表される、恐怖をあおるイメージで紹介されていたＥＶＰ。しかし、エジソンが語ったようにエネルギー体としての霊魂の存在にコンタクトを取ることははたして恐ろしいだけのことだろうか？

奇しくも時代はエジソンのスピリットフォンから、一般発売を噂される新型幽霊探知機『ゴーストアーク』※8やスマートフォンなどのアプリ※9などへと、ＥＶＰ収集もカジュアル化が進行。エジソンが目指した「科学の力で霊魂の存在を証明する」試みは現在も継承されている。

見えないものを見ようとし、聴けないものを聴こうとする人間の根源的欲望に対し、これからもＥＶＰは語りかけ続けるであろう。なにせエジソンが語ったように「われわれは何事に関しても１００万分の１％すら解っていない」のだから。

※1　ウラジミール・ボゴラス（１８６５-１９３６）ソ連の民俗学者、言語学者。24歳のときにナロードニキ運動に加わったために10年以上シベリアにて流刑人生を過ごす。このことをきっかけとしてか？　シベリアのチュクチ族研究に勤しみ、その第一人者となった。ちなみにボゴラスをアシストしていたシベリア人男性はベニテングダケ好きで、このキノコを食べると無敵になったというエピソードは現代人であるわれわれをほっこりさせる。

※2　トーマス・アルヴァ・エジソン（１８４７-１９３１）あまりにも有名な発明家にして起業家。直流電流、蓄音機、白熱電球、活動写真などを発明。ちなみにエジソンの宿敵、テスラ・コイルでおなじみのクロアチア出身発明家ニコラ・テスラも晩年は霊界通信装置開発に勤しんでいたという。

※3　ヴォルデマール・ポールセン（１８６９-１９４２）デンマークの技術者にして磁気針金録音機「テレグラフォン」の発明者。「テレグラフォン」発明により同原理の磁気テープ録音機が誕生した。現存する磁気録音は１９００年パリ万博でポールセン自身が録音した、皇帝フランツ・ヨーゼフ一世の声だという。

※4　フレデリック・ユルゲンソン（１９０３-１９８７）

スウェーデンの映画プロデューサーにして画家。EVPというどう考えても世間的に受け入れられ難い研究も、彼が時のローマ法王パウロ六世と信頼関係にあったため、ヴァチカンから援助さえ受けて進めることができた。

※5　コンスタンティン・ラウディヴ　カール・ユングにも学んだ心理学者。現存するEVP音源ではこの人の収集したものが一番聴きやすい印象。また、ベルギーの実験音楽レーベルSUB ROSAから2002年リリースされたコンスタンティン・ラウディヴのトリビュート作品「「Konstantin Raudive - The Voices Of The Dead」にいたっては、EVPをエレクトロニカやヒップホップの観点から編集した内容で、DJのネタとしても使用可能だ。

※6　INITやGAIT　INITは米国のマーク・メイシーが結成した世界規模のITC研究ネットワーク。そこからより科学的検証を重視したグループが分裂しGAITとなった。

※7　レイモンド・キャス（1921-1977）　英国EVP研究の第一人者。ちなみに学校はハル出身でスロッピング・グリッスルのジェネシス・P・オリッジの先輩にあたる。

※8　ゴーストアーク　イタリアのマッシオ・ロッシを中心とする開発チームが製作したITCガジェット。日本円価格4万円前半で2015年夏頃発売予定、予約を募っていたが2022年末現在においては「予約したけど音沙汰がない」などトラブルが出ている模様。

※9　スマートフォンなどのアプリ　「GHOST RADIO」「SPIRIT BOX」などが無料、もしくは安価で入手可能。

近代日本における霊的イデオロギーの系譜

1868年、明治維新により日本はそれまでの幕藩体制から天皇制へのシフトが図られ、国義や国体といった近代国家としての枠組みが導入された。これにより近代化と天皇制という二つの流れが混ざり合いながら近代日本が形成されていく。明治政府は王政復古、祭政一致から神仏分離令[※1]を発令。神仏分離令は決して仏教の排除を目的とするものではなかったが、結果として廃仏棄釈運動に発展し、国家神道へと繋がっていった。

天皇中心統治と国家主義、そして啓蒙的近代合理主義に基づいたこの国家神道イデオロギーは、靖国神社や護国神社など（イデオロギーにのっとった）新興神社を続々と建設していく一方、神社合祀[※2]により多くの民俗的公共空間として機能していた神社を廃していった。南方熊楠[※3]を筆頭とする当時の知識人らの反対運動もあって、神社合祀は1910年（明治43年）以降は収束するも、日本各地の大多数におよぶ祭礼習俗が根絶やしにされ、土俗的宗教信仰に多大なるダメージを残した。また幕末期から明治初期にかけて大量発生した新宗教ニューウェーヴ・ムーブメント勢力も、天理教や丸山教などいくつかが国家神道イデオロギーの弾圧対象となった。

水戸学[※4]や儒教的権威秩序志向、そして啓蒙的近代合理主義をバックボーンにして、国家神道は「国の祭祀」であり「宗教を超えたもの」と明治政府により認定。メタ宗教化が図られる。これに対して宗教的要素を受け持つ側の神道や、新宗教ニューウェーヴ一派は「教派神道」[※5]への帰属と、国家神道への従属を迫られることとなる。

そして「教派神道」に帰属してもなお、国家神道イデオロギーから危険視され、歴史上まれにみる弾圧を受けた教団、といえばやはり大本だろう。以下はその大本と、大本から派生したグループについて記していきたい。

・大本弾圧と出口王仁三郎（1871-1948）

1934年、玄洋社の頭山満、黒龍会の内田良平とともに幕末期から明治初期にかけて日本各地で巻き起こった新宗教ニューウェーヴ・ムーブメント。その流れを受けて、金光教、黒住教、九鬼家などの影響のもと、1892年亀岡の北部にある綾部にて大本教の開祖、出口ナオが神がかりをおこす。ナオに降臨したのは「艮（うしとら）の金神」だといい、当初は村人たちから狂人扱いされていたナオも、日清戦争開戦とその勝利を予言するなどの実績により一転して女司祭へと祭り上げられる。

一時は丹波一体に勢力をのばしていた金光教にナオは取り込まれるも、いいように利用されているだけと気付き失望。しかし1898年、静岡の稲荷講社にて霊学を学んだ上田喜三郎こと出口王仁三郎という強力すぎるオルガナイザーを得て大本教団が誕生する。王仁三郎はナオに憑いた「艮の金神」こそ、世界の創造主「国常立尊」であると確信。「三千世界ひとつに丸めて万劫末代つづく神国の世にいたすぞよ」というNOW（新世界秩序）な国常立尊のメッセージを現実世界に投射すべく、出口王仁三郎と大本は「世なおし」運動を展開。

革新的右翼団体「昭和神聖会」[※6]を結成した出口王仁三郎（おにさぶろう）。その結会式を九段の軍人会館（現在の九段会館）で盛大に行なったり、会の支持者が800万人以上だったり、しかもその全国游説では大集会に白馬にまたがって登場したりと、やることなすこと当時の権力サイドを刺激しまくっていた王仁三郎。

さかのぼること1921年の第一次大本弾圧では不敬罪、新聞紙法違反にて実刑、そして神殿を破壊されるも、1927年大赦令によって自由となった大本。しかし1928年みろく大祭における王仁三郎の「みろく宣言」[※7]、そしてこの昭和神聖会結成をトリガーとして、1935年に壮絶な第二次大本弾圧を招いてしまう。政府は王仁三郎と幹部61名、信者3000人以上を治安維持法、不敬罪で逮捕。拘留中には過酷な拷問も行なわれ死者も数名出ており、また大本の全施設はダイナマイトで徹底爆破されつくした。なぜに当時の政府はここまで大本、出口王仁三郎を危険視していたのか。その背景をまとめてみたい。

稲荷信仰や山岳信仰といった民間シャーマニズムから発展した神道系新宗教の多くが、明治維新以降の新しい日本を創る基礎としての宗教イメージを打ち出し信者獲得しつつも、やがては国家の枠におさまっていき、教派神道世界のなかでしか発展できなかったことに対し、大本はその枠を大きく逸脱する。そんな大本は社会の現状に不満を持ち、新しい世界を求めた若いエネルギーを吸収。そのエネルギーは在野のみならず、陸軍や海軍の重要人物にまで及んだ。

しかし当然の帰結として大本、および出口王仁三郎の「世なおし」運動は、「天皇を通して日本や世界を救う」当時の皇国運動とは微妙にその関係性を危ういものとさせた。

また、当時の日本政府が1910年の幸徳秋水の大逆事件、1923年大杉栄、伊藤野枝殺害事件、1933年小林多喜二拷問死事件など、共産主義、社会主義を潰した後も、陸軍や一般社会にくすぶる反社会エネルギーが宗教に集結するのを恐れた背景もあったという。

そんな政府の不安を尻目に、前述の「みろく宣言」や右翼勢力と結託した昭和神聖会結成。その他にも出口王仁三郎は、1924年矢野祐太郎(後の神政龍神会代表)を通したモンゴル独立運動、1925年には仏教、道教、回教、キリスト教までもひとつにまとめあげるべく北京にて「世界宗教連合会」を設立。そして1925年のシベリア独立運動……とワールドワイドな「世なおし」運動を展界。このような経緯から1935年の第二次大本弾圧に繋がり、1945年の日本敗戦まで大本の活動は停止する。

敗戦後みたび蘇った大本だったが、弾圧をきっかけに大本から分派した生長の家や世界救世教が戦後急成長的に信者を増やしていったことと比較して、大本の飛躍は落ち着いたものとなった。「世なおし」思想が時代とそぐわなくなったとの見方もあるが、日本の近代化と天皇制、伊勢派と出雲派の霊的関係などを考えるに、大本、および出口王仁三郎は現在も霊的イデオロギーの視点において最重要な存在であるのは間違いないだろう。

・大本分派の流れ　友清歓真（1888‐1952）

「新道天行居」や「霊的国防論」でおなじみ友清歓真（ともきよよしさね）は地元山口県では、そもそも政治運動に熱中する青年だったという。政治運動から霊的イデオロギー運動へ目覚め、山籠りなどを経て密教、神道を修行。その後1918年、すでに入信していた浅野和三郎を訪ねるため大本を訪れた際、大本の政治的主張（おそらく世直しや建て替えといった部分）に共鳴し、そのまま大本入信。しかし翌年1919年には政治的理由で大本を離脱している。

これは大本二大経典のひとつ「大本神論」[※8]の解釈をめぐって、浅野和三郎、友清歓真、谷口雅春といった当時の幹部が「大正10年立て替え説」を終末思想として急進的に唱えたことが大きな要因と考えられる。事実、幹部のなかでも友清は「大正10年頃には欧州大戦に続き、日本対世界の大戦がおこり、さらに天災地変も同時に発生し、ひとりも助からない」と断言するなど、最も終末思想が強く、大本内部からも「大本神論の解釈が一方的すぎる」と批判された。

大本離脱後の友清は静岡県に移住し、本田親徳系統[※9]の霊学を学び『乾坤一擲』『事実第一』といった大本批判の書を発表。1920年には霊学実践団体「格神会」創設。格神会は翌1921年山口県防府に移住し名称を「天行居（てんこうきょ）」と改称。これが発展し、1927年山口県熊毛郡田布施町[※10]の石城山麓にて神道系秘密結社「神道天行居」を創設するに至る。

神道天行居は反ユダヤ、反フリーメイソンを唱え、日本を霊的レベルで擁護する「霊的国防」を提唱。結社創設時より中国と北朝鮮の国境にある白頭山や洞爺湖、十和田湖、琵琶湖、明石海峡や富士山麓などに神璽を鎮め、夜間修法を実践することでユダヤ人の陰謀から日本を守ろうとした。しかし、大戦時の政府からは「武力戦を軽視する害悪思想」としか見られていなかったという。ちなみにこの霊的国防は後の三島由紀夫「文化防衛論」[※11]にも多大なる影響を及ぼしたとの説もある。

神道天行居の霊的権威の象徴は友清が1927年、堀（ほり）天龍斎（てんりゅうさい）[※12]より京都で「皇室にのみ伝えられる神事最大の秘事」である太古神法を伝授されたことにあるという。この太古神法は友清の死後、現在も神道天行居の宗主、および幹部に伝承されているといわれている。

・大本分派の流れ　浅野和三郎（1874‐1937）

「日本スピリチュアリズムの父」と呼ばれる浅野和三郎は茨城県稲敷郡の医者の家に生まれる。東京帝国大学で小泉八雲ことラフカディオ・ハーンに英文学を学び、卒業後は海軍機関学校（現在の防衛大学）にて英語の教官として約15年勤務。同時に第一線の英文学者として多くの訳書を発表。近代日本のインテリを代表する人物だった。

しかし自分の息子が原因不明の病気にかかった際、唯一治療できたのが当時の近代医学ではなく祈祷師だった事実をきっかけに心霊研究に没頭。心霊研究の実践場として大本に魅入られ1916年海軍機関学校を退官。大本のある京都府綾部に移住し、翌1917年入信。

浅野の大本入りを機に、それまで地元農民中心のローカル・コミュニティにすぎなかった大本に、中央から軍関係者や知識階級が多数入信するようになる。大本は全国進出へと勢力を伸ばし、浅野は幹部として出口王仁三郎の片腕となり辣腕をふるった。大本の機関紙「神霊会」の主筆兼編集長として教義の宣伝、広報活動に務めるほか、本田親徳から伝わる鎮魂帰神法[※13]を大本においてカリキュラム化したのも浅野であったという。

やがて浅野は大本が買収した新聞社、大正日日新聞の社長に就任するも、1921年第一次大本事件で不敬罪、新聞紙法違反を理由に出口王仁三郎らとともに逮捕、投獄されてしまう。同年、逮捕された出口王仁三郎以下大本関係者は保釈されるも、大本の経典であった「大本神論」は発禁となり、これを受けて王仁三郎は第二の大本経典となる「霊界物語」口述筆記に着手。しかし「大本神論」にこそ霊的な「何か」を見出していた浅野[※14]は、同じく幹部であった谷口雅春とともに1923年大本を離脱する。

離脱後、東京に戻った浅野は大本思想を継承しながらも宗教色を廃した心霊研究を目指し、同年谷口雅春とともに「心霊科学研究所」を設立。これが日本におけるスピリチュアリズム運動の夜明けとなった。同士であった谷口雅春は途中で宗教家として別の道を歩むものの、浅野は1928年ロンドンで開催された「第三回国際スピリチュアリスト会議」に日本代表として参加。「近代日本における神霊主義」をスピーチするかたわら、ロンドン、パリ、ボストンなど世界各国を回り霊媒や降霊会に参加、スピリチュアリズム関連の文献や情報を多数日本に持ち帰った。

1929年には名古屋で「中京心霊協会」、大阪「大阪心霊科学協会」、そして東京で「東京心霊科学協会」が相次いで設立された。1937年浅野和三郎死去後も「心霊科学協会」は活動を存続。大戦時はさすがに活動停止に追い込まれたものの、戦後には「日本心霊科学協会」として財団法人化。歴代の理事には「あなたの知らない世界」(日本テレビ系「お昼のワイドショー」で放映された特集コーナーおよび同コーナーの再現ドラマを独立させたドラマ)の放送作家でおなじみ新倉イワオも在任していた。

また浅野和三郎の妻、浅野多慶子は霊能力者としても知られ、1929年から1936年にかけて霊言(トランス・トーク)を行なうようになり、その霊界見聞録は「小桜姫物語」として浅野和三郎にまとめあげられた。

・大本分派の流れ　岡本天明(1897-1963)

大本関連の啓示として有名な「日月神示」で知られる岡本天明は1897年岡山県倉敷で生まれる。幼少より霊能力を持ち、また絵の才能にも長け、新聞紙上で「天才少年」と称賛されるものの、健康上の問題からか画家の道は断念し、明治大学卒業後の1920年に大本が運営する大正日日新聞(社長は浅野和三郎)に入社。同時期に大本へも入信。

1921年第一次大本事件の際は浅野和三郎などが逮捕されるも、天明は「単なる職員」とみなされ無罪。だが社長逮捕にともない失職してしまう。それでも1925年には大本の機関紙、「人類愛善新聞」編集長を務めるなど大本の活動に従事していたが1935年の第二次大本弾圧を機に離脱。しかし大本とのその後の関係は険悪なものではなく、ゆるいかたちで繋がっていたものとみられる。

1944年千葉県成田市にある麻賀多神社内にある天之日津久神社参拝の際、国常立尊[※15]の神示が岡本天明に降り、自動書記によって「日月神示」が文章化される。トランス状態で自動書記化された「日月神示」は漢数字やわずかなカナ文字のほかは、アブストラクトな記号や絵文字で構成されており、書記した天明自身ですら解読不能であった。困った天明はこの「日月神示」を大本に持っていき解読依頼をしたが断られた逸話も残っているという。

それでも天明の仲間の霊能者や神典研究者たちの協力を得て少しずつ解明が進み、現在「ひふみ神示」「一二神示」などとして世に知られるようになった。東京大空襲の預言や、3000年の大洗濯と大峠など、大本系譜の終末論が特徴といえよう。

1947年には「日月神示」に共鳴した人々により宗教法人「ひかり教会」設立。天明はその初代会長に就任。1961年まで天明の自動書記は継続するも、1963年死去。

・大本分派の流れ　谷口雅春（1893 - 1985）

「生長の家」創始者、そして初代総裁であり、現在の「日本会議」に絶大なる影響を及ぼしている谷口雅春は1893年神戸に生まれる。

早稲田大学英文科で首席クラスの優等生だったものの1914年に中退。その後大阪の紡績会社で技術工として暮らすが、そこでもトラブルをおこし退職。しかしそのトラブルをきっかけにスピリチュアリズムに関心を持つようになり、1918年大本に入信する。

大本では機関紙の編集主幹を務めるなど幹部として将来を嘱望されるが、1921年第一次大本事件を期に翌1922年浅野和三郎とともに大本を離脱。その理由については、大本が「大本神論」から「霊界物語」へと経典をシフトさせたことが原因説、予言「1922年5月5日最後の審判」が外れたことに失望した説、または大本が天照皇大神の霊統を天皇家から出口家に移し替える霊的クーデターを企む秘密を知った説など諸説もろもろあるが、詳しくは判断できない。ともあれ１９２３年には浅野和三郎が設立した「心霊科学協会」に参加しつつ、19世紀米国で広まったニューソート運動[※17]の影響を日本でいち早く受け、これを自己啓発ならぬ「光明思想」とネーミングし、機関紙発行を通して世に広める。

１９２９年末、瞑想中に「今起て！」という神の啓示を受け、文筆活動を通してニューソート流成功哲学を全世界に宣布すべく個人雑誌「生長の家」制作に着手。翌１９３０年「生長の家」創刊をして立教となる。

１９３６年には教化団体として「生長の家」を東京にて設立。大本が国家から弾圧を受けまくったのと対照的に「生長の家」は戦時中、日本の軍国主義体制に賛同姿勢を貫く。しかし貫きすぎて軍歌である「海行かば」に対し「こんな暗い歌を歌っていては戦争に負ける！」と反対運動を起こし、特攻に弾圧を受ける一幕もあった。

敗戦後の１９４９年「生長の家教団」法人化。「大東亜戦争に敗れたのは飽くまでも無明（まよい）と島国根性に凝り固まった偽の日本であって、神州日本国は敗れたのではない」と主張。日本国憲法も「ＧＨＱが日本を弱体化させるため押し付けた無効の憲法」と述べ「明治憲法復元運動」を主張。

１９７４年臨済宗円覚寺の貫主、朝比奈宗源[※18]の呼びかけを受け、宗教界の復古主義団体「日本を守る会」を結成。「日本を守る会」は１９８１年発足した論憲・改憲団体「日本を守る国民会議[※19]」と１９９７年に統合され「日本会議」となった。

１９７５年より生長の家総本山を長崎県に移転させ、晩年は総本山内の総裁公邸にて執筆や講話活動を行なう。１９８５年、91歳で死去。

※１　神仏分離令　明治元年（１８６８年）太政官布告により命じられた神仏判然令。儒教や国学、復古神道に基づき、

それまでの神仏習合から神道と仏教を完全に区別させるのが目的で実施された。

※2　神社合祀　１９０６年から１９１４年にかけて内務省神社局主導のもと実施された勅令。一町村一神社を基準にローカルな神社を取り壊していった。それまで全国で約20万社あった神社のうち7万社ほどが廃され、特にひどかったのは伊勢神宮のある三重県で、約９割の神社が強制的に処分されたという。

※3　南方熊楠（1867‐1941）　和歌山県田辺の博物学者、生物学者、民俗学者。抜群の頭脳とエキセントリックなキャラで有名。１９９０年代初頭山本正志監督、町田町蔵主演で南方熊楠の映画「熊楠 KUMAGUSU」制作が試みられたが資金難のため頓挫した。

※4　水戸学　江戸時代、現在茨城県北部の水戸藩にて徳川光圀（aka 水戸黄門）による「大日本史」作成のため集められた学者たち（当時は朱子学が多かった）の学問体系をベースに、幕末期には儒教や国学、史学、神道などがミクスチャーされ形成された政治思想学問。尊王攘夷運動の原動力となり、明治維新以降の中央集権イデオロギーに多大なる影響力を及ぼした。

※5　教派神道　「宗教ではない」国家神道に対して、明治政府が「認可した」民衆信仰的宗教団体。神道大教、黒住教、神道修成派、神宮教、出雲大社教、扶桑教、實行教、神道大成教、神習教、御嶽教、神理教、禊教、金光教、天理教の14派が公認。後に神宮教が神社本庁へ格上げされたため、残りが教派神道の神道13派と呼ばれるようになった。大本は神道大成教の傘下団体として活動していた。

※6　昭和神聖会　右翼結社黒龍会とガッチリ手を結び「皇国維新」をアジりまくった憂国運動団体。その霊的ファシズム運動については現在も評価が分かれるところだが、第二次大本事件から察するに当局は本気で王仁三郎が国家転覆をたくらんでいたと考えていたとしか思えない。

※7　みろく宣言　王仁三郎が満56歳7か月の宣言。自らが弥勒菩薩であり、救世主であるといいきった。

※8　大本神諭　文盲であった出口なおの「お筆先」をもとに王仁三郎が漢字を当てるなどして、読みやすくしたもの。「三千世界一度に開く梅の花、艮の金神の世になりたぞよ。神が表に現われて三千世界の立替え立直しをいたすぞよ」という宣言を基軸し、大本思想の根幹をなす。しかしその解釈をめぐっては一元化できるものではなく、教団分裂、

不敬罪として大本弾圧の要因ともなった。

※9　本田親徳（1822‐1889）　薩摩出身の明治時代神道家。鎮魂帰神法など本田霊学を確立し、出口王仁三郎、友清歓真、荒深道斉など後の古神道新宗教に多大なる影響を与えた。

※10　田布施町　「1867年王政復古大号令発祥の地である」「明治天皇替え玉説」「長州藩田布施一味の国家乗っ取り」などなど、いわゆる「田布施システム」として現在も陰謀論渦巻くポイント。陰謀の真意は不明だが、霊的磁場としては相当なものがありそう。

※11　文化防衛論　学生運動最盛期1969年に三島由紀夫が発表した代表的評論。当時の昭和元禄と呼ばれた風俗としての日本文化を痛烈に批判し、「文化概念としての天皇」の意義を論じた。

※12　堀天龍斎　京都の茶人とも仙人とも伝えられるが詳細は不明。

※13　鎮魂帰神法　古代朝廷で行なわれていたとされる秘法であり、古神道における降霊法のひとつ。ただ霊を降ろすのではなく、審神者（さにわ）によってその霊の性質（良い霊か、悪い霊か）を見極め、邪霊や悪霊であればそれを善霊へと変化させる技法。

※14　「大本神論」にこそ霊的な「何か」を見出していた浅野　浅野和三郎は出口王仁三郎よりむしろ出口なおの「お筆先」に心酔していたとの説もある。

※15　国常立尊　「古事記」では国之常立神、「日本書紀」では国常立尊と表記される日本神話の根源神。古神道、新宗教で重要視される神であり、出口なおに降りた「艮の金神」が国常立尊であり、スサノオでもあるとされる。また陰謀論的にはルシファーとの説も噂され不穏な存在として（しつこいようだが陰謀論的には）恐れられている。

※16　ニューソート運動　米国プロテスタント系カルヴァン主義の「反現世利益追求」に反発したキリスト教異端運動にして霊性運動。キリストの力は我々ひとりひとりの内に存在する、としてのワンネス思考と、メスメリストや心理療法、クリスチャン・サイエンスを混合させたニューエイジの源流のひとつにして自己啓発運動のルーツ。

※17　朝比奈宗源（1891‐1979）　鎌倉の円覚寺住職

にして臨済宗円覚寺派管長。TVドラマ「水戸黄門」「大岡越前」の題字を手がけたことでも有名。伊勢神宮参拝の際に「世界の平和も大事だが今の日本のことをしっかりやらなければいけない」との天啓を受け1974年「日本を守る会」結成する。

※18 「日本を守る国民会議」 「涅槃交響曲」によりナショナリズムに開眼した黛敏郎を議長に、保守系文化人や保守系団体、旧日本軍関係者などを中心に1981年発足した論憲、改憲を主軸とする言論団体。代表委員として三波春夫も所属していた。

column 秘密結社アセファルと太陽の塔

1935年仏哲学者ジョルジュ・バタイユ（1897-1962）によって結党された政治結社「コントル・アタック（逆襲）」。アンドレ・ブルトンやピエール・クロソウスキー、マックス・エルンスト、岡本太郎らが参加したといわれ、反ファシズムと反スターリーズム運動をセーヌ左岸にて展開するも、バタイユとブルトンの対立が原因で翌36年には分裂した。

キルケゴールの「政治の顔をしていたもの、そしてみずからが政治的であると想像していたものは、いつの日か仮面を脱いで宗教的運動であることを露呈するだろう」という言葉を自らのマニュフェスト〝聖なる陰謀〟に引用したバタイユは、37年結社「コレージュ・ド・ソシオロジー・サクレ（神聖社会学研究会）」をサン・ミッシェル通りの本屋の奥で、そして同時期にその裏組織とも呼ぶべき秘密結社「アセファル（無頭人）」をパリ郊外サンジェルマンの森のなかで結成する。

左翼組織「コントル・アタック」の挫折から、当時欧州に台頭していたファシズムやナチズムへのカウンターとして異教神秘主義にその突破口を見出そうとしたバタイユの目的はファシズムやナチズムからの「ニーチェ的思想の奪還」だったとされる。その組織形態はフリーメイソンを模範しつつ、神の断首をテーマに「神なき世界」におけるエロス&タナトスの祭儀であったという。その儀式においてバタイユは自らを生贄として自分の頭を拳銃で撃ちぬく儀式を企図したと伝えられている。

しかしそんなスキャンダラスな「アセファル」の内実といえば、その秘密結社という性質故にほとんどが明らかにはなっていないのが実情だ。「アセファル」に参加したとされるクロソウスキーやアンドレ・マッソン、岡本太郎ら複数の思想家、運動家、アーティストたちは「アセファル」について沈黙を貫くか、もしくはあるものはバタイユに裏切られたと罵倒するかのどちらかだった。ともあれ「アセファル」におけるバタイユの目論見は頓挫した。

その後すぐに欧州は空前絶後の世界大戦の波へと飲み込まれ、1940年パリはナチスによって占拠されるなか、バタイユたちもまた大きな時代の渦の中へと飲み込まれていった。

ところが戦争が終了し、バタイユ自身も亡くなった1970年、呪術としての「アセファル」が突如この日本で復活を果たすこととなる。そのトリガーとなったのはバタイユの盟友、岡本太郎だった。

1945年の敗戦から25年、戦後の日本経済成長を祝福する祝祭としての大阪万博開催。この祝祭性に批判的態度で岡本太郎が制作したのがかの有名な「太陽の塔」である。太陽＝母親たる像が子供を出産する際に断首されるイメージはまさしく「アセファル」そのものではないだろうか。

さらに「アセファル」の呪術継承は続く。岡本太郎同様に祝祭としての大阪万博に反対表明し、かつバタイユへのシンパシーを公言していた三島由紀夫は「太陽の塔」同年の11月25日、いわゆる三島事件において割腹後、自らの首をリアルに切り落とさせた。バタイユが成し遂げられなかった「自らの供物化」の実現の果てに、三島が見たものは何だったのか。

column ジュリアーノ・クレメルツ（Guillano Kremmerz）に関する覚書　宇田川岳夫

ユリウス・エヴォラの著書の英語版の各所に触れられている以外は、ジュリアーノ・クレメルツ（本名Ciro Formisano チロ・フォルミサーノ）（1861－1930）に指導された諸グループの性魔術教義についての英語による文献は少ないうえに、クレメルツ自身になる文書はイタリア語またはフランス語版のみ存在する。日本での知名度は非常に低いが、クレメルツの著書に記述された魔術体系は西洋で知られている中では最も複雑かつ高度に発達したものであるとフランス、イタリア、南米では評価されている。

クレメルツはイタリアや、フランスの専門家の間ではイタリア魔術界のひとつの大きな存在として知られている。クレメルツの1500ページに及ぶ大著『Opera Ominia（オペラ・オムニア）』には彼の魔術団体の中で使用される会員向けの奥義の教えの記述は収録されていない。彼が自ら発行した雑誌に掲載したいくつかの論文が1980年代に少数限定で復刻されるまでは彼の性魔術教義に関する情報は入手困難であった。それらの雑誌掲載論文は、以下の通りである。

Il Mondo secreto: Avviamento alla Scienza dei Magi（1896－1899）（The Secret World : Introduction to the Science of the Magi）

I Tarocchi dal punto di vista filosofico（The Tarot from a Philosophical Perspective）

Angeli e Demoni dell'Amore（Angels and Demons of Love）

クレメルツは彼の性魔術に関する文書の中で、女性を陰極とし、男性を陽極とする霊的な二つの磁極の間で精神的な炎の稲妻p·i·rを引き起こす方法について次のように述べている。「この炎は男性と女性の非常に強力な相互の親和力によって現れるが、それは必ずしも両者の肉体的な結合を必要とはしない。男女の体液は変成意識状態へ参入するために用いられる。単なる肉体的な欲望は克服されなければならない、なぜならそれは実効性のある魔術的な状態を麻痺させてしまうからである。」

この方法はそれに関わる男女に一種の両性具有的な状態

をもたらすようである。

しかしながらクレメルツには以上の記述とは全く別に秘密の性的奥義があるとの噂がある。１９８０年代の終わり頃、突然に、共産主義グループ赤い旅団のメンバーであったパオロ・フォガニョロ（Paolo Fogagnolo）をリーダーとするミラノに基盤を置くPrometo / Agapeなるグループが、クレメルツの著書とされるCorpus philosophorum totius magiae通称Corpusを非常に限定された部数かつ高価に復刻出版した。これを巡ってはクレメルツ信者の間で大きな論争が巻き起こり、挙句の果てには脅迫や陰謀、殺害予告までがいくつかのクレメルツ系のグループで繰り広げられ、路上で出会った異なるグループが互いに攻撃を仕掛けあうことも発生し、その結果いくつかのクレメルツ系のグループが活動停止に追い込まれた。そしてこの影響は今でも残っているとされる。

クレメルツはナポリの生まれである。ナポリには異教的伝統を継承するナポリ学派なるグループが存在した。その中心人物はディ・サングロ（Di Sangro）（１７１０－１７７１）であり、ナポリにおける最初のフリーメイソンであるとされている。ディ・サングロについてはホムンクルスを制作しようとした錬金術師であると噂され、ローマ教皇に破門されている。

ナポリのもうひとりの有名人はカリオストロ伯爵ことジュゼッペ・バルサモ（Giuseppe Balsamo）（１７４３－１７９５）である。カリオストロはディ・サングロに出会い、エジプト儀式を開発したとされる。マッシモ・イントロヴィネ（Massimo Introvigne）の書物Il Cappello del Magoによればカリオストロはドイツを旅したときに薔薇十字団に属するいくつかのグループと接触し、不死の肉体を持つ方法を得たとされる。その薔薇十字団関連のグループの不死の肉体という概念の源泉は、ヤコブ・フランクやサバタイ・ツェヴィのメシア運動に影響を受けた東方兄弟団であるとされる。

ナポリにおいて育まれた異教的伝統をクレメルツに伝えた人物が２人いる。ひとりがニコラ・ジュゼッペ・スペアリエリ男爵（Baron Nicola Giuseppe Spedalieri）（１８１２－

1898）であり、彼はエリファス・レヴィ（Eliphas Lévi）の弟子であった。もうひとりが法律家ジュスティミアノ・レバノ（Guistimiano Lebano）（1832-1909）であり、この人物もエリファス・レヴィの弟子である。レバノは世界各国を旅行し、ブリュワー・リットンやマダム・ブラバッキー、フランツ・ハルトマンとも面識があった。残念ながらレバノの残した文献は、彼の妻が焼身自殺を遂げた際に全て一緒に燃えてしまった。彼女は夫の魔術的な行為全てを愚行であるとして消滅させたかったのである。

クレメルツは以上のように異教的伝統の残るナポリに育ち、東西の秘教的叡智の伝承者たちから多くのものを受け取ったのである。大学を卒業後、地理学者を経てジャーナリストとなり、世界各地を旅し、南アフリカで財を成してから故郷に戻り、秘教的文献を出版しはじめたのである。

1898年、クレメルツはミリアム治癒魔術兄弟団（Fratellanza Terapeutica Magica di Miriam）を結成、ヘルメス学と医学の結合という一種のオルタナティブ医療を標榜し、精神病者に対して演劇的な行為を用いて一定の治癒効果をあげたとされる。その後彼は上記の団体とは別にオシリス・エジプト騎士団（Ordine Osirideo Egiziano）を立ち上げる。しかしながらこの団体でどのようなことが追求されていたかを知ることは大変困難である。文献の多くが破棄されているうえに、残されたわずかな資料さえも、どこまでがクレメルツ本人の真作なのかが疑わしいからだ。

そこで、クレメルツ系のグループにおいては、性魔術に関する文献を否定する立場のものも存在する。また、ミリアム治癒魔術兄弟団は、オシリス・エジプト騎士団の隠れ蓑に過ぎないという解釈も存在し、オシリス・エジプト騎士団はミリアム治癒魔術兄弟団の団員の生命力やアストラル・エネルギーを吸血鬼のように吸引しつくすために組織されていたとする説もある。

Corpusの第1巻は「準備」編であり、はじめにオシリス・エジプト騎士団の目的を述べている。太古の聖なる叡智の復活が目的であり、その会員は政治的な活動や世俗の欲望を満たす活動への関与を断つことを命じられる。彼らはその代わりに健康や幸運や富や名誉を授かるのだ。続いてオシリス・エジプト騎士団において行なわれる性魔術は性的な結合との関連で記述されている。男女の体液が魔術儀式の際に使用され、儀式の過程に至るまでは断食や長期にわたる禁欲が求められる。単なる性的欲望を満たすだけの行為ではないし、性の解放を求めているわけでもないし、性行為や暴力によって女性を支配しようとしているのでもない。性魔術の儀式のパートナーとなる男女の魔術師は固定されていて、パートナーを取り換えることはない。※
第2巻は「魔術的叡智」編であり、隠された場所で活動することが可能になるための方法、魔術的状態を得るための方法が記述されている。それは魔術師が望むときに望む場所で肉体から魂を離脱させたり戻したりする方法や護符の作成方法などである。
第3巻は「魔法的に分離された魂」編であり、最も重要な巻である。ここでは「光輝ある肉体」の作成方法が記述されている。それは魂を肉体から随時分離して、永遠不滅の存在とし、必要に応じて古い肉体から新しい肉体へと取り換える方法や、道教でいうところの「玄体」を作成する方法である。肉体を構成する物質を粗雑なものから精妙なものに変換する一種の錬金術的方法は「大アルカナ」と呼ばれている。「長期にわたる断食や禁欲、呼吸法の訓練などを経て、占星術的にしかるべき日時に儀式を開始する。儀式には一種の性魔術儀式をともない、ひとつの儀式について9日を要する40の儀式を繰り返す。男女ともに自慰により採取した自らの体液を儀式の際に摂取する。この際、効能を増すために男女の体液を混合したものを鳩の卵に混ぜて食べることも行なわれる。」これらの儀式に関する記述は数多くの隠喩に満ちており、文字通りに解釈することはできないが、何らかの方法で霊的自我を覚醒させることで生死を超越した存在に自らを変化させようとすることを目的にしている。この「光輝ある肉体」を形成する儀式は全く謎に包まれている。この儀式はマギア・アバタラとも呼ばれ、分身を作る魔術や、必要に応じて肉体を交換する方法、肉体を他の世界へと転移させる方法などが主張されている。この儀式はアッシリア・バビロニア由来の死者を蘇らせる魔術の系統にあるとされ、クレメルツ派の会員の魔術名は自らの霊的本質の名称に由来している。意図して前世の記憶を持ちながら転生を繰り返す魔術や他者の肉体を奪い占拠する魔術はケイオス・マジックの「無の書」にも記載があったが、他者を犠牲にすることなく自らの肉体を精妙で不滅のものへと転換する儀式はクレメルツ派独自のものがある。

さて、クレメルツの死後、クレメルツ派はいくつかのグループに分離したが、その中のひとつ、エッセネ西方騎士団（Ordre Essenico Occidentale）はキリスト教的クレメルツ派であり、性魔術は既婚の会員夫婦にのみ限定している。クレメルツの開設したアカデミーはローマ、フィレンツェ、バーリに根拠地を置いたが、彼の死後各支部は独立し、ミリアム治癒魔術兄弟団のように性魔術を否定するものもある。フィレンツェのアカデミーにはニーノ・ロータも所属しており、この団体の儀式の模様は映画「ゴッドファーザー」で見ることができるし「ロミオとジュリエット」にもこの団体の紋章が出てくる。一方、オシリス・エジプト騎士団だがその後継団体がフランスに本拠を置く、究極内的ヘルメス的アトウム騎士団（Ordre Souverain Interne et Hermétique d'Atoum）（通称ＯＳＩＨＡ）である。この団体はクレメルツ関連の文献をフランス語訳し、道教とクレメルツの教義を融合させている。フランスとイタリアではクレメルツ派の魔術団体の活動が現在も継続中であるが、他の国ではなぜかほとんど知られていないのである。

※このあたりの性魔術儀式の展開に関する記述はオットー・ミュールやヘルマン・ニッチといったアクショニストのパフォーマンスを彷彿とさせる。儀式魔術の持つセラピー効果というものであろうか。

column Fraternitas Saturni 土星兄弟団（サトゥルヌス兄弟団）について

宇田川岳夫

土星兄弟団（サトゥルヌス兄弟団）は20世紀ドイツにおける最重要な魔術団体とされる。１９２８年のイースターの日にベルリンで活動開始。実際には１９２６年からオイゲン・グロシェ（Eugen Grosche）を中心に活動を始めていた。団体での彼の名前はグレゴール・Ａ・グレゴリウス（Gregor A. Gregorius）（１８８８‐１９６４）であり、結成時の中心メンバーは４人であった。そのひとりがハインリッヒ・トレンカー（Heinrich Traenker）であり、団体での彼の名前はレクナルタス（Recnartus）（１８８０‐１９５６）である。グロシェとトレンカーはＯ.Ｔ.Ｏ.のロッジのひとつでベルリンに本拠を置く東方光明探究兄弟団汎哲学ロッジの一員であった。１９２１年にトレンカーはドイツにおけるＯ.Ｔ.Ｏ.のグランドマスターに就任している。ところが１９２２年にクロウリーがドイツのＯ.Ｔ.Ｏ.のロッジを全て「銀の星」に加入させようとしたことでトレンカーはクロウリーとたもとを分かち、組織は分裂した。

トレンカーは東方光明探究兄弟団汎哲学ロッジのメンバーとともに土星兄弟団を結成した。しかし分離後しばらくはクロウリーの銀の星とＦＳとの間に交流があり、クロウリーの有名な新しいアイオーンの標語「汝の欲するところを成せ」を受け入れていた。しかしその後、ＦＳはヴィルヘルム・クィンチャー（Wilhelm Quintscher）（１８９３‐１９５４）の影響を受けて独自の教義内容を持つに至ったようであるが、ナチスによる迫害でロッジは閉鎖され活動は停止した。

第二次大戦後、グロシェによってＦＳは再建されたが、グロシェの死後いくつかの派閥に分裂し、その後紆余曲折はあったものの現在も存続している。フリーメイソンと同じく33の位階を持っているが、通常のフリーメイソンとは異なる。その教義は非常に秘教的色彩が強く、占星術を重要視するとともにルーン、カバラ、古代エジプト、ヨガ、タントラといった東西の広範囲な太古の叡智を探究することが義務付けられ、秘教的叡智の学習を経て人間に潜む内的な神性を発現させて自己実現を図ろうとするものである。占星術では土星は太陽とは対極にある存在であり、その教義には反キリスト教的色彩が強い。

FSはO.T.O.のような性魔術団体ではないと主張している。彼らの儀式や文献の中には性魔術に関するものもあるが、それは高次の精神的領域、たとえばアストラル界に入るために行なわれるとされる。男根は精神の乗り物であり、地上における神聖な力の象徴、女陰は存在を生み出すカオスの象徴であるとされる。その性魔術儀式は男性原理が支配し、女性の地位は曖昧な多義性を含んでいる。

女性は宇宙的存在であると同時に悪魔的存在ともされ、精神的かつ肉体的な結合を経て男性の創造原理が女性を媒介して活動するとされる。タントラの影響を受けた業は精神エネルギーの高揚を図っている。180日間に及ぶ禁欲が重要な儀式の準備として必要とされる。その修行は厳しく、孤独である。

男性魔術師は性魔術を通じて欲望に耽り、その虜になり、女性に従属する存在になることを厳しく戒められる。女陰に射精するのは純粋に魔術的目的であって、自らの肉体的欲望を満たすためではないとされる。性魔術のパートナーとなる男女は一対一の関係を保つように定められており、他の異性魔術師と性交渉を持ってはならない。性魔術の主要な目的は女性魔術師の力を借りてアストラル界で魔術的行為を行なうためにあるとされる。

性魔術儀式の際、男性魔術師の精液を女性魔術師のみぞおちに塗る。性行為は魔法陣の中で行なわれる。それは性魔術儀式のエネルギーを吸い取るアストラル・バンパイアから男女の魔術師を守るためである。性行為の後、男性の精液と女性の愛液の混合した体液が女陰から取り出され、カバラのシンボルをちりばめた小さな箱に満たされる。この小箱に満たされた男女の体液が儀式の上で重要な意味を持つ。性魔術儀式の際に、大麻やアヘンが用いられることがあり、儀式の行なわれる部屋は大麻の煙で燻蒸されることがある。以上の性魔術儀式はアストラルな生命体を創造したり、天使や悪魔を召喚する際に行なわれることもある。

性魔術儀式の他に5Mの儀式がある。5Mとはサンスクリット語の肉（マンサ）・魚（マッヤ）・穀物（ムドラ）・ワイン（マドイア）・行為（マイテゥナ）の頭文字である。肉・魚・穀物・ワインに女性の経血や男性魔術師の中指から採取した血三滴を加えたものを儀式の際に用いる。占星術によって儀式の日を決めて集団で行なう儀式である。目的はチャクラの開発であるとされるが詳細は謎に包まれている。

18段階に及ぶ儀式Gradus Pentalphaneは黒い牝鶏の首を斬り、その血を用い、儀式の主催者である男女一組の魔術師に浴びせ、その後2人は真新しい白布で覆われるというものであり、その際には多くのシジルが用いられる。

ここまでに挙げた儀式は本当に文字通りに執行されているかは疑わしいいし、儀式の詳細は謎に包まれている。FSへの加入にあたっては、同性愛者や性的倒錯者は固く禁止されていたという。

FSは一説によれば加入者は全世界で50人程度のきわめて限られた魔術団体であり、その教義内容は秘密に包まれている。

参考文献

1. The theory and practice of sexual magic, exemplified by four magical groups in the early twentieth century by Hans Thomas Hakl (Hidden Intercourse: Eros and Sexuality on the history of western esotericism p445-478 Fordham University Press New York 2011)

2. The Fraternitas Saturni / Histry, Doctrine, and Rituals of the Magical Order of the Brotherhood of Saturn (by Stephen E. Flowers, ph.D.) Inner Traditions Rochester Vermont 1990,2006, 2018

V.A. / OKKULTE STIMMEN MEDIAL MUSIK RECORDINGS OF UNSEEN INTELLIGENCES 1905-2007（SUPPOSE : LC10439）

ベルリンのレーベルから発表された霊界音源3CDボックス。スピリチュアリズム黎明期20世紀初頭から現代に至るまでの霊現象にまつわるあらゆる音源をコンパイル。僕がこのアイテムを購入しようと思った目当てはスウェーデンEVP代表格フレデリック・ユルゲンソン音源だったわけだが、他も音源的にヤバ過ぎて仰天したものである。3枚のCDは大まかに「憑依された人が喋りまくる」「ゼノグロッシア（真性異言）」「グロッソラリア（トランス状態スピーチ）」「パラノーマル音楽」「ラップ音」「EVP（電子音声現象）」など各テーマごとにジャンル分けされて収録。そして独&英語によるブックレットも充実しており、ビギナーからマニアまで納得の資料的価値の高いアイテムとなっている。思わずサンプリングしてビート・トラックを作りたくなるラップ音の数々に耳を傾けながら、フォックス姉妹の波乱な人生に想いを馳せてみたい。

V.A. / Mesmer Variations（Ash International）1995

「動物磁気説」の提唱者であり、当時「聴くものを気を狂わす」理由で使用が禁じられていたグラス・ハーモニカ療法実践者、そして催眠治療（メスメリズム）や日本における「手かざし」などの民間療法にも多大なる影響を及ぼしたドイツ人医師フランツ・アントン・メスメル（1734－1815）に捧げられた電子音響コンピ作品。ウィーンとパリで名声を得るも、科学と自然魔術の境界線をさまよい続け、晩年はほぼ無一文で没したメスメルの生き様と研究は19世紀にはバルザックをはじめとしてフランス文学界がこぞって題材と

してきたが、現代では池田亮司、丸谷功二、ブルース・ギルバート（ワイヤー）、ピタ、ゲスコム、クエスト、CM・フォン・ハウスウォルフ……などといった作家たちが音響作品としてメスメルの治療世界を蘇らせている。

RALPH KOPER WITH NORMA PANDURO / Shushupe (and / OAR) 2006

南米ジャングル奥地で行なわれているペルー先住民族によるアヤワスカ儀式。カーピの幹樹皮やアカネ科の様々な葉を調合しグツグツ煮込むことで出来上がるアヤワスカ茶はLSDの100倍の幻覚作用があるDMTを含み、飲むと強烈な吐き気と下痢をともなうトリップを体験するという。アヤワスカ儀式とは先住民たちにとって身体や魂から悪いものを取り除く「浄化」儀式でもあるのだ。そんなアヤワスカの女性シャーマンとして有名なノーマ・パンドゥーロの儀式模様を、オランダのフィールド・レコーディング作家ラルフ・クーパーが2006年に収集した作品がコレ。むせかえるようなジャングル自然音の音響を漂うパンドゥーロのイカロ（うた）は、DMTトリップをさまよう魂をグラウンディングへと導いてくれる船頭小唄のよう。このレコーディングの翌年2007年にパンドゥーロはアヤワスカ醸造中に亡くなっており（享年63歳）、アヤワスカ・ドキュメントとして非常に重要な作品といえよう。

GEORG IVANOVITCH GURDJIEFF / Harmonic Development (Basta) 2004

アルメニア生まれ20世紀最大の神秘思想家ゲオルギイ・グルジエフ（1866－1949）といえばピーター・ブルック監督による映画「注目すべき人々との出会い」で

もおなじみのように、著作、音楽、舞踏の三大芸術形式ワークショップにて、人間と宇宙との普遍的理解を指し示したことで知られ、その思想は1960年代のカウンター・カルチャーにも多大なる影響を及ぼした。なかでも音楽に関してはロシア作曲家トーマス・ド・ハルトマンとの共作によるピアノ曲が有名だが、個人的におススメなのがグルジエフが晩年に自らの演奏にて記録を残したハルモニウム音源だ。仏Bastaから発表された本作は1948年から49年にパリのグルジエフ宅アパートで録音された音源、グルジエフのカラー映像を収めたCD-ROM、そして144ページに及ぶ解説本が収められたハルモニウム期グルジエフ集大成的内容。他民族文化に育まれた、イスラム神秘主義プラス中央アジア風霊的旋律に魂が震える。

KEITH JARRETT / Gurdjieff: Sacred Hymns (ECM) 1980

大セールスを記録した「ザ・ケルン・コンサート」を筆頭に1970年代中盤、完全即興ピアノ・ソロ・スタイルで不動の地位を確立したキース・ジャレット。しかし中盤以降はなぜか彼はソロ・スタイルを封印、何かを模索するように様々なミュージシャンとの共同作業に数年間費やす。そんななか突如発表された久々のピアノ・ソロ作品がアルメニア生まれの神秘思想家G．I．グルジエフ作品……それもジャレット独自のアレンジを加えることもなく、ほぼ忠実に演奏されている意味は大きい。もっとも、グルジエフ作品というよりはグルジエフの音楽補佐だったロシア作曲家トーマス・ド・ハルトマン色が強い内容だったりはするが、それにしてもジャレットの祈り（日本盤タイトルは『祈り』だった）にも似た真摯さには胸を打たれる。しかし一方グルジエフの唱えた「日常的なワークの一環と

しての音楽」という意味では音楽が完成され過ぎているという問題点も指摘され難しいところだ。

高橋アキ／サティ：星たちの息子　サティ・ピアノ音楽全集2（東芝ＥＭＩ：CE33-5372）

少年時代から14世紀の伝説的錬金術師ニコラ・フラメルに系統し〝エソテリック〟サティとのアダ名まで付けられてた神秘主義大好きっ子サティ。そんなサティが酒場（文学酒場「黒猫」）のピアノ弾きでくすぶっていたとき、隠秘学者ジョゼフ・ペラダンに見出され「聖堂と聖杯のカトリック薔薇十字教団」公認作曲家、兼聖歌隊長として就任していた１８９０年～１８９２年作品を中心にセレクトしたピアノ曲集。１８９２年教団の儀式用ファンファーレのために作られた「バラ十字教団のファンファーレ」がやはり素晴らしい。「薔薇十字運動の数式研究である〝黄金率の均衡〟が作曲法に導入されている」との説も納得するしかない、行進曲風でありながら地に足がつかないような浮遊感の中毒性たるや。高橋アキのサティ演奏といえば「季節はずれのヴァレンタイン」が有名だが、１９８５～１９８８年録音本作の秘教的空間もぜひ体験して欲しい。

V.A. / The Ghost Orchid : An Introduction To EVP（Parapsychic Acoustic Research Cooperative）1999

フレデリック・ユルゲンソンを輩出した霊界音源のメッカといえばやはりスウェーデン。そのスウェーデンで現代音響ノイズと電子機器による霊界交信ＩＴＣのミクスチャーといえばＣＭ・フォン・ハウスウォルフが有名だが、ハウスウォルフとともに架空国家「ザ・キングダムズ・オブ・エレグランド・バーガランド」を建国したレイフ・エレグレ

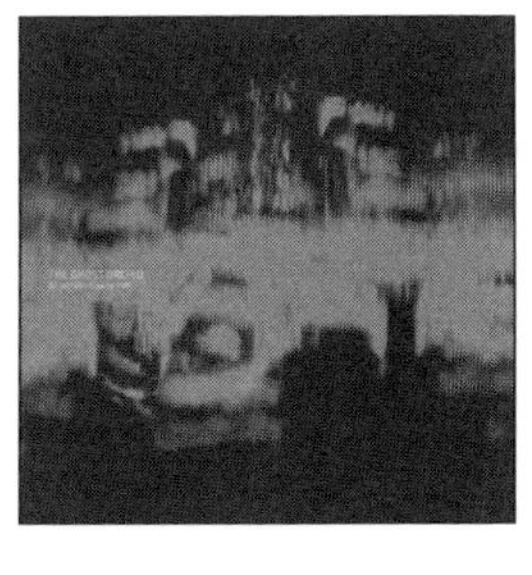

ン（ザ・ソンズ・オブ・ゴッド）の存在も忘れてはならない。英国ＥＶＰ（エレクトリック・ヴォイス・フェノミナ）伝説の男レイモンド・キャスや前述のユルゲンソンの弟子コンスタンティン・ラウディヴなどが収集した霊界音源をエレグレンが監修＆コメンタリーを務めたライブラリー作品。ハウスウォルフもそうだが、アカデミックな領域で活躍する電子音響作家が「音の可能性」を探究するうえでオカルトの領域に踏み込んでいく姿勢はもっと世界的に注目すべきである。

FRIEDRICH JURGENSON / From The Studio For Audioscopic Research（Parapsychic Acoustic Research Cooperative）2000

ＥＶＰ（エレクトリック・ヴォイス・フェノミナ）の歴史上最重要人物といえるフレデリック・ユルゲンソン収集音源集。スウェーデンの映画プロデューサーとして活躍していたユルゲンソンは１９５９年、野鳥の声を録音収集中に死んだはずの母親の声を同時に録音していた事実に気付く。そこから霊界音源の存在を知ったユルゲンソンは、時の法王パウロ６世のバックアップを受けＥＶＰ研究を開始。その生涯に渡り数百もの霊界音源を収集したことが記録されている。本作品はそんなユルゲンソンの１９５９〜１９７７年の間に収集された音源をスウェーデン電子音響作家ＣＭ・フォン・ハウスウォルフ、そして英国実験音響レーベル「タッチ」設立者マイク・ハーディングが監修して現代に蘇らせたもの。ノイズの彼方に漂う声（のようなもの）は果たしてあの世からのものなのか？　答えは不明なれどそのミステリアスな電子音響は圧倒的だ。

V.A. / KONSTANTIN RAUDIVE - The Voice Of The Dead (Sub Rosa) 2002

スウェーデンのフレデリック・ユルゲンソンに師事し、1970年代テープレコーダーやラジオなどの電子機器を使用した「霊界との交信」INSTRUMENTAL TRANSCOMMUNICATION（ITC）実験を世界的にポピュラー化させたのがラトビア共和国心理学者コンスタンティン・ラウディヴ。「ラウディヴ・ヴォイス」と呼ばれた彼のITC実験はラジオなどのホワイトノイズを利用したものであったが、その「ラウディヴ・ヴォイス」を素材として現代のヒップホップや電子音楽作品へとアップデートを試みたのはベルギー実験音楽レーベル「サブローザ」。DJスプーキー、CM・フォン・ハウスウォルフ、ゲルハルト・シュテンプニク、スキャナー、デヴィッド・トゥープ、リー・ラナルド（ソニック・ユース）……など参加。徒手空拳ながらも霊界音源の音楽的可能性を切り拓かんとする姿勢は熱烈に支持したい。

黛敏郎／「涅槃」交響曲（東芝）1962

黛敏郎といえばTV番組「題名のない音楽会」の司会者姿がイメージされるが、1950年代初頭よりミュージック・コンクレートや電子音楽をいちはやく日本に持ち込んだ音楽家でもある。彼の電子音楽理論はやがて既存の音響をスペクトル解析し、解析した音響をさらにオーケストラで再構築する「カンパノロジー・エフェクト」を提唱。その代表作が本作であり、ここでは梵鐘の音をあのNHK電子音楽スタジオで解析、カンパノロジー化。さらには天台宗の経典の読経を男性合唱として使用。重厚すぎる仏教音響空間を生み出している。そして黛はこの作品をきっかけに大乗仏教思想や保守的政治思想へ開眼。ソ連解体や湾岸戦争勃発の1991年には論憲&改憲運動を掲げる右派政治団体「日本を守る国民会議」の第二代議長に就任。「日本を守る国民会議」は神社本庁、生長の家によって結成した「日本を守る会」と1997年合体し「日本会議」を設立するも、同年黛は肝不全でこの世を去った。

JINMO／精神核・Mensa Nuklea（八幡書店）2019

アレイスター・クロウリーと出口王仁三郎の肉声をサンプリングして全ての楽曲を構成したJINMOの最新アルバム。JINMOは独特の無伴奏ギター奏法と合わせて人間の視覚細胞よりも微小な点の集合体を用いて自動書記的に絵画を描くnanoZenという技法を確立し国内外で展覧会を開催。国内外で精力的な演奏活動を行ない、数百回を超える公演を行なう。2019年2月現在までに、ソロ・アルバムだけでも243作品をリリース。ドイツのBassLab社と共同し、特殊なカーボン合成樹脂素材を用い、継ぎ目のない単一構造・完全中空の弦楽器〝Jinmoid〟を開発。音楽専門誌で連載記事を執筆し、美学校の講師を務める。「私は自らを『音楽家』や『画家』といった矮小なアイデンティティに落ち着かせる事に、猛烈なる反発を発動させる。強いて言うならば、自らは『Avant-attaque（前撃）』の実践行為者であり、天的嗣業の前に血を流し、微笑むメディアムである。」と、彼は明言している。（宇田川）

S.A.F／出口王仁三郎・言霊リミックス（八幡書店）1995

ルシファー・ライジングならぬスサノオ・ライジング！　大本教団聖師であり、日本の

霊性運動に現在なお多大なる影響を及ぼし続ける出口王仁三郎。本作はその王仁三郎が残した祝詞音源をアンビエント・ミックスしたものである。仕掛け人は日本オカルト運動総帥である武田崇元、音楽は実業家で美術家でもあるヘンリー川原が担当。王仁三郎アンセムである「天津祝詞」や「神言」が超チルいミックスに乗せられてオーバーマインドを漂う様は、ヴァーチャル・リアリティとしての神界体験とも呼べるのではないだろうか。しかも八幡書店が開発したバーチャル・ドリームマシーン「スターゲイザー」と併用することによってトビが格段に飛躍するというメディア・ミックスっぷりも時代を先取りし過ぎ。1980年代にジャノン・ラニアーが開発したVRのカジュアル化は今後いかに霊性運動と同機していくかは不明だが、テクノロジーと神の領域との親和性は極めて高いことが証明される世界。

田岡満／こころの宇宙（そら）（Wing Japan）2006

山口組三代目組長である田岡一雄の長男であり、映画「山口組三代目」「日本の首領」などのプロデュースで数々のヒットを生み出した田岡満（ちなみに名前は玄洋社の頭山満から取られたという）。1974年ポスト藤純子とうたわれた女優、中村英子と結婚、一女をもうけ順風満帆な人生を歩んでいたが、1975年その妻が謎の自死を遂げたことをきっかけにスピリチュアル世界への道を歩み出す。その後実業界に転身し港湾会社を設立する一方、1989年には自身の霊的探求を綴った著書『魂世紀――神界からの波動』（学習研究社）を発表。その後自らスピリチュアル・ワークを会社経営者や芸能関係者相手に行なっていた。そんななか2006年突如歌手デビューを果たし発表されたシングルが本作。ドアーズの「Riders On The Storm」を彷彿とさせる雷鳴音から激エモーショナルに展開されるスピリチュアル演歌にただただ圧倒される。ちなみに妹の田岡由伎は日本ニューエイジ界大御所、喜多郎の元妻。任侠道とスピリチュアルの関係性に思いを馳せざるをえない話である。

弓神楽／YUMI KAGURA（EM Records）2016

日本神道の神事における奉納歌舞として平安中期より存在する神楽。バッサリ分けて権力側による御神楽と、民間による里神楽に分かれるが、その里神楽のプリミティヴな魅力を現代に継承するのが広島県府中市上下町は井永八幡神社を拠点とする弓神楽だ。武具である弓をパーカッション的にバチで叩きミニマル・ビートに乗せて古代神の物語を延々とリーディングしていくスタイルは戦前ブルースとネオ・フォークのミクスチャーを彷彿とさせるリチュアル世界だ。本作では井永八幡神社の田中重雄宮司による1991年音源と、その後継者である田中律子宮司による2016年音源が収録されており、本CDの解説にある「先代宮司の弓神楽がエチオピアのアズマリだとすれば、律子宮司の弓神楽はまるでレインコーツだ！」はまさしくいい得て妙！　そして天岩戸の物語こそが日本人のレイヴ・カルチャーの原形では？　との妄想も膨らむ。

SUN RA AND HIS ASTRO INFINITY ARKESTRA / Atlantis（Saturn Research）1969

プラトンが提唱した超古代文明「アトランティス」伝説はナチスなどのアリオゾフィ思想のみならず、土星人であるサン・ラのインスピレーションをも爆発させた！　1968

年マイアミより約90kmほどにあるビミニ諸島沖、水深7mほどの海中で謎の石畳が発見される。人工的に作られたとしか思えないその石畳は当時「アトランティスの遺跡発見!」と大きなニュースになった。そしてその1年後にリリースされたアーケストラ作品がコレ。タイトルが「ムー」、「レムリア」、「ユカタン」、「ビミニ」、そして「アトランティス」と全て古代文明に捧げられており、数有り過ぎるサン・ラ作品のなかでも屈指のミステリアスな作品。ミニマル・エキゾな前半から、まんまアトランティス滅亡を彷彿とさせるオルガン大洪水なラスト・ナンバーまで息つく暇ナッシング。「超古代文明では人類は黒人のみだった」説を強引に納得させる反アリオゾフィ世界。

MILES DAVIS / Agharta (CBS) 1975

チベットのヒマラヤに存在するとされたユートピア、シャンバラ。そしてその地下空間に存在するとされた世界がアガルタである。1975年、エレクトリック・マイルスの頂点を極めたといわれる大阪ライブ音源(昼の部)、そのタイトルがこの「アガルタの凱歌」。ちなみに同日(夜の部)を収めた作品のタイトルは「パンゲア」。「パンゲア」とは1912年アルフレート・ヴェーゲナーが唱えた古代超大陸説だ。このジャズもロックもファンクも現代音楽も全てケイオス化した、のたうつようなサウンドは一般には「アフリカ回帰」と説明されるが、帝王マイルスが見据えていたのはもっと古代では? その証拠こそがこのムー度満点のアルバム・タイトルであり、きっとこのライブでのマイルスは緑の手袋着用してたハズだし、その後の長期活動停止もあれやこれやの陰謀が……とか考えてた時期も自分にはありましたが、実際はアルバム・ジャケットを手掛けた横尾忠則がマ

イルスに「アルバム・タイトル何かテキトーにつけといてよー」と依頼されつけたのが真相とわかり本気でギャフンとなった一枚。

JACO PASTORIUS / Word Of Mouth (Warner Bros.) 1981

シカゴの内科医ウイリアム・サドラーとウルフレッド・ケロッグを中心とした構成員24名の秘密結社「コンタクト・コミッション」。彼らが1934年から1955年にかけて「高次の存在」とコンタクトを取り続けながら自動書記により完成させたのが『ウランティア・ブック』である。2097ページに及ぶその本の内容は我々の持つ宇宙の概念を根底から覆すものであり、神学や科学、歴史、哲学に至るまで独自過ぎる理論を展界。そんな『ウランティア・ブック』の影響を受けまくった音楽家といえばカールハインツ・シュトックハウゼンが有名だが、忘れてはならないのがジャコ・パストリアスの存在だ。「ウランティア（地球）に自らの音楽を捧げる」を公言し、ケプラーばりに宇宙の音楽を体得しようとした結果、西洋音楽の音階を超越したベース奏法に到達する。晩年アルコール中毒と躁鬱病で仕事を干されホームレス状態になっても彼は『ウランティア・ブック』を手放さなかったという。そんなジャコのスピリチュアル性が爆発した名曲「Three Views of a Secret」収録の81年作品。

KARLHEINZ STOCKHAUSEN / Oktophonie (Stockhausen Verlag) 1994

「戦後期の音楽は人間の感情表現ではなく、宇宙秩序の再創造である」と豪語するシュトックハウゼンは1966年日本滞在時、見学に訪れた寺院にて「一週間」をテーマとした

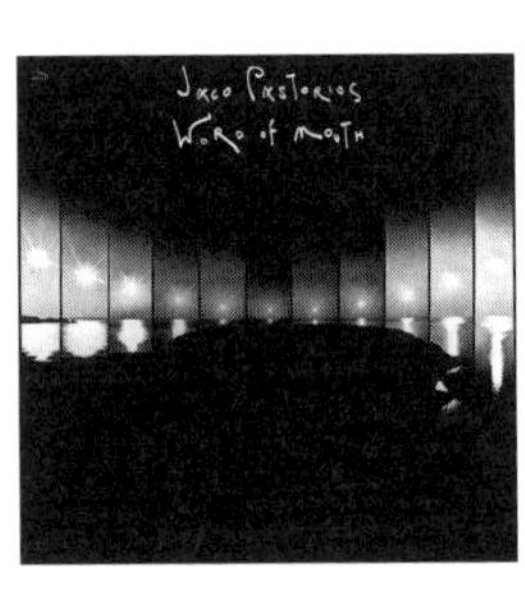

長大オペラを制作すべし！　との啓示をチューン・インする。練りに練られたシュトックハウゼンの構想は1977年より「Licht 光」として月火水木金土日「一週間」を7つの連作オペラ化を目指し26年の月日をかけ制作、2003年に完成する。そして「Licht 光」の物語はシカゴの秘密結社「コンタクト・コミッション」による高次存在からのメッセージを記録した奇書「ウランティア・ブック」の世界観、いや宇宙観をまるまる再現するものだった！！！　全曲をプレイするには約28時間かかる「Licht 光」。当然作品化はそれぞれバラバラにリリースされているのだが個人的オススメは第二幕に演奏される「Oktophonie」。そのメシアン・ミーツ・サン・ラ的なシンセサイザー空間は初期電子音楽作品とも異なるエソテリック・スペース音楽となっている。

HARRY PARTCH / The Bewitched (Gate 5 Records) 1958

米国自作楽器の父にして西海岸実験音楽の開祖ハリー・パーチ（1901-1974）1955年作品。少年時代より母親から音楽を学び天才的な才能を開花。しかしアカデミックな音楽を学ぶために入学した南カリフォルニア大学は速攻でドロップアウト。その後世界大恐慌の波に飲まれホーボー（ホームレスな移動労働者）生活を余儀なくされるというブルージーな時期を体験するも、その時分に寝食をともにするようになったネイティブ・アメリカン文化に深くコミットするようになる。その影響から西洋文化を逸脱した思考を獲得したパーチは、1930年にはへちまの木などで制作された自作楽器をアップセットし43微分音音階を基準とした音律理論を完成させた。本作はパーチが能や京劇、バリ舞踊などにインスパイアされた歌劇作品であり、タイトル「魔法にかけられた者」まんまのペ

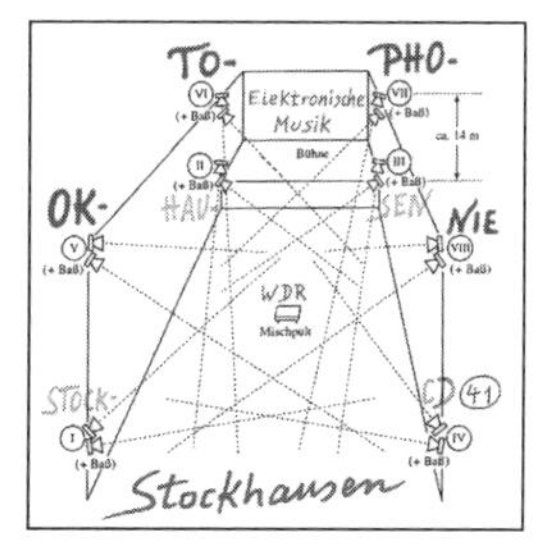

イガニズム満点のストーリーを展界させたモダン・プリミティブ世界。

TEJI ITO / Music For Maya - The Film Music Of Teji Ito（Tzadik）2007

作曲家兼衣装デザイナーの伊藤雄司、ダンサーの小野智子の間に1935年東京で生を受けた伊藤帝司は6歳時に家族とともにニューヨークへ移住。しかし15歳で家を飛び出し作曲家の道を歩み出す。経緯は不明だが彼が17歳の時分に当時35歳の女流実験映像作家マヤ・デレンと知り合い、テイジ・イトウは1955年デレンとともにハイチへと旅立つ。マヤはハイチのブードゥー教に魅せられ、その研究書「聖なる騎士たち」を書き上げる一方、テイジはハイチのマスター・ミュージシャン、コヨーテに儀式的ドラミング技法を学んだ。テイジとマヤは1960年に結婚。翌61年にマヤがわずか44歳で亡くなるまでの間、濃密な時間を共有することとなった。本作はそのマヤとテイジの関わりに重点をおいた選曲で構成されており、安易にも「日本のムーンドッグ」とかいいたくなるようなオリエント・ミニマル楽曲に心奪われるが、重要なのはマヤ、そしてテイジを魅了したハイチという磁場が生み出す「霊的な何か」であろう。

ARVO PART / Tabula Rasa（ECM）1984

ホーリー・ミニマル代表格として知られるアルヴォ・ペルト。1935年独立共和国時代のエストニアに生まれるもペルトが5歳時にはソ連支配下におかれ（一時的にナチス支配下におかれた時期もあるが）その環境のなかで10代より作曲活動を始める。初期は前衛スタイルだったが、当然そのスタイルは中央政府から圧力を受けるばかりかペルト自身も表現の袋小路に陥る結果しかもたらさず、1968年ペルト本人の信仰告白的作品「クレド」発表を機に沈黙期間に突入。その間に正教会への入信や古楽へのコミットを経て1976年ピアノ曲「アリーナのために」にて「ティンティナブリ」(鈴の音)と呼ばれる音素材の簡素化した作曲スタイルを確立。1981年西ドイツに亡命(2011年エストニアに帰国)後、ECMからリリースされた本作「タブラ・ラサ(空白)」はギドン・クレーメルやキース・ジャレットも参加、ジャンルを超越した作品として当時世界的脚光を浴びた。故郷エストニアの霊的風景を内なる殻に閉じ込めたような、ペルト自身の祈りとしか形容できない音響空間に圧倒される。

HARRY SMITH / Anthology Of American Folk Music (Smithsonian Folkways) 1997

米国気鋭の実験映像作家であり、自らのレーベル Smithsonian Folkways を通してブルースやカントリーはもちろん、電子音楽、実験音楽からカエルの鳴き声までもを「米国の民族音楽」として膨大にライブラリー化し続けた男、ハリー・スミス(1923-1991)。彼は幼少より先住民族であるルミ族との交流によりシャーマニズムに開眼。20代半ばにはアレイスター・クロウリーでおなじみOTOのNY支部に出入りするようになり、サマー・オブ・ラブの季節1967年にはベトナム戦争反対運動の一環としてペンタゴンへの悪魔祓い儀式も実践。1983年にはグノーシス派の司祭も務めるなどオカルト人生を貫く。そんな彼が愛してやまなかった米国フォーク・ミュージック決定版ボックスがコチラ。1927年から1932年までのフォーク、カントリー、ブルース、ゴスペル。ケイジャンなどのビンテージ音源84を収録。オカルティストたる彼がこのルーツ音楽に「何

を」聴いていたのか、今一度襟を正して体感すべきではないだろうか。

LONDON SYMPHONY ORCHESTRA: KERTESZ / MOZART: Masonic Music (Decca) 1969

ベートーヴェンからシューベルトまで、いわゆるクラシック音楽家たちとフリーメイソンとの関わりは諸説もろもろだが、やはりその真打となればモーツァルト（1756-1791）だろう。1784年12月ウィーンのロッジでメイソンに入会した29歳のモーツァルトはその後熱心な会員となり父レオポルトやヨーゼフ・ハイドンなどかたっぱしから勧誘。代表オペラ曲「魔笛」も実はメイソンのイニシエーションを描いた物語であるという説もありロック・ミー・アマデウスこのうえないモーツァルトだが、隠喩でもなんでもなく直球勝負でメイソンのために作曲された作品集がコチラ。「フリーメイソンの葬送音楽」を筆頭に「歌曲：結社員の道」「カンタータ：宇宙の霊なる君」「フリーメイソンのための小カンタータ：高らかに僕らの喜びを告げよ」など、思わず「自由、平等、博愛！」と叫ばずにいられない内容。胎教や睡眠など、癒しとして消費される日本のモーツァルト環境を鑑みるのも味わい深い。

MUSIC FROM THE WORLD OF OSHO / Songs Of Awakening (Osho International Foundation) 1993

インドの宗教家であり神秘思想家バグワン・シュリ・ラジニーシ（1931-1990）の音楽といえばドイツ電子音楽家でラジニーシに弟子入りしたドイターによるトランシー作品が有名だが、ラジニーシの教えをもっとポップに親しみやすく表現する教団内グループがミュージック・フロム・ザ・ワールド・オブ・オショウである。全編を通して漂うア

ーバン感覚はヴェイパーウェイブのネタにすることも根性さえあれば可能。かつてラジニーシ・プーラムが「物質主義大国アメリカ」へのカウンターとして大量のロールス・ロイスを購入したエピソードを思い出させるコテコテのポップ・ワールドの中毒性がヤバい。後半いきなりレゲエ路線を導入する「Strong My Roots」は本気でＤＪ使用したい名曲。ラジニーシ関連といえば昔、神保町の書泉グランデでカセット作品をよく購入していたが今でも取り扱いがあるのだろうか？

MAGDALITH / L'Heure Des Prophètes (Editions Studio S.M.) 1968

マグダリスの本名は、マドレーヌ・リプシウッツ、１９３２年８月４日生まれ、２０１３年９月14日死亡。彼女の両親はポーランド出身のユダヤ人であり、迫害を逃れてフランスに移住、南仏のトゥールーズで革細工店を経営していた。第二次大戦中彼女の父は志願してフランス軍のポーランド人部隊に入隊するが、１９４０年フランス降伏のため帰国。その後対独協力のヴィシー政府により反政府分子として監視されるが、レジスタンスに加入して抵抗し、ついには逮捕されアウシュビッツに送られ処刑された。彼女は隠れ家に逃れ戦後を迎え、19歳で神秘体験を経てカトリックに改宗。１９６０年シャンソン歌手としてデビュー。１９７５年修道院に隠遁しグレゴリオ聖歌の研究に入る。グレゴリオ聖歌の規則に従った多くの典礼作品を作曲し自ら歌った。ブリジット・フォンテーヌとダイアマンダ・ガラスをブレンドしたような作風である。（宇田川）

V.A. / Für Ilse Koch (Come Organisation) 1982

映画「イルザ ナチ女収容所 悪魔の生体実験」のモデルになったブッヘンヴァルト強制収容所所長カール・コッホの妻であるイルゼ・コッホに捧げられた80'sインダストリアル・コンピ名作。イルゼは囚人への残虐行為で知られ、有名な伝説としてはエド・ゲインばりに囚人の皮膚でランプシェードやブックカバーを自作したり、臓器を樹脂で固め標本化したものをコレクションしていたといわれている。音源内容もホワイトハウスやナース・ウィズ・ウーンド、MBといったインダストリアル御大たちの激渋な音源に混じり、旧日本軍軍歌やナチス・オカルティズム代表ハインリヒ・ヒムラー、そしてなぜかアレイスター・クロウリーやチャールズ・マンソンの音源まで収録。反社会、反モラルのイコンとしてナチスやオカルティズム、シリアルキラー、ポルノ、死体写真などのバッド・テイストが機能していた時代ならではの作品。

第二章 ──サイケデリック・レヴォリューション

サマー・オブ・ラブ、その繁栄と腐敗

ビート詩人グレゴリー・コーソが「50年代にビート・ジェネレーションが文学で描いたことをヒッピーは現実にした」と再三語っていたように、ヒッピーの起源をたどればジャック・ケルアックやアレン・ギンズバーグといったビート世代に行き着く。ヒッピーはそんなビート世代より一回り若い世代のボヘミアンを指した名称であり、1960年代中頃より発生した。

もともとはニューヨークのイースト・ビレッジがヒッピー発祥の地とされるが、その後ヒッピーたちはサンフランシスコに集中、ヘイト・アシュベリーを拠点にコミューンを形成していく。

ニール・キャサディ[※1]も運転手を務めたサイケデリック・バスやアシッド・テストでお馴染み、ケン・キージー[※2]率いる「メリー・プランクターズ」。「革命とは街頭演劇である」をスローガンに極左思想を貫いたアビー・ホフマン[※3]率いる「イッピーズ」。後にウッドストックで重要な役割を果たすも、メンバーからマンソン・ファミリーを輩出した「ホグファーム」。ヘイト・アシュベリーを拠点としたアングラ新聞サンフランシスコ・オラクル編集者アラン・コーエン[※4]、ティモシー・リアリー、リチャード・アルバート[※5]などの一派。そしてエメット・グローガン[※6]らによる行動派アナーキズム・アート集団「ディガーズ」など……。

これらグループはサイケデリック体験に触発され、（それぞれの思想的違いはあれども）既存の文明社会から逸脱し、自分たちのルールで自治空間を確立していく。そしてその空間には当然のように大量のアシッドがばら撒かれていた。やがて1963年ケネディ大統領暗殺事件、ベトナム戦争泥沼化などを背景に反戦運動や公民権運動が加熱するなか、1967年1月14日作家アラン・コーエンの呼びかけのもと、サンフランシスコのゴールデンゲートパークにてヒューマン・ビーイン[※7]が開催される。

ヒューマン・ビーインにはアレン・ギンズバーグ、ゲイリー・スナイダーやティモシー・リアリーなどが参加。グレ

イトフル・デッド、ジェファーソン・エアプレイン、ビッグブラザー・ホールディング・カンパニーなどの無料コンサートが参加者たちのアシッド酩酊と相まって）絶大な盛り上がりを見せるなか、リアリーによる「ターン・オン、チューン・イン、ドロップ・アウト」[※8]が世界に向かって宣言された。フラワー・ムーブメントの本格的幕開けである。

ビーイン運動はマスコミにも大々的に取り上げられ全米各地に伝染する一方、ヘイト・アシュベリーはヒッピーに憧れる人々の聖地とみなされるようになり、巡礼の地を多くの人々が目指すようになる。ピークに達したのがその年1967年夏。伝説のサマー・オブ・ラブ到来である。アシッドによる変性意識の影響で「今すぐにでも世界革命が起こりうる、世界は変わる、物質至上主義や経済至上主義から脱却して真の人間性を回復させよう。愛こそすべて！」そう信じる若者たちで溢れかえるヘイト・アシュベリー。

しかしその確信はヘイト・アシュベリーの自治コミューンでは浄化できないほど大量（4万〜10万人）の若者流入、[※9]それにともなう治安悪化（伝説のLSDディーラーが立て続けに惨殺された！）、大量生産LSDの粗悪化、変わってハード・ドラッグの蔓延、なかでもヘロインの蔓延[※10]が深刻化する。

ヒューマン・ビーイン以降、さんざん持ち上げていたメディアもサマー・オブ・ラブ突入以降のヘイト・アシュベリーの惨状に対し「クレイジーなヒッピーたちによる犯罪問題」を煽るようになる。さらに悪いことにその「クレイジーなヒッピーたち」を見学するための「（自称）いたって普通のアメリカ人」観光客が観光バスに乗ってやってくるようになり、ディガーズなどヘイト・アシュベリーのコミュニティと警察の抗争激化[※11]に拍車がかかる。

サマー・オブ・ラブ1967年の夏が過ぎる頃にはオリジナルのヒッピーたち……・ビーイン以前よりヘイト・アシュベリーでコミューンを作り上げた人々は、この聖地がもはや手のほどこしようのないバビロンへと変貌したことを認めざるを得なくなった。その年の冬、ヘイト通りにてディガーズを中心にヒッピーの葬儀がとり行なわれる。ヒッピーを象徴する服やアクセサリーが黒い布に覆われた棺へと詰め込まれ、参列者たちが見守るなかヒッピーの魂は火葬された。

むかしむかし、ひとりの男がビーズを身につけヒッピーになった
そして今日　そのヒッピーはビーズをはずし、人間になった　自由な人間に！
残したものはすべて捨て去り
ヒッピー　マスメディアの献身的な息子
境界線は消えた
サンフランシスコは自由だ！　いまや自由だ！
真実がいま、知らされた、知らされた、知らされた！

葬儀参列者に配布された追悼カード文より※12

こうしてオリジナルな意味でのヒッピーは自らの死を受け入れ、ヘイト・アシュベリーからほかの約束の地へと離散していくこととなる。そして1970年代にはその新たなる土地土地でヒッピーの種子はニューエイジ運動へと成長、展開していくこととなる。

※1　ニール・キャサディ（1926-1968）　ジャック・ケルアック代表小説「路上」のモデルともなったビート族伝説の男。ビート・ジェネレーションとヒッピーを繋いだ。ちなみにサマー・オブ・ラブの翌年1968年、メキシコの線路上で全裸で死んでいたのを発見されている。死因は不明のまま。

※2　ケン・キージー（1935-2001）　小説「カッコーの巣の上で」でお馴染みの米作家。1964年よりサイケデリック・ペイントを施したバス「ファザー号」に乗り込み全米にLSDを配布してまわった。

※3　アビー・ホフマン（1936-1989）　米政治活動家。1969年ウッドストックでザ・フーのステージに乱入し「こんなことしてる場合じゃないだろ！　今すぐ（ホワイトパンサー党の）ジョン・シンクレアを刑務所から救出しなきゃダメだみんな!!」とアジるも、激怒したピート・タウンゼントにギターでブン殴られたエピソードは思い出すたびに涙を誘う。

※4　アラン・コーエン（1936-2004）　米国詩人。サンフランシスコ・オラクル編集人にしてビーインのオーガナイザー。サマー・オブ・ラブ以降はジェリー・ブラウン元

州知事などと繋がりカリフォルニア州のマリファナ合法化運動に奔走した。

※5　リチャード・アルバート（1931-）　別名ラム・ダス。ティモシー・リアリー同様ハーバード大学心理学教授だったがこれまたリアリー同様サイケデリック研究のためアカデミック世界よりドロップアウト。著書『ビー・ヒア・ナウ』は現在もスピリチュアルやトランスパーソナル心理学界隈で絶大な影響力を持つ。

※6　エメット・グローガン（1942-1978）　ピーター・コヨーテらとともにアナキズム劇団としてディガーズを創立。ディガーズ・コミュニティでは「フリー」を合言葉にディガー・シチューなどの食べ物やメディカル・クリニック、宿泊施設、銀行（さすがに短期間だったが）、さらにはアシッドまでが無料で提供された。一方、ティモシー・リアリーなどのサイケデリック楽観主義や、アビー・ホフマンの極左政治路線には終始シニカルな態度を貫いていたことで知られる。

※7　ヒューマン・ビーイン　ベトナム反戦運動における座り込み（シットイン）からインスパイアされたといわれる、社会における人間回復を求める人々の集会。詩人、政治家、音楽家、演劇家、前衛芸術家、快楽主義者、ヒッピーなどがニュー・パラダイムを求めて集合。この運動は世界に広がり、この時代のみならずセカンド・サマー・オブ・ラブの影響での1989年マイケル・ゴズニーらによるデジタル・ビーイン、そして2001年9・11テロを受けての新ヒューマン・ビーインが2002年より東京より復活。東京での新ヒューマン・ビーインは谷崎テトラ氏などを中心に現在も9・11に最も近い日曜日の明治公園で毎年開催されている。

※8　ターン・オン、チューン・イン、ドロップ・アウト　ターン・オンは自らの神経や遺伝的な資質をアシッドなどで活性化させろ、チューン・インは自らの周囲の世界と調和を保って相互作用しろ、そしてドロップ・アウトは活動的で選択的で優美なる離脱の勧め……このような意味を込めてのティモシー・リアリーの宣言だったが、多くの世間では「クスリをキメて学校や仕事を放り出そうぜ！」と誤解される結果を招いた。

※9　若者流入　真剣に自分の生き方を模索していたオリジナル・ヒッピーと異なり、年齢層もぐっと下がったことによりドラッグやヒッピー・カルチャーを自らの向上に使えない、自分の面倒もみられない人間が多く集まるようになった。

※10　**ヘロインの蔓延**　アラン・コーエンなど多くの関係者が「ハード・ドラッグの蔓延は警察によるコミュニティ潰しの作戦であり、供給源はＦＢＩやＣＩＡである」と語っている。

※11　**コミュニティの抗争は激化**　ディガーズは観光バス誘致のためにヘイト通りが一本通行にされたことに抗議。観光バスがヘイト・アシュベリーに入ってくるとバリケードを築き迂回させて抵抗した。

※12　**追悼カード文より**　『ドラッグ・カルチャー　アメリカ文化の光と影（１９４５－２０００年）』（マーティン・トーゴフ著、宮家あゆみ訳、清流出版、２００７年刊）より抜粋

アレイスター・クロウリー流星群

「私は……当惑している……」。１９４７年、こう言い残しイギリスの片田舎でひっそりと息を引き取ったとある老魔術師がいた。老魔術師の名はアレイスター・クロウリー。かつては「20世紀最強の魔術師」とうたわれ、数々の伝説を歴史に刻んだ希代のトリックスター。しかしその晩年は赤貧と持病の慢性気管支炎、ヘロイン中毒などの衰弱にあえぎながらの臨終だったという。

「汝の意志することを成せ」そうアジテートしたクロウリーとは果たして単なるみじめったらしい人生の敗残者だったのだろうか。その真意については知る術もないし、知ったとしてもクロウリーならこう言うはずだ。「あなたの知っていることは全て間違っている」と。

兎にも角にもクロウリーという星が破裂し消滅した後も、その星くずたちはそれぞれが勝手にクロウリーの伝説を紡ぎだしていった。まるでクロウリーの亡霊がそこかし

こに存在しているかのように。ここではそんなクロウリーの亡霊や星くずたちについて言及していきたい。

流星その1　ジャック・パーソンズ

「魔術とは真の意志に従って変化をこの世に引き起こすための科学であり業である」このクロウリーの言葉を体現したのがアメリカのロケット工学者ジャック・パーソンズ（１９１４-１９５２）の存在だ。現在もＮＡＳＡのロケットや大陸間弾道ミサイルの開発と製造で知られるカルフォルニアのエアロジェット社。[※1] この会社創立のきっかけとなったカリフォルニア工科大学のロケット研究チームに立ち上げから参加していたのがパーソンズである。１９３０年代、まだ海のものとも山のものともつかないロケット工学を独学で習得した彼は固体燃料の開発やＪＡＴＯユニットの発明など、来たる宇宙開発の夜明けにとって重要な役割を果たした。月の裏側に存在するパーソンズ・クレーターは彼の功績にちなんで命名されたものだという。

そんな米国ロケット研究のパイオニアとしての肩書きを誇るパーソンズだが、一方では熱心なクロウリー信者という顔も併せ持っていた。危険をともなうロケット実験時には常にクロウリーの詩を朗読することを自らの習わしとしていたパーソンズは１９３０年代ハリウッドのＯＴＯ支部「アガペの家」に参入。やがて「アガペの家」責任者の地位を継承したパーソンズは１９４２年、自らが所有するパサディナの高級住宅地にロッジを移動。結社名も「テレマ教会」と変更する。パーソンズはそこでかねてよりＯＴＯに伝わる性魔術のエクストリーム化を実践。実の母親も参加しての近親相姦や獣姦行為などリアル・マザー・ファッカーなインモラル行為に没頭するこの時期のパーソンズに、ひとりの男が接触を図る。

男の名はＬ・ロン・ハバード（１９１１-１９８６）。米国海軍中尉でありSF小説作家であったハバードとどのような経緯を経たのかは不明だが2人は意気投合。パーソンズは独断でＯＴＯの秘密をハバードにイニシエートするなど気風の良さ、もしくはわきの甘さをみせるなか、2人は禁断の魔術儀式である「ムーンチャイルド・ホムンクルス」を計画。ババロンの売春婦を星気の世界から呼びおろし、生きている女性の子宮に宿らせるという召喚儀式を1946年3月1日から3日間敢行する。具体的にはパーソンズが選別した女性[※2]と性交し、それをハバードが記録するものだったが、当然のごとく「ムーンチャイルド」オリジネーターであるアレイスター・クロウリーは海外でのこの行為に対し激高、OTOカルフォルニア支部会長宛に抗議文をメールしたという。

そんなクロウリーの想いが通じたかのごとく、パーソンズ&ハバードによる「ムーンチャイルド・ホムンクルス計画」は失敗に終わった。この儀式の3日間でパーソンズは女性を妊娠させることができなかったのだ。さらに追い打ちをかけるようにハバードはパーソンズを裏切り、1万ドルと当時パーソンズの愛人を「取り込み詐欺」で奪い逃走。これはハバード側の主張によると、もともとはパーソンズに接触したのも米国海軍諜報局の仕事であり、その任務はパーソンズの反社会的行為を打ち砕くことだったという[※3]。

その後パーソンズは財政難に陥るも魔術儀式を継続。しかしクロウリーの死の10年後にあたる1957年、自宅地下室で実験作業中に謎の爆発事故が発生。パーソンズの肉体は弾け飛び絶命、その数時間後に彼の母親が睡眠薬過剰摂取による自殺を遂げ、彼の現世での儀式は幕を下ろした。

一方逃亡したハバードは1951年にセルフケア著作本『ダイアネティックス』[※4]を出版し大ヒットを飛ばす。1954年には『ダイアネティックス』の教義実践を目的としたサイエントロジー教会をロサンゼルスに設立。サイエントロジー教会はハバード死後も、トム・クルーズやリサ・マリー・プレスリー、チック・コリアなど有名人たちの支持を集めながら（論争を巻き起こしながらも）世界規模で勢力を現在も拡大中である[※5]。

流星その2　ソラー・ロッジとプロセス

アレイスター・クロウリーの死から20年後の1967年。ザ・ビートルズの『サージェント・ペパーズ・ロンリー・ハーツ・クラブ・バンド』アルバム・ジャケットにフロイトやユング、ハクスリー、バロウズ、（ボツになったがヒトラー）などと並んでクロウリーの写真が使用されたことに象徴されるように、1960年代カウンター・カルチャーのポップ・アイコンとしてクロウリーの亡霊はサマー・オブ・ラブの季節に復活を果たす。

サイケデリック革命の副産物としてのオカルティズム。キリスト教や西洋合理主義への反抗として魔術や神秘主義思想が蘇生され、クロウリーの思想はドラッグ使用やオージー・セックスと相まって当時のヒッピーたちに熱狂をもって再発見されるようになる。

OTO本部からは非公認だったが南カリフォルニアでOTOの流れを凶々しいカタチで無理矢理継承したのがジーン&リチャード・ブレイトン夫妻が運営したソラー・ロッジだ。1960年代後半より存在した秘密教団で、クロウリーのドラッグ&動物生贄、飲血を交えた性儀式を実践。徹底した人種差別思想と反サイエントロジー思想、またチャールズ・マンソンが唱えた人種間での最終戦争「ヘルター・スケルター終末思想」[※6]を彼らも掲げ、砂漠地帯にコミューンを形成した。

ブレイトンは信者やその関係者から多額の金銭や土地建物を奪い莫大な財力を有する一方、クロウリーの自筆草稿やマントなどを筆頭とする魔術、秘教関連の遺宝、書物など（ほとんど盗んで）数多くコレクションしていたという。しかし1969年、コミューン内の失火でそれら貴重なコレクションは全て消失。失火の原因となった6歳の児童に対し激怒したブレイトンは摂氏40度を超える砂漠のなか、児童を狭い木箱に監禁し56日間放置。さいわい児童は偶然通りがかりった馬商人に発見され警察が保護。児童虐待の罪状でブレイトンを筆頭とする教団上層部に逮捕状が出されソラー・ロッジは崩壊した。[※7]

ソラー・ロッジが反サイエントロジーだったのに対して、サイエントロジーから端を発した秘密組織がザ・プロセス・チャーチ・オブ・ザ・ファイナル・ジャッジメント（以下プロセス）だ。ロンドンのサイエントロジー教会で学んでいたロバート・デグリムストン、そして元売春婦で後にロバートの妻となるメアリー・アンにより1963年結社されたプロセス。最も結社当初は組織名をコンパルション・アナリシス（衝動脅迫分析）と名乗り、独自のエングラム（細胞内組織痍後）療法を組織だてることを目的とするサイエントロジー色の強いものだったという。結社から1年ほど経過した後、結社は宗教的ムードを色濃くし、四つのPマークを組み合わせ卍模様に似せたシンボルを掲げ自らをプロミスと名乗るように変化。

プロセスは信者拡大を求めメキシコやニューオリンズなどを転々とし、1967年サマー・オブ・ラブの季節にサンフランシスコへとたどり着く。ヘイト・アシュベリーに現れたプロセスのメンバーは長髪に黒帽子、戦闘用ドイツ・シェパード犬を従えて通りをねり歩き、世界滅亡を唱えた勧誘ビラをばらまいた。ヘイト・アシュベリーに設置されたプロセスの勧誘本部から2ブロック離れた先にはチャールズ・マンソンの住居が存在し、その頃の縁なのか？後にマンソンは拘置所内[※8]からプロセスの機関紙に原稿を執筆している。

その後プロセスはロサンゼルス、ニューヨーク、ボストン、シカゴなどを転々とするがマンソン・ファミリーとの関係が取りざたされるようになり内部分裂、1974年には消滅した。消滅後もプロセスはOTO、ソラー・ロッジやカニバリズム儀式グループ「4P運動」[※9]、また「サムの息子」[※10]ことデヴィッド・バーコウィッツなどとの関連が取りざたされるも、これらは単なるゴシップの領域を出ない噂にすぎなかった。終末思想とユートピア思想をサタニズムで味付け[※11]した教義により自らを〝最後の審判教会〟と評したプロセスはマンソン・ファミリー同様に1960年代カウンター・カルチャー・カルトの典型といえるだろう。

クロウリーのポップ・アイコン化に大きな影響を与えた人物として忘れてはならないのが米アンダーグラウンド映画作家にして『ハリウッド・バビロン』[※12]著者ケネス・アンガーの存在だ。

1927年サンタモニカ生まれのアンガーは10代後半よりオカルトに傾倒、クロウリーのセレマ哲学の信奉者となり「ルシファー・ライジング」「快楽殿の創造」などクロウリーに捧げられた映画作品を制作。生涯にわたり魔術や神秘主義、フェティッシュな性的倒錯にこだわり続けた活動を続けている。

またオカルト繋がりからか、アントン・ラヴェイとも親しく1966年悪魔協会設立以前、ラヴェイがまだオカルト研究グループを主宰していた頃よりの付き合いで、1980年代にはラヴェイの家族と一緒に暮らすほどの親密ぶりだったという。

流星その3　ケネス・アンガー

ローリング・ストーンズのミック・ジャガーやレッド・ツェッペリンのジミー・ペイジなど大物ロック・ミュージシャンにクロウリー哲学を伝授したのもアンガーだという説もある。説の信憑性は謎だが、ミック・ジャガーはアンガーの「我が悪魔の兄弟の呪文」に電子ノイズ・トラックを提供しているし、当時ジャガーの恋人だったマリアンヌ・フェイスフルも「ルシファー・ライジング」[※13]に出演。そのサウンド・トラックにはジミー・ペイジが担当予定だった[※14]もののボツとなり、変わってアンガーと因縁深いボビー・ボーソレイユが起用[※15]されるなど、1960年代のロック・シーンとオカルティズムをアンガーが繋いでいたのは間違いない。

驚くべきことに2017年現在もアンガーとロック・シーンの関わりは継続しており、2004年には自殺したロサンゼルスの人気シンガーソングライター、エリオット・スミスに捧げられた映画「エリオット・スーサイド」発表、さらには同業の映画作家にして音楽家のブライアン・バトラーとともにエクスペリメンタル・ミュージック・デュオ「テクニカラー・スカル」を結成し、激ノイジーなテレミンをプレイ&各地でライブ活動中と、現在もクロウリー直系の神秘主義とアートの越境を体現し続けている。

※1　エアロジェット社　パーソンズは会社創立時も参加していたが正式なカリフォルニア工科大学のメンバーではなかったこと、また反キリスト主義を公言していたなどの理由ですぐに除名させられた。

※2　女性　この時期のパーソンズの愛人はアーティスト

であり女優であったマージョリー・キャメロン。クロウリーつながりなのか？　彼女は1953年ケネス・アンガー映画「快楽殿の創造」にアナイス・ニンとともに出演。妖艶なスカーレット・ウーマンを演じていた。

※3　反社会的行為を打ち砕くことだったという　無論その後のハバードの生き様や評判を考えると首をかしげざるをえないが、サイエントロジー側の見解ではこうなっている。

※4　『ダイアネティックス』　長渕剛も愛読している（会員ではないらしいが）ことでも有名。心に関わる様々な基本法則を分析し、人間本来の抑圧されていない人格を引き出し、精神的苦悩や心因性の病気、精神錯乱などの原因の根絶を図ることを目的としている。一方、心理学のカウンセリングとあまりにもかけ離れた手法なため効果の疑問視も存在する。

※5　世界規模で勢力を現在も拡大中である　現在日本では新宿にサイエントロジー東京が存在。筆者は毎日このビルを見ながら通勤している。

※6　ヘルター・スケルター終末論　チャールズ・マンソンがビートルズの「ヘルター・スケルター」から受信してしまったメッセージ。まもなく白人と黒人の間で最終戦争が勃発。戦争は黒人側が勝利し白人たちを全滅させるものの、黒人たちでは世界を統治する能力に欠けており世界は混迷する。そこに砂漠に隠れていたマンソン・ファミリーが登場し黒人たちを統治、世界の王としてマンソンが君臨するという都合良すぎな終末論。

※7　ソラー・ロッジは崩壊した　逮捕状が出された時点ではブレイトン夫妻と教団幹部数人は自家用飛行機でメキシコへ逃亡。FBIが彼らを捕らえるまで1年以上の月日を有した。

※8　拘置所内　シャロン・テート殺害事件公判を控えたマンソンにプロセス側は「死」特集号への寄稿を依頼した。

※9　「4P運動」　1967年カリフォルニアで「グラン・チニョン」なる人物により組織されたとするサタニック殺人集団。その儀式には人間犠牲が捧げられ、参加者によるカニバリズムが行なわれると噂される。その実在を証明するものは何もなく、都市伝説の域を出ない。

※10　デヴィッド・バーコウィッツ　1977年ニューヨークで6人を殺害、7人に傷害をあたえた通称「サムの息子」。プロセス、及び「4P運動」のメンバーと噂された

が、これまた都市伝説の域を出ない。

※11　サタニズムで味付け　プロセスはサンフランシスコ活動期にアントン・ラヴェイ率いる「悪魔教会」への共闘を持ちかけるもラヴェイに狂人呼ばわりされ門前払いされた。

※12　ハリウッド・バビロン　1959年フランスで出版されたアンガーによるハリウッド・スキャンダル暴露本。米国では1974年になるまで公式出版がなされなかったほどヤバい内容。1984年には『ハリウッド・バビロンⅡ』も出版。アンガーによる『ハリウッド・バビロンⅢ』もすでに書きあがっているが、トム・クルーズとサイエントロジーの話を長々と書いているため出版が難しい状態になっているという。日本では1978年よりクイックフォックス社、リブロポート、パルコよりそれぞれ出版されたが現在は絶版中である。

※13　ルシファー・ライジング　ミック・ジャガーの弟、クリス・ジャガーもルシファー役で出演、撮影もされたが結局その場面はカットされた。

※14　ジミー・ペイジが担当予定だった　28分の映画作品に対して23分の音楽作品を提出したペイジにアンガーが激怒。「ペイジが3年もかけて出来上がったのは23分のドローンだ」「オカルトと麻薬を道楽半分にする人間だ」と誹謗中傷。個人的には資金面でも協力したペイジに対してあんまりだと思うが、音楽作品としてはボーソレイユのほうが映画にふさわしいので結果オーライかと。

※15　ボビー・ボーソレイユが起用　そもそもはアンガーの弟子であり愛人だったボーソレイユ。だが1967年アンガーの映画フィルムを何かにキレたボーソレイユが盗みメチャメチャにする事件が勃発。怒ったアンガーは「ボーソレイユ、ケネス・アンガーによりガマガエルに変えられし者！」という呪いをかけ、果たしてその2年後ボーソレイユはマンソン・ファミリーとしてゲイリー・ヒンマン殺害容疑で逮捕。なのにアンガーは「ルシファー・ライジング」サウンド・トラックに関してジミー・ペイジ作品をボツにした後、獄中のボーソレイユにサウンド・トラック作成を依頼。なぜかボーソレイユも依頼を受諾しボビー・ボーソレイユ&フリーダム・オーケストラとして獄中仲間とレコーディング。フリーダム過ぎる傑作を生みだしている。

ニューエイジ運動の発生、そして大衆化へ

1967年サマー・オブ・ラブの季節が終焉へと向かうなか、中心地点であったヘイト・アシュベリーがバビロンと化したことに見切りをつけ、オリジナル・ヒッピーたちがサンフランシスコの北部マリンカウンティーで形成したとされるニューエイジ運動。

しかしこのニューエイジなる言葉の起源を辿ると1922年神智学協会マダム・ブラヴァッツキー後継者であるアリス・ベイリーがニューヨークに設立したフリーメイソン系出版社「ルシファー出版社（すぐにルシス・トラストと改名される）」が公に用いたのが人類史上「初」とされており、さらにカトリック中央協議会の見解によると薔薇十字団とフリーメイソンによってフランス革命時、そしてアメリカ独立戦争時に密かに使用されていたものだという。

その歴史的真相こそは定かではないが、ともあれニューエイジ運動の根幹はブラヴァッツキーが説いた「霊性進化論＝人間の生きる目的は、輪廻転生を通してより高度な霊的進化を果たすことにある」にあるといってよいだろう。

思想背景としてはヨハネ黙示録20章4節から7節にある千年思想の影響が強く、1000年続いた神と悪魔の戦いが20世紀末に終結し、ニューエイジ（新しい時代）が到来することに由来。当時のニューエイジャーたちはこの話を西洋占星術的にとらえ、キリストに始まる二千年期であった「うお座の時代」が終焉し、「みずがめ座の時代」の到来と解釈（当時大ヒットしたミュージカル「ヘアー」劇中のフィフス・ディメンションによる「アクエリアス」は象徴的）。ちなみに神智学協会ブラヴァッツキーも20世紀到来とともにアクエリアスの時代が到来すると説いていたことは偶然ではないだろう。

これにより既存の西洋物質文明やキリスト教支配の時代も同時に終焉したのだから「もはや古くて役立たなくなった宗教的教義や道徳なんか捨て去り、新しい真理を皆で追及しようじゃないか！」という流れに発展していく。これには時のローマ法王も「ニューエイジはグノーシス主義」と批判したが汎神論者であるニューエイジャーには届かな

かった。

またこれらスピリチュアルな流れのほかに、アブラハム・マズロー[※1]による人間性回復運動（ヒューマンポテンシャル・ムーブメント）や、そのマズローのバックアップを受けて発展したカルフォルニアのエサレン研究所[※2]といった心理学の流れ、またアラン・ワッツ[※3]やマハリシ・マヘーシュ・ヨーギー[※4]などの東洋思想、ニューソート思想[※5]、フリッチョ・カプラ『タオ自然学』[※6]に代表されるニュー・サイエンス、さらにはニュー・パラダイムやディープ・エコロジー、フェミニズム・ホリスティック医療、レイキ、ネオ・ペイガニズム、UFO信仰……など、ありとあらゆる運動体が複雑かつ緩やかにからみあい、女優シャーリー・マクレーン[※7]や歌手ジョン・デンバー[※8]といった超有名人らも飲み込んでニューエイジ運動を形成していき、1987年にその先鋭的要素はマヤ歴研究者ホゼ・アグエイアスが唱えたムーブメント「ハーモニック・コンバージェンス」により頂点を迎えることとなるのだった。

「ハーモニック・コンバージェンス」とは、1519年スペイン人コルテスによって滅ぼされたマヤ文明の、468年続くといわれた「九つの地獄」を終了させるため、1987年8月16日と17日に世界の聖地に14万4000人以上の人々の動員を呼びかけるイベントだ。結果、当日はマヤのピラミッドや米国のシャスタ山、エジプトのピラミッドなどに世界から目標人員以上のニューエイジャーが集結する。この成功により世界は救済され、アグエイアスにより2012年12月の地球のアセンション（次元上昇）が宣言されたという。

しかしアグエイアスによるこのイベントの真の目的はマヤ文明のみならず、スーフィズムや仏教、先住民文化、ネオペイガニズム、ニューエイジストなどオルタナティヴな精神性をフォローアップし、既存の宗教を超えたメタな意識革命を世界に発信すること、「ハーモニック・コンバージェンス」はこの意識革命の方便だったという説もある。

ともあれこの「ハーモニック・コンバージェンス」を境にニューエイジ運動はカウンター色を薄め、資本主義社会くこととなる。

との調和や一般大衆化へ時代的流れとともにシフトしてい

※1 アブラハム・マズロー（1908-1970） 米国心理学者。人間の自己実現や心の健康についての心理学を提唱。「精神分析」「行動主義心理学」につぐ第三の心理学である人間性心理学の生みの親。1969年スタニスラス・グロスとともに設立したトランスパーソナル心理学など、その影響力は心理学のみならず経営学や看護学にまで及んだ。

※2 エサレン研究所 カルフォルニアのビッグ・サーにて1962年マイケル・マーフィーとリチャード・プライスによって設立されたセラピー保養施設。人間性回復運動の震源地として有名。

※3 アラン・ワッツ（1915-1973） 英国哲学者。23歳のときに米国に渡り禅や東洋哲学を広める。ジャック・ケルアックやアレン・ギンズバーグ、ゲイリー・スナイダーなどビート・ジェネレーションに多大な影響を与えた。

※4 マハリシ・マヘーシュ・ヨーギー（1918-2008） ビートルズもハマったヒンドゥー教系のニューエイジ思想家。超越瞑想（トランセンデンタル・メディテーション）で有名。現代文明は物質面と精神面が不調和であり、超越瞑想を実践することで完全なる調和を回復し、物質面でも精神面でも両方の幸福を得ることができると唱えた。クリシュナムルティ、グルジエフとともにニューエイジ界の三大グルと呼ばれた。

※5 ニューソート思想 19世紀米国にてクリスチャン・サイエンス創始者メリー・ベイカー・エディや催眠治療家フィニアス・クインビーなどによって提唱された思想。聖書の読み解き方を従来のプロテスタント的な解釈から切り離し、「原罪など存在しない」「われわれひとりひとりがキリストの力と繋がっている」といったアンチ禁欲的思想を打ち出す。「心の持ちようで現実の健康や経済状況は変化する」教えは現在の自己啓発のルーツともなった。生長の家の谷口雅春は光明思想として日本にいち早くニューソートを導入している。

※6 フリッチョ・カプラ『タオ自然学』（1939-） オーストリア出身の米国物理学者カプラによる1975年著作。現代物理学と東洋思想の類似点を指摘し、ニューエイジ運動の流れに乗って世界的ベストセラーを記録した。

※7　シャーリー・マクレーン（1934-）　映画「愛と追憶の日々」でアカデミー主演女優賞を獲得したハリウッド女優。エドガー・ケイシーに傾倒し、ニューエイジ運動にコミット。自らの対外離脱体験や神秘体験を綴った著書『アウト・オン・ア・リム』は1983年刊行され世界的ベストセラーになり、1987年にはそのテレビドラマ化も大ヒット。ニューエイジ運動のお茶の間化に多大なる影響を及ぼした。

※8　ジョン・デンバー（1943-1997）　米国人気フォークシンガーとしておなじみのデンバーは1971年デンバー山でのキャンプで異星人の精霊と霊的合体を果たしたことでニューエイジ運動に開眼。1976年にはコロラド州スノーマス近郊にニューエイジ・コミューンまで設立。可動式ピラミッド瞑想ルームまで建設し瞑想と（得意の）合気道に明け暮れながら米国大統領立候補を目指すも、1997年自家用飛行機の事故で地球を去ってしまった。

日本ヒッピー秘史　新宿ビートニックから部族、そして「いのちの祭」

1950年代米国で物質文明からドロップアウトした若者たちがビートニクス[※1]と呼ばれたように、高度経済成長著しい1960年代の日本でも新宿ビートニクと呼ばれる一握りの前衛な若者たちが存在した。

彼らは同時期発生した新宿フーテン族[※2]と微妙な距離感を保ちながら、マスコミからビートと呼ばれることを嫌いやがて自らを「バム＝BUM（のらくろ者、浮浪者）」と自称するようになる。これはジャック・ケルアックの『ザ・ダルマ・バムズ』から命名されたものと思われる。

1966年には詩人ナナオ・サカキ[※3]や長沢哲夫[※4]、山田塊也[※5]らが中心となり日本初のポエトリー・リーディング集会「バム・アカデミー第一回フェスティバル」を安田生命会館ホールにて開催する。翌1967年には「バム・アカデミー第二回フェスティバル　世界の滅亡を予告する自由言語による集会と行列」を新宿厚生年金会館ホールにて開催。同年サマー・オブ・ラブの象徴であったサンフランシスコでのヒューマン・ビー・インに参加したビート詩人ゲイリー・スナイダーも参加したこのフェスティバルでは「ゼロ次元」[※6]などハプニング集団も入り乱れ、読売アンデパンダン展流れの前衛アートとビートが渾然一体となっていた当時の状況を表していた。

この時期、風月堂[※7]など新宿を拠点としていたバムだったが、管理社会化やクリーン化が進む新宿に見切りをつけ1967年に詩人である山尾三省[※8]による国分寺グループと合体。自らを「部族」と宣言し、都市生活と決別したコミューン活動へと運動形態を移行させる。その数は20〜30人ほどだったという。

当初の「部族」のコミューンは国分寺の「エメラルド色のそよ風族」、富士見高原の「雷赤鴉族」、そしてトカラ列島諏訪瀬島の「がじゅまるの夢族（後にバンヤン・アシュラマと改名）」の三つ。諏訪瀬島のコミューンには67年ゲイリー・スナイダーが訪れ、ティモシー・リアリーが調合したLSD25によるアシッド・テストが行なわれる。また69年には米国ニューエイジ雑誌「ザ・ホール・アース・カタログ」が諏訪瀬島のコミューンを「インドのゴアやアフガンのカブールと並ぶヒッピーの聖地」として紹介。世界中のヒッピーから注目されるようになる。

その後「エメラルド色のそよ風族」と「雷赤鴉族」は1970年に解散するも、そこから宮崎の「夢みるやどかり族」や「祈るカマキリ族」、奄美大島の「無我利道場」など新たな「部族」コミューン運動を展開。また「部族」以外からも東京練馬の「蘇生・谷原ファミリー」など1970年代には大小さまざまなコミューンが発生。1975年には日本全国のコミューン関係者がネットワークの深化をもくろみ「ミルキーウェイ・キャラバン」[※9]を開催するなどムーブメントとして盛り上がりをみせた。

しかしムーブメントの継続は難しく、長くて10年、早いものでは1、2年たらずでほとんどのコミューンが解散を余儀なくされる。原因としてはコミューン内部の人間関係も大きくあるだろうが、それぞれの土地土地での地域共同体との軋轢も大きかったようだ。彼らが当時携わった環境運動はその土地で暮らす人々の利害関係や人間関係にデリケートな波紋を巻き起こしたし、「一日中働きもしないヒッピー集団が共同生活している」得体の知れなさは、保守的な住人たちには到底受け入れられるものではなかったのかもしれない。[※10] また1973年から社会問題となった新新宗教団体の出家ブームとコミューンが混同されたケースもあったであろう。

1977年ニューエイジ運動が精神世界という呼び名で「カウンター・カルチャー不在のまま」日本に広がりをみせる頃になると、集団共同生活コミューンというカタチではなく、長野県大鹿村など一定地区に家族や個人単位で移住し地域コミュニティを形成する手段が取られるようになる。

1986年チェルノブイリ原発事故を受けて反原発運動が活性化した1988年。かつての「部族」とその仲間たちを中心に「ノー・ニュークス、ワン・ラヴ」を掲げて長野県八ヶ岳のスキー場で「いのちの祭」が8月1日から8日間キャンプ・インにて開催される。おおえまさのり[※11]を実行委員長に喜納昌吉、喜多郎、山口富士夫、カルメン・マキ、南正人、上々颱風といったミュージシャンから広瀬隆、ナナオサカキ、保坂展人からホピ族のトーマス・バニヤッカなど、詩人、市民運動家から政治家、シャーマンまで交えての多岐に渡る参加者が集結。音楽のみならず、環境問題をテーマとしたシンポジウムやワークショップ、映画「ホピの予言」[※12]上映、シャーマンや神道儀式など、オルタナティヴなギャザリングを展開。大手企業や有名ブランドの資本力も活用し約1万人の集客を記録。当時のマスコミに「和製ウッドストック」と取り上げられ話題となり、現在に続く野外パーティの礎を築いた。

以降「いのちの祭」は2000年の鹿島槍スキー場、2012年富士山すそのはらキャンプ場と12年おきに大きな祭りを開催。[※13] 2000年以降は「部族」からポスト・ヒッピーとしてレイバーやトランス・パーティ族、トラベラーなどにその精神は継承されていくこととなる。

※1　ビートニクス　ジャック・ケルアックやアレン・ギンズバーグ、ウイリアム・バロウズなどを中心に1955年から1964年頃まで米国文学界で異彩を放った集団「ビート・ジェネレーション」は1957年人類初の人工衛星「スプートニク」が宿敵ソ連から打ち上げられた背景から、冷戦期の旧世代より「ワケのわからない奴ら」という侮蔑的意味でビートニクと呼ばれるようになったという。

※2　新宿フーテン族　1960年代前半より新宿を中心に歌舞伎町のJAZZ喫茶や風月堂などにたむろした若者たち。マスコミのあおりを受け1967年ピークを迎えたフーテンたちは地下生活から新宿駅東口のグリーン・ハウス（緑地帯）に溢れるようになり、道端でのシンナー吸引や睡眠薬遊びなどのアンモラルな生態をともなって「青春コジキ」などと呼ばれ世間の注目を浴びた。同年警視庁に「フーテン課」が設立。1968年新宿騒乱事件をキッカケにブームは終息していった。

※3　ナナオ・サカキ（1923-2008）　戦時中予科練体験後1950年代より放浪をはじめた詩人。バム・アカデミーや部族の最長老にして草分け的存在。1969年より米国に渡りアレン・ギンズバーグやゲイリー・スナイダーと行動をともにした後、世界各地を放浪。詩集『犬も歩けば』『地球B』などを残し日本よりも米国など海外での評価が高い。ゲイリー・スナイダー『亀の島』翻訳も手がける。

※4　長沢哲夫（1941-）　通称ナーガ。「新宿のランボー」と呼ばれた詩人。15歳で高校をドロップアウトし、ナナオ・サカキと放浪を始める。1963年より日本在住中のゲイリー・スナイダーや日本に立ち寄ったアレン・ギンズバーグと親交をはじめる。

※5　山田塊也（1937-2010）　通称ポン。元々は画家を目指す似顔絵師だったが60年代ナナオ・サカキやナーガと新宿で知り合いドロップアウト、バム・アカデミーや部族へ参加する。1988年には「いのちの祭り」をオーガナイズ。日本ヒッピー史を記録した「アイアムヒッピー」や大麻本「マリファナX」など執筆。

※6　ゼロ次元　加藤好弘を中心に1960年に結成された前衛パフォーマンス芸術集団。「人間の行為をゼロに導く」をコンセプトに全裸パフォーマンスなど反芸術儀式を展開。1971年には三里塚闘争の日本幻野祭にも出演するが、加藤らの逮捕にともない1972年以降は活動休止を余儀なくされる。

※7　風月堂　1946年より新宿の現ビックロ付近で営業していた名曲喫茶。戦時中禁止されていたクラシック・レコードをかける喫茶店として滝口修造や岡本太郎、寺山修二などが出入りする文化人サロンだったが1960年代より外国人観光客用パンフレット「1日1ドルで暮らすTOKYOガイド」で「日本のグリニッジ・ヴィレッジ」と紹介されるなどもあり不良外国人のたまり場化が進行。それにともない新宿ビートニクやフーテンもたむろするようになった。1973年閉店。

※8　山尾三省（1938-2001）「部族」国分寺グループ「エメラルド色のそよ風族」中心存在である詩人。当時社会からドロップアウトしていた新宿バム・アカデミーに対し、市民生活を営みながらコミューン活動を展開。富士見高原の「雷赤鴉族」コミューンの土地購入や国分寺の日本初ロック喫茶「ほら貝」の権利購入などは国分寺グループの経済基盤の上に成り立っていたという。

※9　ミルキーウェイ・キャラバン　コミューン運動のネットワーク組織であった「星の遊行群」主催のキャラバン。1970年4月より約半年間、個人の旅を基本としながらも新月や満月などを目安にあらかじめ設定された集合ポイントに皆が集いコンサートや集会を開いた。オープニング集会は御殿場の日本山妙法寺で開催。裸のラリーズや南正人、アシッドセブン、タージマハール旅行団、久保田真琴らが参加。またこのキャラバンから誕生したのが西荻窪のほびっと村である。

※10　保守的な田舎の住人たちに受け入れられなかったのかもしれない　90年代初頭の話だが高円寺でレゲエ・バーの店長をしていた僕の知人が「東京はバビロンだから」と長野の田舎のほうに移住するも、赤い色の無地Tシャツ着てただけで知らないオヤジに「貴様はアカか？」と激ツメされるなどが続き1か月ほどで東京に戻ってきたエピソードを個人的に思い出す。

※11　おおえまさのり（1942-）　1965年映画製作のためニューヨークに渡った際ティモシー・リアリーやラム・ダスと出会いサイケデリック・カルチャーに開眼。1971年インドにてチベット仏教を知り『チベット死者の書』を翻訳出版。1975年ミルキーウェイ・キャラバンの後に西荻窪ほびっと村でプラサード編集室を立ち上げメンバーのひとりとなる。1988年と2000年「いのちの祭」実行委員長。現在は八ヶ岳で文筆活動、自然農法やコミュニティ活動を続けている。

※12　ホピの予言　1986年宮田雪製作。アメリカ先住民族ホピ族のメッセージをテーマとしたドキュメンタリー映画。

※13　大きな祭りを開催　小規模では1990年大山、1991年六ヶ所村、1999年と2002年チェンマイ、2012年長野県上伊那郡にて「いのちの祭」が開催された。

日本ニューエイジ史〜「ラヴレス」精神世界からスピリチュアルへ

1960年代のサイケデリック革命の残党と霊性進化論が結びつき1970年代以降花開いた欧米のニューエイジ運動は、ここ日本にも70年代後半「精神世界」[※1]という呼び名で輸入され、独自の屈折性を帯びながら世間へと広まっていった。

当時日本の時代背景に目を向けると、先ずは敗戦後の高度経済成長にかげりが見られるようになり、公害問題の表面化、73年オイルショック、連合赤軍事件、東西冷戦の緊張感の高まり……など、集合意識としての終末観が漂うようになり、人々はこれまでの経済的豊かさから精神的な「何か」を求めはじめるようになる。

そしてオイルショックの起きた1973年には日本で爆発的なオカルト・ブームが発生する。ざっと例を挙げると……

◉ウィリアム・フリードキン監督の「エクソシスト」公開（日本公開は74年）

◉コリン・ウィルソン著『オカルト』新潮社より出版、日本だけで20万部の大ヒットに

◉五島勉『ノストラダムスの大予言』出版

◉小松左京『日本沈没』出版

◉ユリ・ゲラー来日

◉日本テレビ「木曜スペシャル」スタート、後にユリ・ゲラーやネッシー、オリバー君、UFOブームを続々連発

◉日本テレビ「お昼のワイドショー」番組内で「怪奇特集!! あなたの知らない世界」がスタート

これら情報が日々メディアを賑わし、人々のお茶の間マインドをオカルトが侵食していった。

さらに当時日本の時代背景として特筆すべきなのが新新宗教ブームの到来だろう。これは70年代以降台頭してきた新興宗教のブームで、阿含宗や統一教会、幸福の科学、GLA、崇教真光などが挙げられる。特徴としては信者獲得のターゲット層が都市部の核家族第二世代であり、これまでの家族関係や人間関係への違和感を巧みについた勧誘が特徴。組織によっては過激な出家主義もあいまって社会問題にも発展していった。

これら時代性を背景にニューエイジ運動は「精神世界」として日本に紹介されるわけだが、実際に世間で精神世界という用語が用いられたのが1977年の紀伊国屋書店だという。これには「平河出版『ザ・メディテーション』創刊販促にともない、精神世界コーナーが設立された」説と「たま出版創業者である瓜谷侑広が阿含宗本の販促のためにコーナー設立させた」説があるが真相は不明だ。

ともあれ紀伊国屋書店を皮切りに1970年代後半から全国各所の大型書店で精神世界がコーナー展開されるようになったのは間違いなさそうである。コーナーには瞑想やヨガ、神秘体験、チャネリングからニューサイエンス、心理学、密教、はたまたUFOから心霊体験まで……まさにオカルトと新新宗教を経緯した日本ならではのニューエイジ（＝精神世界）を展界。

1979年にはオカルト雑誌「ムー」[※2]が創刊。このヒットに便乗するかのごとく以降「トワイライトゾーン」「マヤ」といったオカルト系雑誌が続々創刊されるなど、そのケイオスな精神世界の勢いは加速したまま1980年代へと突入し、バブル経済の波に乗っていった。

しかし欧米のニューエイジ運動が1960年代サイケデリック革命と宗教的思想背景を持った霊性運動＝スピリチュアリティを土台にしていたことに対し、日本の精神世界運動はサマー・オブ・ラブ不在な「ラヴレス」状態のままであった。サマー・オブ・ラブの不在はすなわちカウンター・カルチャーの不在にも繋がり、精神世界運動はあくまでも社会的保守の立場を保ったまま精神的「何か」を求めた。そのため、運動の多くが資本主義システムにやすやすと回収されることとなる。

資本主義システム化された精神世界の顕著な例が自己啓発セミナーだろう。1960年代エサレン研究所などでも取り入れられていたグループ・セラピーであるセンシティビティ・トレーニング（感受性訓練ST）は精神世界ブーム以前より企業を中心に早々と日本へと輸入され、企業の人材開発メソッドとして乱用される。そこではマズローのヒューマン・ポテンシャル・ムーブメントなどを模範としながらも、オリジナルが重要視した神秘主義要素を「商品化するにはわかりにくい」理由からまるごと排除。「会社との一体感」こそが至高体験なのだと位置づけられスパルタ社員研修化する。そのしごきにより精神疾患者、自殺者まで出すなど日本流STは社会問題に発展、その影響を受けて1970年代中頃には下火化する。

この企業向けSTに変わって、個人向けの意識改革として台頭してきたのが1974年ライフ・ダイナミック社を皮切りとする自己啓発セミナー・ブームである。「自己責任」「人生は選択である」「あなたがあなたの現実をつくる」を意識の三本柱とした日本流自己啓発スタイルはST時代のしごき体質こそソフト化されたものの「絶対的な社会システム」を前提とし、そのシステムに自らを最適化させようとする隷属思想は日本流STと何ら変わるところはなかったといえるだろう。

またサマー・オブ・ラブ不在のゆがみとして挙げられるのがオウム真理教の存在だ。オウム真理教が唱えた脱物資世界論やヨガ、瞑想、チベット密教、そして90年代初頭にかけて噂となったサティアンでの大量ＬＳＤ製造と密売[※3]……などを列挙すれば正統派（？）サマー・オブ・ラブ（時代的にはポスト・セカンド・サマー・オブ・ラブか）継承団体といいたくもなるが、カウンターではあってもカルチャー[※4]面での貧しさ、圧倒的な美意識の欠如は致命的だった。

そして1995年、オウム真理教は一連の事件を起こし組織は壊滅する。事件の影響は甚大であり、また折りからの日本バブル崩壊の影響もあって精神世界ブームもこの時期を境に衰退してしまう。

しかし2000年代に突入すると江原啓之によるスピリチュアル・ブームが誕生。それまでの「霊能力」的なオカルト・イメージを払しょくしたカジュアルなカウンセリング・スタイルが人気を呼ぶ。またテレビ番組「オーラの泉」の大ヒットも影響し、スピリチュアルという言葉はお茶の間レベルにまで浸透。2000年代初頭にはスピリチュアル・コンベンション[※5]に代表されるイベントも活性化し、スピリチュアル・ブームは最盛期を迎えた。

その後最盛期の勢いこそ失うものの、スピリチュアルは市民権を獲得したままカルチャーの一端を担い続けながら現在に至っている。しかしそこで人々が求めるものは「意識の変容」よりむしろ「癒し」であり、スピリチュアルは現在までカウンターとしての力は放棄したままビジネスの一貫として消費システムのなかにとどまり続けている。またスピリチュアルの一部から「絶対的なものへの帰属」を求め国粋的な日本主義へと傾倒していく流れも無視できないものがある。

※1 「精神世界」　そもそも精神世界という呼び名は宗教学者の島園進が「ニューエイジという呼び名を学術用語として用いるのは不適切である」という理由で考案されたもの。そしてその際に精神世界とは別に候補にあがった呼び名が新霊性運動だったという。もし精神世界ではなく、ニューエイジ、もしくは新霊性運動という呼び名だったとしたら、また

違った展開があったのかもしれない。

※2　「ムー」　「世界の謎と不思議に挑戦するスーパーミステリーマガジン」をキャッチコピーに学研プラスが発行するオカルト月刊誌。八幡書店の武田崇元が顧問を務める。

※3　サティアンでの大量LSD製造と密売　「OLストリート」なる俗称で1990年代初頭地下マーケットに出回っていて、品質はバッグンだったという噂がある。世界のLSD史においてもその生産量は突出していて、オウム末期にはサティアンから大量のLSDが盗み出されフリーパーティーで振舞われたとの都市伝説も存在する。真実か否かは確認できないが、1990年代のアンダーグラウンド・クラブシーンにおいて相当の影響はあったのではないかと推測される。

※4　カウンターではあっても　そもそも事件の闇が深すぎて、様々な陰謀論的憶測が現存するオウム真理教なのでカウンターかどうかも怪しかったりはする。

※5　スピリチュアル・コンベンション　通称「すぴこん」。2002年より開始されたスピリチュアルと癒しの大見本市。会場ではカウンセラーからボディワーク、占い、物販など様々なブースが並び、最盛期には年間11万人以上の動員も記録された。現在はスピリチュアル・マーケット、通称「スピマ」という呼び方が定着している。

column 猫と23エニグマ

23エニグマ……ウイリアム・S・バロウズやロバート・アントン・ウィルソンなどの読者にはお馴染みである「23」いう数秘にまつわる陰謀論。それは我々人類の歴史のなかで発生する大事件、大災害、事象などには「23」という数字が関わっているというものであり、18世紀ヨーロッパでは23エニグマを検証した本が政府により発禁になったという噂すら存在する。

「60年代初頭、タンジールにいたバロウズ、タンジールからスペインへ航行するフェリーの船長、キャプテン・クラークと知り合った。ある日、クラークはバロウズに、自分は『23』年間無事故でフェリーを運転してきた、と自慢気に語った。そしてその話を聞いたまさにその日、フェリーは沈没し、クラークと乗客は全員死亡してしまった。その夜のことである。バロウズはラジオを聞きながらこの事故の思索にふけっていた。するとニュースキャスターが、ニューヨーク－マイアミ間のイースタン・エアラインの事故を報道した。その事故機の機長がまたキャプテン・クラークで、しかもその便は『23』便だった」

『コスミック・トリガー　イリュミナティ最後の秘密』（ロバート・アントン・ウィルソン著、武邑光裕訳、八幡書店、1994年）より引用

またディスコーディアニズム的には「23」は不和の女神エリスに捧げられた数字であり、明白に奇怪な、運勢を代替する数であると説明される。

例を挙げると「フィリップ四世がテンプル騎士団を一斉逮捕したのは1307年10月13日（10＋13＝23）そして最後の騎士団長となったジャック・ド・モレーは23代目団長」「ジュリアス・シーザーは暗殺時23回刺された」「ヒトの生殖細胞の染色体は23本、また性を決定付ける遺伝子は第23番目遺伝子」「ラテン語アルファベットは23文字」「ケネディ暗殺は1963年11月22日、その犯人とされたオズワルドが殺されたのが同月24日。その日付にはさまれるのが

23」「米国同時多発テロは２００１年9月11日（２＋０＋０＋１＋９＋11＝23）」「東京都区部は23の特別区で構成されている」……などとキリがない数秘ミーム「23」。

まあ、これらのことを「単なる偶然」「こじつけ」と受け流すことは可能だろう。しかし自分は出会ってしまったのだ。そう、「23」エニグマに……。

あれは原稿依頼で英国インダストリアル・グループ、23スキドーの執筆作業をこなしていたときだった。グループ名からもわかる通り、サイキックTVから派生した彼らもまた「23」に取り憑かれた存在だ（23スキドーは「あっちいけ」的スラングとして使用されている）。しかしPC作業中、日々の疲れからかうっかり意識を失ってしまう。約小1時間ほど意識を失っていただろうか、ふと目覚めるとPCキーボードの上には我が家の飼い猫が鎮座していて、そして画面に目をやるとなんと「２３３３３３３３３３３３……」の文字が（猫によって）打ち込まれていたのだった。

「23の不思議に取り憑かれた人々は、実生活においてこの数字に意識を向けた途端に、なぜか連鎖的に「23」が現れはじめ、それでいてその意味するメッセージは混沌として不明瞭なまま、なんら有用な教訓や予見をもたらさないという、まるで眼前で不吉な踊りを踊り続ける無言の道化との対面のような魔術的体験を強調する」

磐樹炙弦

もちろん我が家の猫が啓示した「23」エニグマを解読する術を自分も未だ持ち得てはいない。だが、この奇怪な偶然がもたらした出来事は「どんなことでも起こりうる」ことを自分にインプリンティングしてしまったのだった。

column ラジニーシとサニヤシン

インドの大学の哲学教授から悟りを経て宗教家、神秘思想家へと転進したバグワン・シュリ・ラジニーシ（1931－1990）。仏教、禅、神秘主義思想などあらゆるスピリチュアリティと、哲学、西洋式セラピーやヒューマン・ポテンシャル・ムーブメントなどを融合させ、因習的な宗教システムからの逸脱、セックス・グルと揶揄されるほどの性の解放運動、そして斬新な瞑想実践と多彩な芸術活動……などを軽妙なユーモア・センスを駆使し伝え教えるその活動は1960年代より支持を集め、その影響力はインドのみならず世界中のニューエイジャーにまで及んだ。

1972年にはインドのプネーにアシュラム（道場）を開設。国外からも25万人規模のサニヤシンと呼ばれるメンバーを集め、そのうちの3000人ほどがプネーにコミューンを形成する。

やがて1981年になるとラジニーシとサニヤシンたちはインドから米国のオレゴン州に活動の場を移し、約5000人の信者とのコミューン施設ラジニーシ・プーラムを設立。この大規模な実験都市は独自の自治体制とインフラを確立し、オレゴン州から正式に市として認定される。

しかし巨大化したコミューンは外部からはセックス教団扱いされ、内部からは権力闘争による殺人未遂や横領事件、そしてとどめに1985年コミューンが関わったとされるサルモネラ菌によるバイオテロを発生させてしまい、これが当局によるラジニーシの逮捕、拘留、国外追放へと発展、ラジニーシ・プーラムは崩壊してしまう。

この事件によりラジニーシは世界中の国や既成宗教団体から「危険人物」とみなされ、紆余曲折の後にプネーへ帰還。1986年よりコミューン運動を再開するも、ラジニーシ自身の体調悪化（米国で拘留中に放射能被ばくやタリウム毒を仕込まれた説あり）が進行、1990年1月19日に死去する。

プネーに戻ったラジニーシは晩年、自らの呼称としてOSHO和尚を名乗ったのに因み、現在ラジニーシ関連の施設や版権などはOSHO和尚名義になっている。また本拠地プネーのコミューンもかつての濃密なコミューン形態ではなく、瞑想リゾート・センターへと時代とともに移り変わっていった（日本でも東京西荻窪などに瞑想道場が存在している）。

はたしてラジニーシは堕ちたグルだったのか？　その疑問についてはNetflixドキュメント番組「ワイルド・ワイルド・カントリー」などで現在も検証中であるが、その影響力はヒッピー・カルチャーやニューエイジャーのみならず、１９８０年代複数のサニヤシンたちが大量のＭＤＭＡを欧州にバラ撒いたことでセカンド・サマー・オブ・ラブに繋がるなどレイブ・カルチャーにまで及び続けているのは注目に値する（当時サニヤシンたちはレイブの現場でラジニーシ瞑想を代表するダイナミック瞑想を実践していたという説まである）。

この歴史的事実はあたかもラジニーシ（あと阿含宗）をモデルとして教団をデザインしたオウム真理教が１９９０年代に大量のＬＳＤ製造を通して東京のクラブシーンにアンダーグラウンドな影響を及ぼした現象とリンクするのは偶然の一致なのだろうか？　宗教やカルトとカウンターカルチャーの関わりを考えるにあたってラジニーシの存在は今も大きな謎としてそびえ立ち続けている。

CHARLES MANSON / Lie : The Love And Terror Cult (Awareness Record) 1970

60年代サマー・オブ・ラブのダークサイドを象徴しまくるチャールズ・マンソン（１９３４-２０１７）の基本作品。27歳の時分に禁酒法時代のギャング・レジェンド、アルビン・カーピスにムショ内で伝授されたギター技術&32歳デビューしたアシッド体験により歩み出したマンソン・シンガーソングライター道の結晶がここに存在する。当時ツルんでいたビーチボーイズのデニス・ウィルソンを通してビーチボーイズ運営レーベルからのレコード・デビューも内定。バーズなどの仕事で有名なテリー・メルチャーをプロデューサーに迎え、ブライアン・ウィルソン自宅スタジオで録音されたもの、日ごろの行ないが災いしお蔵入りに。しかしシャロン・テート殺害事件後「金になる」とばかりに急きょ謎のレーベルから限定２０００枚（ポスター付）でリリースされた。その後はＥＳＰなどブート含む様々なレーベルから手を変え品を変えで再発されまくっている。ガンズ&ローゼスもカバーした「Look At Your Game」を筆頭にアシッド・フォークの名曲勢ぞろい。

CHARLES MANSON / Live At San Quuentin (Grey Matter) 1993

シャバ暮らし時代は願ってもかなわなかったレコード・リリースがムショ暮らしになった途端に怒涛のリリース・ラッシュとなる不条理チャールズ・マンソン。そんな彼の作品のなかでも最も哀愁漂う音源がコレ。１９８３年サンクエンティン刑務所内で録音されたひとりぼっちライブ音源。ボロいラジカセ一発録りによるその内容は他の囚人とおぼしき話し声や食器類?がガチャガチャ鳴るプリズン音響のなか、フリースタイルで延々と奏でられるマンソンの生ギター爪弾き&つぶやきソングス。その音質のくぐもり感も相まって

まるで戦前ブルースのような幽玄かつサグな雰囲気を醸し出しており最高の一言。オリジナルはノイズ名作V.A.『Neuenganme』を生み出したRemote Control Recordsから限定500枚プレスされた「Poor Old Prisoner Boy」だが、やはりここはビーチボーイズ・パロディ・ジャケの「Grey Matter」盤を推したい。ちなみにこのジャケは日本のチャーチ・オブ・ミザリーに再パクリされた。

CHARLES MANSON / Air (Magicballet Records) 2010

エコロジー・オア・ダイ!!! チャールズ・マンソンが提唱し続けている環境理念、Air（空気）、Tree（木）、Watter（水）、Animals（動物）略して「ATWA」をテーマとして編集された音源集。とはいえ当然ながらマンソン本人が「いやあ今回は深刻化する地球環境への警鐘を込めてレコーディングしました」なんて内容ではなくて、一応未発表となっている音源をかき集めてリリースされたものなので、まあいつもの内容。第一弾が「Air」をテーマに、同レーベルから第二弾として「Tree」が発表されるも「Watter」以降は音沙汰がなくなってしまい悲しい。ちなみに「Air」リリース時CR JAPANという謎の会社が直輸入盤に帯を付けて国内仕様として流通させていたがあれは何だったのだろうか？ もしその会社が健在ならば水道民営化が問題化するこの日本でこそマンソンの「Watter」を無理矢理にでもリリースすべきではないだろうかと本気で思っている。

BOBBY BEAUSOLEIL / Lucifer Rising (White Dog Music) 2004

チャールズ・マンソン・ファミリーの切り込み隊長であり、米実験映像作家ケネス・

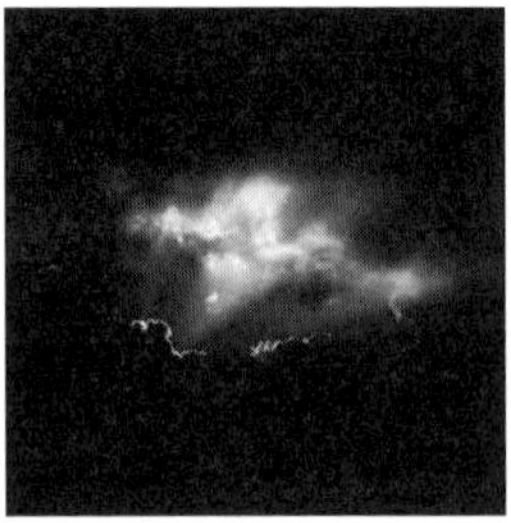

アンガー（アレイスター・クロウリー信者）の弟子でもあったボビー・ボーソレイユ。彼は１９６９年ゲイリー・ヒンマン殺害の罪で無期懲役をくらうが、師匠アンガーが１９７３年完成させた短編映画「ルシファー・ライジング」のサントラ制作をめぐり当初予定されていたジミー・ペイジ音源がボツ化したことを受け獄中バンド、フリーダム・オーケストラを結成。１９７９年に本作品を録音しサントラとして正式採用されるに至った。かつてはラヴのアーサー・リーともバンド経験があるボーソレイユ。そんな彼のむせび泣くようなギターが印象的なスペース・ロックはサイケデリックとオカルティズムの切っても切り離せない親和性を象徴。一時期は獄中で暴漢に襲われ失明したなどの噂も流れたボーソレイユだったが、現在はシャバに戻り自らのレーベル「White Dog Music」を立ち上げ精力的に音楽制作に勤しんでいる。

THE GRATEFUL DEAD / The American Beauty (Warner Bros) 1970

USカウンターカルチャーを象徴するロックバンドといえばデッドをおいて他になし。１９６５年ベイエリアで誕生した彼らのそもそものスタートがケン・キージー主催のアシッド・テスト・パーティーのハウス・バンドなのだから何をかいわんや。チャールズ・マンソンがアシッド開眼したのもデッドのフリー・コンサートだし、彼らのサポーターであるデッドヘッズとのやりとりは現在ではソーシャルマーケティングの先駆けと見なされているし、作詞担当だったジョン・ペリー・バーロウはネット時代に突入すると電子フロンティア財団を立ち上げサイバースペース独立宣言までかますしで、カウンターカルチャーを体現し続けたデッド。そんな彼らの作品中個人的お気に入りがコレ。ＬＳＤ成金でデッドのパトロンであり、デッド独自のＰＡシステムを開発したオウズリー・スタンレーがパクられた実話をロッキンな楽曲で歌い上げる「Truckin」を筆頭に、サイケデリック路線からアーシーなフォーク・カントリー路線へと移行したアフター・アシッド世界。

THE 13TH FLOOR ELEVATORS / The Psychedelic Sounds Of The 13th Floor Elevators

(International Artists) 1966

ニューメキシコ大学精神医学教授リック・ストラスマンによると、人体実験として４００回以上に渡って１９９５年まで合計60名ほどの被験者に対し静脈注射でＤＭＴを投与したところ、被験者の約半数近くが「地球外生命体に遭遇した！」と主張したという。さてＤＭＴといえば60'ｓサイケデリック・ファンにとっては何といってもロッキー・エリクソンだろう。皆がＬＳＤに泥酔していたサマー・オブ・ラブの季節にもひとりＤＭＴを自ら投与していたエリクソンは13ｔｈ解散後、精神病院から脱出し１９８０年にロッキー・エリクソン&ジ・エイリアンズを結成する。ここでもＤＭＴとエイリアンである。一説によるとＤＭＴは人間のＤＮＡと相関することで超常体験を生み出すという。だとすれば人間のＤＮＡには何らかのエイリアンのデータがインプリントされており、ＤＭＴがキーになっているのではないか？　そしてこの名盤のもうひとりの重要人物トミー・ホールは本ジャケに「意識の非アリストテレス状態への入口」としてＬＳＤを推奨するメッセージを残し70年代にはサイエントロジーの彼方へと姿を消したのだった。

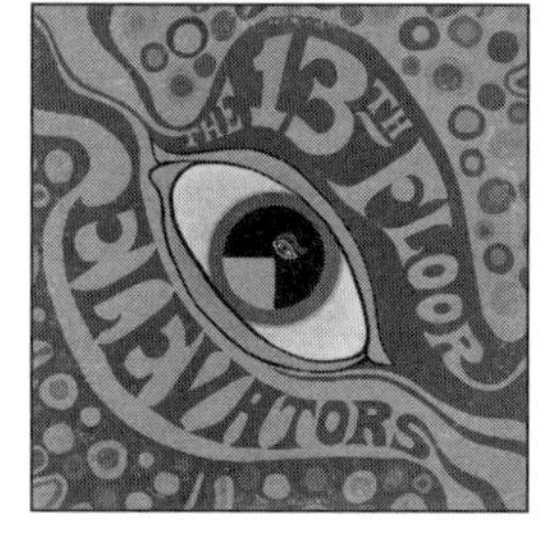

JOHN C. LILLY / E.C.C.O.（八幡書店）1993

1950年代より米国脳科学者ジョン・C・リリーは「意識におけるリアリティの研究」をテーマに幻覚剤を用いたイルカとのコミュニケーションや、自らが開発したアイソレーションタンクによる（増幅された）内面世界探求を試みる。ある日LSDとケタミンを投与したタンク実験最中、2名の高次「存在者」にリリーは遭遇。「存在者」によると我々の世界で起こる「偶然」と呼ばれる現象は全て「存在者」が組織する「アース・コインシデンス・コントロール・センター　地球暗号統制局（E.C.C.O.）」によってもたらされたものであるという（そしてE.C.C.O.の上部組織として宇宙暗号統制局C.C.C.O.も存在）。そんなE.C.C.O.の概念をリリーやイルカの肉声など用いて音楽作品化したのが本作。仕掛人はP.B.C.の谷崎テトラ。1993年あの八幡書店から発表後、翌年には西海岸アンビエント・レーベル「Silent」から若干内容変更されてリリースされた。意識のトリップとグラウンディングの狭間を漂うようなアンビエント名盤。

TIMOTHY LEARY & ASH RA TEMPEL / Seven Up（Die Kosmische Kuriere）1973

ロバート・ケネディやキング牧師といった反戦運動の象徴が次々と暗殺された1968年、LSD伝道師ティモシー・リアリーもマリファナ所持で投獄される。しかし様々な工作を用いて脱獄したリアリーはアルジェリアのブラック・パンサー党と合流。ところが「パンサー党以外の左翼思想は全て修正主義！」思想のエルドリッジ・クリーパーより銃口を突きつけられ軟禁状態に！　そこからも脱出したリアリーはスイスに亡命。そんな命からがらの状態のスイス滞在時、リアリーはクラウト・ロックの雄アシュラ・テンペルとこの作品をレコーディング……ってノンキすぎだろ！　仕掛け人は後のコズミック・セッションや「Ohr」「Pilz」で知られるラルフ・ウルリッヒ・カイザー。最初の挨拶でリアリーがアシュラの面々にLSD入り7UPを飲ませた逸話は有名。ブルース・ロックと意識拡張が終わりも始まりもない感覚で流れていく。リアリーは監修と作詞、ボーカルで参加。この録音の翌年リアリーはアフガニスタンでCIAに誘拐されカルフォルニア州刑務所に収監。隣の房ではチャールズ・マンソンが待機していたという。

ALEISTER CROWLEY / THE GREAT BEAST SPEAKS (M.O.D. : DISGUST1)

20世紀最強の魔術師アレイスター・クロウリーが1910年から1914年の間に録音した音源集。時期としては「東方聖堂騎士団ＯＴＯ」へ参加し、英国ＯＴＯ首領に着任した気力、体力、魔術力ともにイケイケの時代。エノク魔術の呪文（エノク語バージョンと英語バージョン有）を唱えたり、タイタニック号沈没について一席ぶってみたり、クロウリー作詞のシャンソン曲（歌い手はROY LEFFINGWELL）まで収録したりとジミー・ペイジも号泣間違いなし！　トリックスターとしてのクロウリーの魅力を存分に伝えてくれる内容。また当時の蓄音機ワックス・シリンダーを使用した音質のボロボロさ具合も相まって、夜中暗い部屋で再生するとうっかり「なにか」を召喚してしまいそうなクオリティにもビビる。それにしてもこの時代にレコードという新メディアにすかさず目をつけたクロウリーの情報神経戦的センスたるや。

JIMMY PAGE / Lucifer Rising（Jimmypage.com）2012

レッド・ツェッペリンの中心人物ながら黒魔術に傾倒し、アレイスター・クロウリーの元邸宅まで購入するなど常軌を逸した行動で世間を賑わしていた1970年代のジミー・ペイジ。そんなペイジに目をつけたのが映画製作資金集めに苦心していたケネス・アンガーだった。「やあ、クロウリーに興味があるんだって？　ところで悪魔教会って知ってる？　私はアントン・ラヴェイと友人なんだが……」とでもいって近づいたのだろうか？　巧みに懐に飛び込むことに成功したアンガーはペイジにサントラ制作依頼を了承させるだけでなく、ロンドン自宅の地下室や映画撮影機材を無償で提供させることに成功。そして完成したサントラが本作品なのだが、何とアンガーは「ペイジが3年もかけてできあがったのは23分のドローンだ」と一蹴しボツに！　さらには「オカルトと麻薬を道楽半分にする人間」と人格否定までするのだからさすがにヒドいと思う。そんなペイジにとっては思い出すのも腹立たしいはずの音源は多数のブートで出回りまくった挙句、2012年にはなぜかペイジ自らが限定アナログ発売させたのはアセンションの成せるワザか？　内容はアンガス・マクリスやチベット密教が好きならハマる世界を展開。

TECHNICAL SKULL / Technical Skull（The Ajina Offensive）2011

米実験映像作家や文筆家としてのみならず、何とミュージシャンとしても活動を開始したケネス・アンガー（アレイスター・クロウリー信者）によるユニットがこのテクニカル・スカル。LAのミュージシャンであり映像作家でもあるブライアン・バトラー（彼の映像作品はアンガー・ファン必見）を相棒に、テルミンとギター・シンセサイザーによって織り成

されるオカルティック・ドローンが壮絶。アナログ666枚限定で本作をリリースした翌年にはマーク・スチュワート（ポップ・グループ）のダブ・アルバム『Exorcism Of Envy』にも参加。それもリチャード・ヘルとの共演……とくればオカルト関連的には現OTO最高位ウィリアム・ブリーズ（元サイキックTV）がかつてリチャード・ヘルのオーディションを受けていた「イイ話」を思い出すが、この唐突すぎる共演に関係しているのだろうか？とにかくライブが素晴らしいので誰か日本に呼んで欲しい。

V.A. / Lords Of Chaos（Prophecy Production）2002

マイケル・モイニハン（ブラッド・アクシス）&ディードリック・ソーデリンド著の同名本にして日本語翻訳本『ブラック・メタルの血塗られた歴史』のサントラ作品。本のほうは1990年代よりノルウェーの秘密結社「インナー・サークル」を中心に悪逆非道の限りを尽くしたブラックメタル・カルチャーと、そこからサタニズム、レイシズム、ネオナチ、ペイガニズムに至る系譜をレポートした読み応え満点の一冊なのだが、サントラのほうも負けてはいない。本に登場するブラック・メタル勢……メイヘム、ダークスローン、エンペラーなどからサイキックTV、モンテ・カザッザなどのインダストリアル勢、アレイスター・クロウリーやアントン・ラヴェイなどのスピーチ音源など、ジャンル問わずブラック・メタルに影響を及ぼしたと判断される音源を多数収録。そして何といっても注目なのが米映画監督ケネス・アンガー1969年作品「我が悪魔の兄弟の呪文」のミック・ジャガーによるサントラ音源収録だろう。ひたすら電子音がブーンとのたうつ不穏さは本当クセになる。

IASOS / Inter - Dimiensional Music（EM Records）1975

あのアラン・ワッツをして「ニューエイジ・ミュージックのクラシック作品」といわしめたヤソスの１ｓｔ。ギリシャ移民米国籍のヤソスは幼少期より正規のクラシック音楽教育を受けていた。しかしサマー・オブ・ラブの季節１９６７年に高次生命体であり光の存在である「ヴィスタ」とテレパシーを通してコンタクトを開始、彼自身の内側からあふれ出る「パラダイス・ミュージック」を人々と共有し、人類のパラダイム・シフトをうながす使命を「ヴィスタ」より伝えられる。この使命を全うすべくヤソスは当時ヒッピー・ムーブメントに賑わっていたサンフランシスコへ移住。そしてさらに霊的調和を目指しサンフランシスコの対岸に位置するベイエリア、サウサリートに移り住む。そこでアラン・ワッツと出会い、ワッツの思想的影響の下、ヤソスが当時暮らしていたボートハウスで録音された作品が本作である。「自らのスピリチュアリティを表現したものがニューエイジ・ミュージックである」とは谷崎テトラ氏の言葉だが、その全てがこの作品に存在している。

STEVEN HALPERN / Spectrum Suite（SRI Records）1975

ヤソスとともにニューエイジ・ミュージックの始祖とされ、ヤソス本人も電子変調フルートで参加したスティーヴン・ハルパーン１ｓｔ。とにかく脳がとろけるようなローズ電気ピアノ（音源には音叉を用いることで知られるピアノ）の漂い感がハンパなく、かつてキャニオンから日本盤ＬＰがリリースされた際、その帯には「音のビタミン登場！！！」と評されたほどの滋養あふれる一枚。とはいえ何があったかは謎だが度重なる再発で４ｔｈエディション以降はヤソスが参加した楽曲（LPではB面）は他トラックに差し替えられており、探すならオリジナル・エディションものがオススメではある。ハルパーンは2003年『Deep Alpha』でグラミー賞最優秀ニューエイジ・アルバム賞にノミネートされるなど今やニューエイジ界の大御所であり、インナー・ピース・シリーズなど音楽療法などを通して日本のスピ系の方々からも評価が高いが、個人的にはこの時期の作品の悦楽メディテーション具合がしっくりくる。

YA HO WHA 13 / Penetration, An Aquarian Symphony（Higher Key Records）1974

1970年代初頭のハリウッド・ヒルズで活動していたバンド、ザ・ソースファミリーを前身としつつ、音楽活動からカルトなコミューン形態へと変貌を遂げたアナーコ・サイケデリック代表ヤホワ13。毎朝3時より始まる集団瞑想タイムの後にジェームズ・エドワード・ベイカーことファーザー・ヨッドの自宅ガレージで即興演奏されたという数々の音源は完全自主制作盤として教団が経営するビーガン食堂で10ドルで販売されていたという。その作品数は65枚を超えていたが、1975年ファーザー・ヨッドの死後（LSD服用後にハングライダー操縦を誤り事故死）、地球の波動が悪化したことを理由にほとんどの音源が焼却処分された。それでも日本のキャプテン・トリップなどの尽力により現在もその一端を体験できるのだからありがたい話である。本作はファーザー・ヨッドが亡くなる前年に録音されたリチュアル・サイケデリック名盤。またヤホワ13といえばザ・シーズのスカイ・サクソンが1973年より関わったことで有名だが、この作品に参加しているかは不明だ。

V.A. / Love Serve Remember (ZBS Foundation) 1973

1971年世界的ベストセラーとなった著書『ビー・ヒア・ナウ』でおなじみラム・ダスことリチャード・アルパート。元々はハーバード大学の心理学教授であり、1960年ティモシー・リアリーらとともにハーバード・サイケデリック・リサーチ・プロジェクトを組織するも大学そのものをドロップアウト。その後インドに渡り導師ニムカロイ・ババに出会う。アルパートは「グルとかいってるけど本物かよ?」とババに通常の何十倍ものLSDを投与(ヒドイ!)。しかしババはケロっとして「ああ、コレね。コレはいつもの悟りの境地のちょっと下の段階だね」と微笑。感服したアルパートはババの弟子となり、ババ・ラム・ダスとして生まれ変わった。そんなラム・ダスのスピーチを中心に、ラム・ダスと関わり深い東洋系スピリチュアリズム関連の音源を6枚組LPに収めたアイテムがコレ。現在ではグラミー賞にもノミネートされた米国ニューエイジ・ミュージック界大物クリシュナ・ダス(彼もババの弟子である)の最古音源も収録。「いまここ」とは何か? その答がギッシリ詰まったボックス。

KRISHNA DAS / Live Ananda (Mustamullah Music) 2012

米国でロック・スターを夢見ていたジェフリー・カーゲルはインドから帰国したばかりのラム・ダス(リチャード・アルパート)に出会い、その「いまここ」思想に衝撃を受ける。そしてラム・ダスとともに米国全土を旅した後、今度はラム・ダスの師であるニムカロイ・ババに会うため単身インドに渡る。ババの下で約3年間修行後、クリシュナ・ダスという名前をババより授かった彼は、帰国後ババの教えを米国で広めるためにキルタン歌手としての活動をスタート。キルタンとはインドの神々の名前などをハルモニウムなどの伴奏でミニマルに唱え続ける聖歌であり、聴衆とのコール&レスポンスによって会場にトランス状態を作り出すスタイルは「歌うヨガ」とも呼ばれているものだ。クリシュナ・ダスはこのキルタンの第一人者として2012年グラミー賞ニューエイジ部門にもノミネートされる。そのノミネート作品がNYにあるアシュラムで2007年に録音されたコチラ。スタジオ作品よりライブの臨場感こそがこの人の真骨頂。

V.A. / I Am The Center (Private Issue New Age Music In America, 1950-1990) (Light In The Attic) 2013

現在のニューエイジ・ミュージック・リバイバル運動が意味しているものとは何か？それまで何十年と「真面目な」音楽ファンから無視され続けてきた音楽性のいまさらな発見？　それとも高度資本社会に疲弊した我々の癒しを求める集合意識の現れ？？　ともあれ瞑想アプリや大麻産業が世界的に大型ビジネス化している昨今、この新たなるニューエイジの流れを無視することは「あなたの聴かない世界」的にナンセンス！　そこでキーワードになるのがカリフォルニアのディガー、ダグラス・マクゴーワンの存在だ。リイシュー専門レーベル「Yoga Records」を運営する一方、様々なレーベルからディープ・カルトな音源を企画復刻させる敏腕プロデューサーの顔を持つマクゴーワン。その彼の名を一躍世に知らしめたのがこの作品である。ヤソスやララージ、ジョアンナ・ブルークといったアーリー・ニューエイジャーの貴重すぎる自主音源を3枚組LPにコンパイルした心意気もさることながら、その冒頭を飾るのがグルジエフという事実がニューエイジに対する本

気度を示していてアツい。

JOANNA BROUK / Hearling Music（Numero Croup）2016

１９７０年代にミルズカレッジにてロバート・アシュレーやテリー・ライリーに電子音楽を学んだバリバリの女流実験音楽家ジョアンナ・ブルーク。しかし卒業後、１９８０年代に彼女が一貫して表現し続けたものは真の意味でのヒーリング・ミュージックそのもの。それも宇宙や花、白鳥、イルカなどが描かれたカセット作品を通してである。そしてそのカセットは全てカリフォルニアの彼女自身のレーベルからＤＩＹに発表され続けた。これらカセットは恐らくレコード・ショップの陳列棚ではなく、ヨガ・スタジオやニューエイジな雑貨屋の片隅でアロマやパワーストーンなどと一緒に流通していたのではないだろうか……。これら彼女の作品を発掘し、現代に蘇えらせたのはニューエイジ・リバイバル立役者ダグラス・マクワーゴン。彼によって本作品ＣＤに貼られたステッカーには「ニューエイジのパイオニア」と記されているが、まさに看板に偽りなしのメディテーショナル世界が展開されている。

TONY SCOTT / Music For Zen Meditation（Verve）1964

そもそもは１９４０年代にチャーリー・パーカーとの活動などでビバップ黄金期を支えた米クラリネット奏者トニー・スコット。その後もサラ・ボーンやビリー・ホリディ、ディジー・ガレスピーやビル・エバンスといった大物との競演で「誰よりもクールなクラリネット奏者」との評価をゆるぎないものとするも、１９５０年代ジャズにおけるクラリ

ネット人気の低迷からアメリカに見切りをつけた彼は１９５９年より１９６５年まで日本に滞在。この時期に日本で録音された唯一の音源がこの「禅瞑想のための音楽」である。競演は尺八の山本邦山と琴の唯是震一。タイトルまんまのエキゾチック・ジャパンなヒーリング・ミュージックは日本人テイスト的には多少こそばゆく感じられるも、この時代にニューエイジ・ミュージックを先駆けていた視点は重要。この作品が当たったのかは知らないがトニー・スコットはこの後「ヨガ」「ブードゥー」「アストラル」とメディテーション・シリーズを連発することとなる。

CHAITANYA HARI DEUTER : BHAGWAN SHREE RAJNEESH / Kundalini Meditation (Not on Label) 2016

１９７１年よりジャーマン・エクスペリメンタル・シーンで活躍を続けるドイター。電子音楽と東洋神秘主義志向は初期ポポル・ブをも彷彿とさせるも、その後のガチ過ぎるニューエイジ路線にクラウト・ロック・ファンからの評価は全く芳しくない。どれくらいガチかというと１９７０年代インドに渡りあのバグワン・シュリ・ラジニーシに弟子入り、コミューンの住人となる程で、以降のドイターの音楽制作はラジニーシとその教えに捧げられたものとなる。本作はその分岐点となった１９７９年作品の海賊盤で、オリジナルはインドのPolydorから、リイシューＣＤ盤はラジニーシ関連レーベル「New Earth Records」からリリースされた。タイトルまんまクンダリニー瞑想のためのトライバル民族音楽であり、そのミニマルに内側へと突き進むトリップ世界はドイターの本気度をビンビンに伝えてくれる。ちなみに東京西荻窪のラジニーシ道場でクンダリニー瞑想を受講す

るとこの音源が体感できるのでオススメだ。

ユリ・ゲラー／ユリ・ゲラー（トリオ）1975

テルアビブ出身で母方の親戚にジークムント・フロイトを持つユリ・ゲラー。イスラエル陸軍在籍後、（噂では）モサドのスパイ活動に従事。その後地元で奇術ショーを始めるもパッとせず渡米。米国超心理学者アンドリア・プハリッチに見いだされ本物の超能力者としてCIAの超能力実験に参加。その後米国や英国のTV番組に出演するようになり、1974年より日本でも活躍開始、空前絶後のスプーン曲げブームを巻き起こした。本アルバムは1974年制作されたスポークン・ワード作品。米、英、独、伊でリリースされていたものを、日本盤のみユリがつたない日本語でメッセージをふき替えた泣かせる内容。オープンマインドの重要性を多幸感溢れる楽曲で綴った「Come On And Love」や、超能力をレクチャーする「Mood」など最高すぎるが、何といってもアセンションとカタストロフィが同時発生する「The Day」における色彩表現は、村井秀夫の「味覚の歌」における「世界は黄色だ」の歌詞に影響を与えたとしか思えないヤバさに満ちている。

FAR EAST FAMILY BAND／多元宇宙の旅（MU Land）1976

『ジャップ・ロック・サンプラー』でジュリアン・コープも大絶賛する70's日本プログレッシブ・ロックバンド。ファー・ラウトで活動していた宮下文夫が1974年ジャパニズムをコンセプトとしてスタート。1975年1stアルバム『地球空洞説』に次いで発表されたのがこの『多元宇宙の旅』。エキゾチズムとしての日本色と「ムー」的オカルティ

ズムをピンク・フロイドとデューク・エイセスを足して2で割ったような独自すぎる世界観（いや宇宙観か）で展界。欧米でも注目を集めた彼らは本アルバムを英国ヴァージン・レコードで有名なマナー・スタジオで録音、プロデュースはクラウス・シュルツが務めている。ここから本格的な世界進出も目論まれるが、マネージメントのトラブルなどが原因でメンバーのほとんどが本作をラストに脱退。残されたメンバーでベスト編集盤とラスト・アルバム『天空人』をリリースするも1977年解散。その後宮下文夫、そしてキーボード担当だった高橋正明（喜多郎）はニューエイジ・ミュージック界を牽引していくこととなる。

宮下富実夫／Live On The Boffomundo Show（Drag City）2017

1977年ファー・イースト・ファミリー・バンド解散後、米国移住した宮下富実夫はその後も西海岸を中心にファー・イーストを名乗りながら活動を継続。バンド形式からは逸脱したスタイルで新たなスタイルを模索していた。そしてその流れで東洋医学や東洋哲学を学びセラピーとしての音楽制作に着手。癒しの自然音、1／fゆらぎのリフレインをアートとして表現するヒーリング・ミュージックのパイオニアとなる。本作はそんな模索期間であった1979～1980年、西海岸TV番組に収められたパフォーマンス音源を発掘したもので、ニューエイジ・ミュージックとサイケデリックの絶妙な溶け具合が堪能できる。81年帰国後は長野の飯綱高原に琵琶スタジオを設立。数多くのヒーリング・ミュージック作品リリースのほか「天河伝説殺人事件」などのサントラ制作、また天河大弁財天社、伊勢神社への奉納演奏など手がけるも2003年肺がんのため死去した。

喜多郎／The Light Of The Spirit 1987

ファー・イースト・ファミリー・バンドでキーボード担当だった高橋正明が『多元宇宙の旅』英国レコーディング時、プロデューサーだったクラウス・シュルツとの出会いをきっかけにシンセサイザー・ミュージックに開眼。バンドのゴタゴタもあり脱退し喜多郎として１９７８年ソロ活動を始動。１９８０年には「ＮＨＫ特集 シルクロード」の音楽担当に起用され一躍お茶の間レベルで人気爆発。当時は「人里離れた長野の山中で作曲活動している」世俗から離れたイメージが売りだったが、一方１９８４年には山口組三代目組長田岡一雄の娘、田岡由伎と結婚＆１９９０年離婚で世間を驚かす。１９８５年ゲフィン・レコードと契約を交わし米国進出。本作はグラミー賞を獲得した「The Field」を収録するグレイトフル・デッドのミッキー・ハートとの共同作品であり、世界進出の発火点となった１９８７年作品。この年の喜多郎ＵＳブレイクと、同年ハーモニック・コンバージェンスを迎え前衛から大衆化へとシフトしていったニューエイジ運動との相関性は興味深い。

姫神せんせいしょん／奥の細道（ポニーキャニオン）1981

和ニューエイジ・ミュージックで喜多郎とともにポピュラー人気なのが姫神せんせいしょん。東京での音楽活動に見切りをつけ岩手県に拠点を構えた星吉昭が、そこで出会った東北民謡や神楽などの伝統音楽に影響を受け１９８０年にドラムの佐藤将展らと結成。盛岡市にそびえる姫神山から命名したバンド名や東北伝統音楽を「北人霊歌」と位置づける徹底した東北主義は、やがて北東北縄文ロマン主義へと進展。結果バンドは１８８４年に星吉昭のソロユニット「姫神」と、佐藤将展らによる「せんせいしょん」に分裂する。抒情和インスト・プログレ的せんせいしょんに対し、ブルガリアン・ヴォイスに着想を得た星吉昭は姫神ヴォイスなる歌声路線を導入。1997年には復元した縄文の歌詞によるTBSドキュメント番組テーマ曲「神々の詩」が大ヒットを記録した。そんな彼らの原点が1981年リリースされたこの1stアルバム。時のフュージョン・ブームとYMOフィーバーに対する東北からの返答。

Toshi／愛の詩をうたいたい（Healing World）1999

社会という共同幻想に生きる我々にとって洗脳は不可避な存在だ。「自分は自らの意志で行動している」などと思っていても実際は何がしかのコントロール下にあり、そのコントロールは日々我々のなかで上書き保存されていく。このコントロールから逸脱するために一部の人間はドラッグを摂取したり、カットアップ作業に勤しんだり、オカルト行動をとったりしてコントロールにバグを生じさせんとするわけだが、一方では「絶対的真理からのコントロール」への帰依を求める者も世の中には多く存在する。1997年X JAPAN脱退&解散から自己啓発セミナー「レムリアアイランドレコード」（後ホームオブハートなど）主催者兼ヒーリング音楽家MASAYA（現MARTH）に帰依したToshi（現Toshl）。当時マスコミを賑わした「Toshi洗脳騒動」渦中にリリースされた本作は、いわゆる「スピ系」と呼ばれるものの問題点を可視化した作品として語り継がれるべき一枚だ。スピリチュアルとは何か？　の踏み絵と呼んで然るべき内容。

元谷芙美子／能登の夜叉（アパホテル）2016

かつての日中戦争、および日米戦争はすべてコミンテルンの陰謀であり、日本は戦争のドロ沼に引きずり込まれた被害者である。そして南京大虐殺も従軍慰安婦問題もコミンテルンのねつ造であるのだ……といういわゆる「コミンテルン陰謀史観」を忠実に書籍化した『本当の日本の歴史　理論近現代史学２』。著者はアパグループ代表元谷外志雄（藤誠志名義）によるもので、グループが経営する日本最大のホテルチェーン、アパホテルの客室に設置されたその書籍は２０１７年中国を中心に大炎上騒動を起こすも、アパ側は書籍を撤去することなく草の根プロパガンダ活動を継続させている。元谷外志雄とともに日本会議との関わりが噂されるアパホテル社長、元谷芙美子による２ｎｄシングルにおける情念ムーディー世界は資本主義とポピュリズムの統合フロアに鳴り響くＢＧＭ。アパホテルは２０１９年、あのスティーブン・バノンも招聘し講演を実施した事実も忘れるべきではないだろう。暗黒啓蒙としてのヴェイパー演歌。

SHOKO ASAHARA / The Sounds Of Japanese Doomsday Cults（Faithways）

２０００年代アタマくらいにロサンゼルスのレーベルからリリースされた７ＥＰ。Ａ面はオウム事件の冤罪性をトクトクと歌い上げる「エンマの数え唄」、Ｂ面は選挙用に創られた「麻原彰晃マーチ」を「尊師を呼び捨てにするのはケシカラン」と歌詞を改悪（こういう忖度が組織を腐らせる見本みたいなエピソードですね）した「尊師マーチ」を収録。なぜかは不明だがこのレーベル、終末思想カルト作品のみを取り扱う方針らしく、この作品ほかは核戦争勃発を予言し１９９０年モンタナに核シェルターを作ったキリスト系カルトのエ

リザベス・クレア・プロフェットのレコードもリリースしている。本アイテムでも麻原彰晃終末カルト論を8ページにも及ぶブックレットで論じており熱量がハンパない。全くの余談だがかつてオウム真理教に存在した教団認可ロックバンド「完全解脱」（ジャパコアにこんな名前のグループがあっても不思議じゃない良センス）の音源ってどこかに存在しないものなのかが気になる。

V.A.／雲遊歌舞（キング）1988

１９８４年より少女漫画雑誌「プチフラワー」連載で大人気だった岡野玲子連載「ファンシィダンス」のイメージアルバム作品。実写映画化もされたがそのサントラではないので注意。プロデュースは夫でもある手塚眞。岡野&手塚に加えサエキけんぞう、沖山優司、ケラリーノ・サンドロヴィッチ、バカボン鈴木、鈴木さえ子、土屋昌巳、朝本浩文、ＯＴＯ、仙波清彦、橋本一子といった音楽家のほかにも、伊武雅刀、森本レオ、鴻上尚史、中沢新一、清田益章といった豪華メンツ参加にバブリーな香りが漂う。ＣＤしかリリースされていないはずだがＬＰ時代の名残か「煩悩SIDE」と「修業SIDE」に分かれており、断然「修業SIDE」がおすすめ。中沢新一が読経のみならずチベット民族楽器を披露するインダストリアル・フュージョン・ナンバーや、スプーン曲げ超能力者として有名な清田益章（彼は翌１９８９年ロック・ミュージシャン宣言することとなる）が「世界はナンセンス！！！」を連呼するエモいバラードまで聴きどころ満載。

PEOPLE'S TEMPLE CHOIR / He's Able (Grey Matter) 1993

１９５５年米国インディアナ州でキリスト教と共産主義の融合「宗教的共同体主義」を目指しジム・ジョーンズが設立した人民寺院。「宗教という麻薬から人々を救い出すために宗教を使う」「米国で社会変革を達成するために宗教の動員力を利用する」をモットーに心霊治療から透視能力、そして貧者を対象とした社会福祉活動で信者（多くが貧しい黒人）を増やす。カリフォルニアからサンフランシスコと拠点を移動させながら２５００人もの信者を集めるも、巨大化した教団内部では搾取と腐敗が横行、そして核戦争の妄想に憑依されたジョーンズは終末論妄想を肥大させる。やがて１９７７年教団内の人権蹂躙をマスコミに糾弾されると、かねてより設立していた南米ガイアナのコミューン、ジョーンズタウンへ逃亡。そして１９７８年11月17日、視察に訪れたレオ・ライアン議員とマスコミ取材陣を惨殺した後、信者９１４名を道連れに集団自殺する。本作はその集団自殺時の実況録音と、教団音楽をコンパイルしたもの。ノイズ界隈では頻繁にネタ音源として使用されていることでも有名だ。

DAVID KORESH / Voice Of Fire (Junor Motel) 1994

１９９３年世界を震撼させたテキサス州ウェーコでのブランチ・ダビディアン事件。そもそもはプロテスタント系のいちセクトだったダビデ派セヴンスデー・アドベンチスト教会（通称ダビディアンズ）の跡目争いが「銃撃戦」に発展。その後「ヨハネの黙示録」による終末思想を主軸に、ダビディアンズ信者のみが最終戦争を生き残る「選ばれし民」であるとされ、教団は最終戦争に備え大量の武器弾薬＆食料を不正に備蓄し連邦政府と

衝突。ダビディアンズvsFBIで約51日間のド派手な籠城劇&銃撃戦を繰り広げた挙句、信者約80名が焼死して決着となった大惨事の主人公がこのデヴィッド・コレシュだ。「母親がちょっとアレで父親が不明」「ロック・スターを夢見てハリウッドに来たが挫折」「女性信者とハーレム状態」「ハルマゲドン」と色々チャールズ・マンソンとキャラが被りがちだが、残念ながらマンソンほどのカルトな音楽性はない。自らのバンド「メシア」(!!!)をバックに朗々と歌われるロック・バラードに涙。

ANTON SZANDOR LAVEY / Satan Takes A Holiday (Amarilo) 1995

サタニズムとハリウッド・システムを結びつけたポップ・オカルティスト代表格であり、米国宗教法人「悪魔教会」設立者アントン・ラヴェイ(1930-1997)。その影響力たるや古くはケネス・アンガーや(事故死した)ジェーン・マンスフィールド、サミー・デイビス・Jr、リベラーチェから、ボイド・ライス(ノン)、キング・ダイヤモンド、マーク・アーモンド、マリリン・マンソンまで信者としてゲットするほど。そのポップさ故にガチなサタニストからはディスられがちだが、彼のデモノロジー(悪魔学)における物質主義的快楽主義と個人主義の追求は、「神の不在」を生きる現代人の自己啓発書と呼べるだろう。そんなラヴェイの奏でる音楽は、かつて高級ナイトクラブでオルガン奏者を務めていただけのことはある激ムーディー世界。「悪魔はヘビメタなんか聴かない、もっとムーディーな音楽が好みなのさ」とうそぶく彼の音楽はモンドやトラッシュ・カルチャーの涙腺を刺激するものだ。

JAYNE MANSFIELD / Too Hot Too Handle (Miss Records) 1993

ケネス・アンガー著『ハリウッド・バビロン』でもお馴染み、50'sセックス・シンボル女優ジェーン・マンスフィールド（1933-1967）。ブロンド&巨乳でマリリン・モンローのライバル視された彼女だったが、当時ハリウッド内で派手な勧誘活動を行なっていたアントン・ラヴェイの誘いに乗り悪魔教会に入信。教会のサンフランシスコ支部女教皇の地位を獲得したとの噂もあったが真意のほどは不明だ。しかし1967年の彼女の自動車事故死を「自分の魔術が誤作動したのが原因」とラヴェイがマスコミに語りセンセーションを巻き起こしたのは事実。以降彼女はハリウッド・バビロンのイコンとして存在し続けている。そして渡英前のジミ・ヘンドリックスのマネージャー繋がりでジミヘンが彼女の歌「Suey」「As The Clouds Drift By」のバックを務めていたこともロック・ファンの間では有名な話。熟れすぎて腐りかけたジェーンのボイスとガレージ・ロックのマッチングが妙。

JOE MEEK / I Hear a New World (Triumph) 1960

英国のフィル・スペクターとの異名を持つレコーディング魔術師ジョー・ミークによる世界初コンセプト作品「私は新しい世界を聴いた!!!!」。英国空軍レーダー技師の経歴を持ち、宇宙の存在に夢中になった彼は、音楽業界に転身後もひたすら「向こう側」の音をこの世界に響かせることのみを追求。しかし「テルスター」の世界的ヒットを生み出したミークに俗世間が求めるものとミークの理想は当然乖離。しかも「テルスター」の盗作疑惑や、同性愛者（当時英国では違法ですらあった）としての苦悩、ドラッグ中毒など様々

な問題からか？　数々の奇行が目立つようになるミーク。コックリさんマニア、墓場での幽霊の声レコーディング、電子機器を使用しミークのアイドルだったバディ・ホリーとの交信、「スタジオに盗聴器が仕掛けられてる！」と錯乱……そして最後には借金まみれになり、大家をショットガンで吹っ飛ばした後自らをも射殺（それもバディ・ホリーの命日に）……。果たしてミークが聴いた「新しい世界」とは？　そして彼のコンセプトは「あなたの聴かない世界」へと継承されている！

ALEJANDRO JODOROWSKY / The Holy Mountain Soundtrack（ABKCO）2007

ボリビアの実験心理学者にして神秘家オスカー・イチャーゾが1968年チリに東洋と西洋の秘儀を結集した研究所「アリカ・スクール」。グルジエフ経由のボディーワークなどそのアリカでの教えを自前のコミューンにて4か月間映画出演者全員に叩き込み、スピリチュアルの極みを体現させたのがアレハンドロ・ホドロフスキー1973年作品「ホーリー・マウンテン」である。前作「エル・トポ」が普通のウェスタン映画だったかと錯覚するほどアブストラクトかつ衝撃の世界であり、まるでアラン・ムーアが語る「アートとは魔術である」ことを証明するかのごとき映画だが、その重要な要素である劇中音楽をまとめたのが本作。ホドロフスキーのアイディアを職業音楽家がスコア化&演奏するパターンは「エル・トポ」同様だが、ここではロナルド・フランジパーヌの手堅い仕事に加え、ドン・チェリーの参加がハンパないトビ具合を与えている。現在もマリリン・マンソンからカニエ・ウェストまで霊的インスピレーションを及ぼし続ける名盤。

Ghédalia Tazartès / Tazartès Transports (Cobalt) 1980

ゲダリア・タザルテは１９４７年パリに生まれた。その家系はジプシーの血が流れている。彼の音楽は世界のあらゆる民族音楽と電子音楽とのコラージュによって作られる無国籍的なもので他に類を見ない。音楽的にはピエール・シェッフェールとピエール・アンリの影響を受けミュージック・コンクレートの手法を多用するが、出来上がった作品はより民族音楽的である。彼に影響を与えた音楽家としてはミッシェル・シオンがあげられるが、様々なジャンルを横断した作品を残したという点で共通点があるともいえる。影響を受けたり、コラボレーションを行なった音楽家としては、ヨーゼフ・ボイス、ジャック・ベロカルもあげられる。タザルテの音楽は無国籍かつジャンルを超えた存在であるが、この音源のように音盤もジャケも透明であったり、あるいは女装したセルフポートレイトをジャケに使ったりと、作品としてのコンセプトにもこだわりとユーモアが感じられる。２０２１年没。（宇田川）

SLAVA RANKO / Arctic Histeria (Adolescent Records) 1981

スラヴァ・ランコの本名はドナルド・L・フィリッピ、通称はドン。１９３０年ロサンゼルス生まれ。幼少時から語学に優れた才能を見せ、南カリフォルニア大学入学以前からロシア語、日本語、スロバキア語の学習をはじめ、スペイン語、フランス語、ドイツ語の読み書きもできるようになった。また三味線や筑前琵琶の演奏と研究にも余念がなかった。１９５７年フルブライト奨学生として日本に留学し、１９７０年まで滞在。國學院大學で神道を学び、アイヌ語やテュルク語系諸言語の学習も行ない東アジアの古層文

化を研究。この間革マル派の指導者黒田寛一とも交流ができ、革マル派のシンパとして活動し、逮捕と拘置所生活も経験。1971年アメリカに帰国後は琵琶とシンセサイザーの融合を試み、スラヴァ・ランコ名義でライブを行なう。アルバムのタイトルARCTIC HYSTERIAは北極地帯のシャーマンの通過儀礼をさす。（宇田川）

Igor Wakhévitch / Hathor（Atlantic）1973

イゴール・ワッケヴィッチは、1948年フランス生まれ、父のジョルジュはジャズ・ミュージシャンである。幼少よりピアニストとしての訓練を積み、各種の賞を受賞。18歳でオリビエ・メシアンに師事する。しばらくののちにORTFに参加し、ピエール・シェッフェールの指導を受ける。ここで彼はジャン・ミッシェル・ジャールと出会い、意気投合し、電子音楽の道を進むこととなる。1970年には第1作『Logos』を発表。翌年には第2作『Docteur Faust』を発表。ジャケは若き日のフィリップ・ドリュイエでコレクターズアイテムになっている。1973年4作目となる本作『Hathor』（ハトホル）を発表。カバラにチベット仏教、オーロビンド・ゴーシュのインド神秘主義をミックスしたコンセプトアルバムは、電子音楽の形をとった儀式そのものであり、随所に魔術的意匠がちりばめられている。2008年以降はインドに在住し大学で音楽の教授をしている。（宇田川）

ARIEL KALMA & RICHRD TINTI / Osmose（SFP）1978

アリエル・カルマは1950年パリ生まれ。幼少時から音楽に親しむ。大学では電子工学を専攻したが、サルバトーレ・アダモやバーデン・パウエルに出会い音楽活動開始。

1974年にインドに渡りインド音楽やインド哲学を学ぶ。その後GRMにも参加し、ピエール・アンリからミュージック・コンクレートの技法を学ぶ。Delired Chameleon Familyなどのバンドで主としてサックス・プレイヤーとして活躍。1975年第1作『Le Temps des Moissons』を発表。フィールドレコーディングと電子音楽、サクソフォンの即興演奏の融合からなる作風を確立。1978年、ボルネオの熱帯雨林でのフィールドレコーディングを大胆にサンプリングして電子音とサックス・インプロビゼーションと融合したメディテーショナルな2枚組『Osmose』を発表。80年代以降はオーストラリアに移住しサイケ・トランスの音源を多発して現在に至る。（宇田川）

Älgarnas Trädgård / Framtiden Är Ett Svävande Skepp, Förankrat I Forntiden (Silence) 1972

1969年結成。バンド名を日本語カタカナ表記するとエリヤナストレッゴードと書けばいいのだろうか。英語ではGarden Of Elksで「ヘラジカの庭」であり、民族音楽とサイケやトラッドを融合したバンドが多い「Silence」レーベルの中では異色の、ジャーマンロック的存在であるが、バイオリン、チェロ、ツィター、シタール、タブラ、フルートなどの演奏に電子音が重ねられて出来上がったサウンドは非常に陰鬱で、サード・イヤー・バンドを思い起こさせる部分もある。現在の用語でいえばメディーヴァル・ダークアンビエントともいえるだろう。のちにギター、ベース、ドラムスを加えたロックバンド的編成になり、第2作『Delayed』を1973年に録音するが、それが発表されたのは2001年であった。1978年グループは解散。まさに「遅れて」しまったのだが、第2作はダークサイトランスともいうべきサウンドになっており、時代を先取りした内容だった。（宇田川）

RASA / Oasis (Lotus Eye) 1979

スウェーデンにあったクリシュナ意識国際協会のコミューンに集まった信者たちがラサを結成。第1作Oasisを1979年発表。彼らのサウンドはスウェーデン・サイケの名グループであるTräd, Gräs & StenarやKebnekajseにも似た、インド音楽のエッセンスを取り入れたサイケともいえる。レコードを作り布教のために配布するという手法は、彼らより少し前にアメリカでYahowha13が行なっていたのだが、演奏のクオリティはYahowha13がはるかに高い。彼らは1982年までの間に本作を含めて9作もアルバムを出したのちにメンバーの多くがクリシュナ意識協会を脱退した。ベースを担当していたラーダ・ラーマンはアニー・レノックスと1984年から85年にかけて結婚していたこともある。リーダーであったロベルト・カンパニョラは現在ロシア在住で自らのバンドSiva Hariを率いている。（宇田川）

GWYDION PENDDERWEN / Songs For The Old Religion (Nemeton) 1975

ギデオン・ペンデルウェン、本名トーマス・デロング、1946年生まれ、1982年交通事故で死亡。ネオペイガンかつ音楽家、詩人、環境保護活動家、同性愛者。1970年代から80年代にかけてペイガンとウィッカたちのネットワークNemetonを創設し、全米各地に点在する様々な異教徒たちの連帯を組織した。Nemetonは、1978年にはOberonとMorning Glory Zell-Ravenheart夫妻が設立したChurch Of All World（全世界教会）と合併し、その出版部門となった。なお全世界教会というネーミングはSF小説家ロバート・ハインラインの作品「異星の客」からとられている。また彼は並行してForever Forest

を組織して森林保護活動にも取り組んだ。このアルバムは彼自身のペイガンとしてのメッセージを自ら歌いあげている。（宇田川）

BRIAN JONES / The Pipes Of Pan At Joujouk

自らがリーダーを務めたローリング・ストーンズに既に居場所を無くしていたブライアン・ジョーンズは１９６８年夏、単身モロッコへ旅立つ。その目的は前年にタンジールで知古を得た英国出身の画家ブライオン・ガイシンによって紹介された民族音楽ジャジューカを録音収集するためだった。タンジールから約１５０ｋｍ離れた山岳地帯の小さな村でのみ伝統的に伝わるジャジューカ。その昼夜ぶっ通しで奏でられる（文字通りの意味での）トランス・ミュージックを約10時間分フィールド録音したブライアンはさっそくロンドンに帰りマスタリング作業を開始。しかし録音した音源とブライアンが現地で体験した「超感覚」の隔たりは大きく、その溝を埋めるため録音音源にはオーバーダブや逆再生処理、電子音の挿入などブライアンによるスタジオ処理がほどこされるに至った。本来は聴こえないはずの音を召喚しようと試みた本作はブライアンによる音響実験作品として記録されるべきであろう。

JOHN DENVER / Back Home Again（RCA）1974

ジョン・デンバーといえば米国人気カントリー歌手として有名だが、一方ニューエイジ運動の前衛としての活躍はあまり知られていない。１９７１年（彼の名前でもある）デンバー山でキャンプしていた彼は真夜中に超ド級の流星群に遭遇。デンバーの話によれば実はこの流星群は異性人が聖霊をピッキングして地球に送ったものであり、この夜にデンバーはその聖霊と霊的合体を果たしたという。かくして霊的覚醒に目覚めたデンバーは自己啓発運動の礎を築いたウェルナー・エアハルトや、宇宙船地球号の提唱者であり、ジオテジック・ドームやユニットバスの発明者バックミンスター・フラーらとともに１９７６年コロラド州スノーマス近郊にニューエイジ・コミューンを設立。そのなかの可動式ピラミッド瞑想ルームにてデンバーは地球を救うべく米国大統領選への出馬を決意するも、１９９７年自家用飛行機で謎の事故死を遂げる。地球に残されたわれわれはただ、彼の74年アルバム収録の「すばらしきカントリーボーイ」を聴きながら瞑想するのみである。

第三章 ―― パンク・マギック！ 狂乱のサマー・オブ・デス

ケイオス・マジック・フォー・インダストリアル・ピープル

１９７６年11月、セックス・ピストルズによるデビュー・シングル「アナーキー・イン・ザ・ＵＫ」発表を震源として、ロック・シーンのみならずファッション、アートなどあらゆる世界のカルチャー・シーンに影響を及ぼしたパンク・ムーブメント。

そのパンクにおける「小難しい理論や格式ばった伝統なんてファック・オフ！　とにかく自分たちのヤリ方でヤリたいようにヤってヤるぜ！！！」な精神はやがて英国の魔術シーンにも波及する。そう、ケイオス・マジック（混沌魔術）の誕生である。

ケイオス・マジックはこれまでの伝統的欧州魔術文化とは大きく異なっていた。ハッサン・イ・サバー[※1]の言葉「真実はない。全ては許されている」に象徴されるように、ケイオス・マジックにおいては教祖など絶対的存在への帰依は重要視されず、それぞれがそれぞれの神秘体験（ドラッグ摂取も含む）を徒手空拳に追求していった。そしてその流れは自然発生的にニューウェーブ秘密結社を複数生み出していった。

以下はそんな代表的ケイオス・マジック結社であるILLUMINATES OF THANATEROSタナトエロス光明結社（ＩＯＴ）とTHEE TEMPLE OV PSYCHIC YOUTHサイキック・ユース寺院（ＴＯＰＹ）を中心にケイオス・マジック・シーンの概要を紐解いていきたい。

ILLUMINATI OF THANATEROS タナトエロス光明結社

ＩＯＴのみならずケイオス・マジックそのものの始まりはピーター・キャロル（当時23歳）、そしてレイ・シャーウィン（当時24歳）の２人がロンドン郊外デッドフォードで出会った１９７６年から発祥したとされている。

伝統的儀式魔術に強い興味を持ちながらも、既存のグループの閉鎖性に不満を抱いていた２人は１９７８年ＩＯＴを結成。シャーウィンが発行するニューウェーブ魔術の創造をプロパガンダする雑誌「The New Equinox」や、キャロルの著書『Liber Null』（1978年）と『Psychonaut』[※2]（1981年）を通して後のケイオス・マジックとして知られる実験的魔術体系の礎を築く。

アレイスター・クロウリーやオースティン・オスマン・スパー[※3]直系のノーシス、[※4]シジルワーク[※5]といった既存魔術体系から、SFや科学、[※6]シャーマニズム、ペイガニズム、ディスコーディアニズム、チベット密教などをミックス&サンプリングさせ、魔術的パラダイムシフト[※7]を展開。

そんなIOTの影響力は英国のみならず欧州各地やオーストラリアまで広がりをみせるが、組織拡大にともなう階層的システム化にレイ・シャーウィンが反発。1980年代後半にはIOTを脱退。さらに1990年代初頭にはドイツIOT幹部フラターU∴D∴とピーター・キャロルの教義をめぐる確執から、フラターU∴D∴とその支持者の大量離脱も発生するトラブルにみまわれる。

それでも1990年代以降、ティモシー・リアリーやウィリアム・S・バロウズ、ロバート・アントン・ウィルソンといったカウンター・カルチャーのビッグネームの参入や、イアン・リード、[※8]デイヴ・リーなど後継者の躍進もあり、現在も英国、欧州、米国などで活動を継続。ケイオス・マジック・シーンを牽引している。

TEMPLE OV PSYCHIC YOUTH サイキック・ユース寺院

81年「任務終了！」なる最終報告後、伝説的活動に終止符を打ったスロッビング・グリッスルから、メンバーのジェネシス・P・オーリッジ、ピーター・クリストファーソンはすぐさま新グループ、サイキックTV（以下PTV）を始動させた。

「スロッビング・グリッスルは報告者であったが、PTVはその一歩先に進む」というピーターの宣言からうかがえるように、PTVは単なる音楽グループ以上の「何か」を目指していた。その「何か」として、先ずPTV結成とほぼ同時（もしくはPTVより先に）秘密結社テンプル・オヴ・サイキック・ユース（以下TOPY）がジェネシス&

ピーター、そして彼らの友人やファンクラブにより組織される。

人間開放を目的としたTOPYの活動は、当時のMTVブームに触発されてか「THEE 1ST TRANSMISSIONS」なるトータル4時間にも及ぶビデオ作品発表からスタートした。作品は当時NYのケーブルTVで30分番組としてシリーズ放映され、彼らのマルチ・メディア戦略がうかがえた。

しかし映像内容は悪魔崇拝者によるSM儀式、もしくはスナッフ映像にしか見えない背徳感200%の作品であったため、NYの深夜にマイナーなケーブルで放映されていたぶんにはスルーされていたものの、92年にはどういういきさつか地元英国のTV番組で槍玉にあげられ、首謀者ジェネシスは英国政府より国外追放処分を言い渡される（99年には処分免除された）。

TOPYの体液OVをモチーフとした瀉血儀式は、クーム時代のパフォーマンスの延長とみてとれる。

TOPYは当初オーストラリア、アメリカ、イギリスに支部を持ち、PTV、コイル、カレント93、スキアなどが参加。草の根運動ながらもケイオスの国際的ネットワークとして存在した。90年代に入ると前述したジェネシスの国外追放問題もあってか？　創立者であるジェネシスはTOPYを脱退。

その後TOPYはその最大勢力である米国支部が2008年AUTONOMOUS INIDIVUDALS NETWORK（AIN23）へと変化するなど独自の発展を遂げる一方、TOPY創始者ジェネシスは2010年新たに秘密結社THE ONE TRUE TOPI を立ち上げた。

JOHN BALANCE　ジョン・バランス（1962-2004）

初期TOPY脱退派で、その後も独自のオカルト道を追求したケイオス実践派代表格といえばインダストリアル・ノイズ・ファンにお馴染みコイルのジョン・バランスだろう。

英国マンスフィールドにて良家の子息として育つはずだったジョン。しかし幼い頃からオカルティズムに夢中だった彼は、やがてアレイスター・クロウリーに心酔し当時のクロウリーの信徒から教材を購入しようとするも親にバレて激怒されたり、さらに14歳のときには英国魔女術の王と呼ばれたアレックス・サンダースにファンレターを送ったりと、オカルティストとして一点の曇りもない成長を遂げていく。

「私は動物です、これまで人間ではありませんでした。動物と人間の違いが私にはありません。それこそが本物の異教徒の証であると私は思います」

ジョン・バランス

そんなジョンが10代後半で（後にTOPYを結成する）スロッビング・グリッスルと出会い、その親衛隊に加入。スロッビング・グリッスル解散後、サイキックTVの流れから、そのケイオス・マジック秘密結社TOPYに入信するのは自然な成り行きだった。

やがて1982年頃からは自らもパフォーマンス活動を開始。サイキックTVやカレント93、23スキドー、ゾスキアなどに参加後、元スロッビング・グリッスル～サイキックTVのオリジナル・メンバーだったピーター・クリストファーソンとのグループ、コイルを1984年より本格始動させる。

同時期ジョンとピーターはサイキックTVとTOPYを脱退。彼らいわく「（TOPYおよびPTVのリーダーである）ジェネシス・P・オーリッジの独善的なやり方に嫌気がさして」の脱退だったとのこと。

オースティン・マスマン・スパーに強い影響を受けたジョン&ピーターのケイオス・マジック実践やオカルト探求によるコンセプチャル・イメージとゲイ・カルチャーへのこだわり、そしてエレクトリック・ゴシック・サウンドをしてコイルはアートコア・ノイズと呼ばれマニアックな支持を集めた。

しかし長年重度の鬱病とアルコール中毒におちいってい

たジョンは2004年、自宅にて不意の事故死を遂げ、コイルの活動は終焉を迎える。

ケイオス・マジックとインダストリアル・ミュージックの相関を考えるうえで、TOPYとともに（エソテリックな観点ではTOPY以上に）ジョン・バランスは重要存在であったことを忘れてはならないだろう。

※1　ハッサン・イ・サバー（ハサン・ジッバーフ）　11世紀〜13世紀半ばまで暗殺教団アサシン教団を率いてイランからシリア全土の山岳地帯に要塞を築いたといわれるイスラム教シーア派内イスマーイール派内ニザール派の開祖。別名「山の老人」。ハシシの投与で部下をマインドコントロールし暗殺者へと仕立てる手法がやがて「ハシシを使う人＝ハシャシュン」という言語とミックスされ「暗殺者＝アサシン」と現在に伝わったという説有。ウィリアム・S・バロウズのアイドル的存在。

※2　『Liber Null』（1978）と『Psychonaut』（1981）この2冊は日本では秋端勉監修、金尾英樹訳にて国書刊行会から『現代魔術体系7　無の書』として2in1で2003年に出版されている。

※3　オースティン・オスマン・スパー（1886-1956）自らをゾスと称する英国の異端オカルティストにして天才画家。ケイオス・マジックの父と評されている。アレイスター・クロウリーのA∴A∴（銀の星）に一時期参入するもすぐに離脱。クロウリーの影響を受けながらも独自すぎる魔術プログラミングを生涯に渡って探求。なかでも「ゾスキア・カルタス」（宇宙に偏在する生命の源であるキアと、そのキアの運び手としての統一体である人間ゾス……その魔術的運用と信仰）概念、およびシジル使用は後のケイオス・マジックに多大なる影響を及ぼした。画家としての才能も突出しており、アドルフ・ヒトラーから自画像を描いて欲しいとの依頼もあったほど。しかし実生活は戦争の影響もあり生涯極貧、晩年は大勢の野良猫に見守られながら安アパートでひっそりと息を引き取った。

※4　ノーシス　ケイオス・マジックにおけるノーシスは、自らを変性意識状態にさせ「目的」以外の思考を一切排除した状態にもっていくことをいう。このときには性的エクスタシーやドラッグなどを活用するケースも当然有り。このノーシス中の経験が潜在意識にインプットされることで、顕

在意識にさとられることなく「目的」が実行されるという。

※5　シジルワーク　ケイオス・マジックにおけるシジルワークはスパーの技法を取り入れているものが多い。魔術的フレーズを作り、そこで重複した文字を消去。残った文字を芸術的に図案化しシジルを形成する。これはノーシスと合致させることで願望達成へと繋げられた。

※6　科学　ピーター・キャロルはロンドン大学在学中、科学を専攻していた。

※7　魔術的パラダイムシフト　古今東西のあらゆる魔術形態を横断するケイオス・マジックでは従来の一神教的概念では矛盾する「信仰」の多様化を用いる。「信仰」は受動的に受け入れるだけのものではなく、流動させるべきものであり、自らの意思でツールとして利用すべきものであるという思想。ディスコーディアニズムにおける「パラダイムの海賊行為」との親和性が非常に高い。

※8　イアン・リード　英国ネオ・フォーク・ファンにはファイヤー＋アイスとしてお馴染み。１９９０年初頭よりIOTの英国支部リーダーとして活躍する重要存在。

ポスト・サマー・オブ・ラブとクーム・トランスミッション

１９７５年に誕生したロンドン・パンク・ムーブメント。しかし約2年あまりでパンクの初期衝動は資本システムに吸収され自己パロディの無限ループ状態に陥ることとなる。

誰もがパンクの敗北に気が付きはじめた１９７７年、「Industrial Music For Industrial People（工場生活者のための工場音楽）」なるスローガンのもと、ポスト・パンクの最果てよりひとつの「アンチ・ミュージック」なムーブメントが狼煙を上げる。インダストリアル・ミュージックの誕生である。

狼煙の発火点となったのは１９７５年より１９８１年までの6年間、インダストリアル・ミュージック黎明期を牽引し続けたスロッビング・グリッスル（以下TG）。先のスローガンは１９７７年に発表された1ｓｔアルバム『The Second Annual Report』に記載されていたものだ。[※1]

インダストリアル・ミュージックがやがてホワイトハウスなど次世代に継承され、ノイズ・ミュージックというマニアックなジャンルを確立したように、ＴＧもまたノイズ・ミュージックのオリジネーターとして現在認知されている。

しかしＴＧ、とりわけ中心人物のジェネシス・Ｐ・オリッジに目を向けると、ノイズ・ミュージックのオリジネーターという肩書きは正直微妙だ。そもそもジェネシスはホワイトハウスを筆頭とするノイズ・ミュージックには否定的な立場だったし、彼が目指したのはあくまでも60'sカウンター・カルチャーのネクスト・ステップだった。

ここではそんなジェネシスの精神的ルーツを、ＴＧの前身グループであるクーム・トランスミッションの活動を通して考察してみたい。

英国東海岸のハル大学にて、ジェネシス（当時は本名のニール・メグソン名義）によってクーム・トランスミッションが組織されたのは１９６９年12月。米国でチャールス・マンソン・ファミリーによるシャロン・テート殺害事件[※2]やオルタモントの悲劇[※3]などによりサマー・オブ・ラブの終焉が決定付けられながらも、未だアシッドの二日酔いが色濃く残る季節のことであった。

クームの初期活動はダダやフルクサス運動[※4]に強い影響を受けたパフォーマンスであったという。ハル大学周辺のパブで催された彼らのパフォーマンスは、壊れたヴァイオリンやギター、プリペアード・ピアノ、ボンゴなどによる即興演奏と演劇をミックスしたもので、その過剰なハプニング主義により度々警察沙汰に発展。それでもクームは「未来の音楽は非音楽家にあり」をモットーに、71年10月には英スペース・ロック代表バンド、ホークウィンドの前座にまで抜擢されるなど確実にキャリアを積み重ねていく。

クームの音楽面に目を向けると、そのフリーキーな構成に後のＴＧの影を無理矢理見ようとすれば不可能でもないが、やはり印象としてはフルクサスにフリー・ロック的エッセンスをボンヤリと加味したスタイルだ。少なくともこの音楽面においてはインダストリアルやノイズといった要素は希薄であり、このことはジェネシスのルーツを知るうえでも実に興味深い傾向といえよう。

一方クームのパフォーマンス方面では前述の初期ダダ&フルクサス的影響に加えて、1972年頃よりオットー・ミュール[※5]に代表されるウィーン・アクショニズム色も大胆に導入されるようになる。

この頃よりクームのパフォーマンスは、ジェネシス、そして家出娘として初期より参加していたコージー・ファニ・トゥッティを中心に、エネマ・プレイやオージー・セックス、自傷行為や自慰行為、そしてアレイスター・クロウリーの性魔術実践を彷彿とさせる性的ショック路線に舵が切られ始める。

その結果として地元警察との軋轢が拡大し、ハルでの活動が完全に不可能になったクームは1973年末より活動の場をロンドンのイーストエンドの廃工場地下へと（スクウォットで）移動させる。このロンドンでジェネシスは同年ウィリアム・S・バロウズとブライオン・ガイシンに出会い、その神秘主義的思想に大いなる影響を受ける。

翌1974年にはクームの性的ショック路線に強い興味を持ったピーター・クリストファーソン[※6]がメンバーに加入。さらに1975年にはタンジェリン・ドリームとシンセサイザーにのめり込んでいた電気技師、クリス・カーターが加入。このクリスの加入によりクームの音楽制作にエレクトロニクス革命が発生し、TG誕生へと繋がることとなる。

TG誕生は1975年9月3日。英国が第二次世界大戦参戦した36周年日を記念したものだという。当初はクーム組織内グループとして音響実験（特定の周波数を大音量で人体に投射するとどのようなダメージをもたらすのかなど）をアンダーグラウンドに行なうものだったが、1976年10月ロンドンICAで開催されたクームの悪名高き展覧会「売春展」[※7]オープニング・パーティーで初の公式パフォーマンスを披露しデビューを飾った。

以降ジェネシスはクームとしてアート・シーンに留まる

ことよりも、TGとしてポップ・カルチャーに打って出ることを選択。この選択によりインダストリアル・ムーブメントが幕を開けたのは前述の通りである。

以上のようにサマー・オブ・ラブの残骸からダダ、フルクサス、ウィーン・アクショニズム、バロウズを経由してTGに辿り着くジェネシスだが、一貫して確認されるのが「脱コントロール」に対する彼の飽くなき探求であろう。それはクーム以前ジェネシスがハイティーン時代に加入していたコミューン「トランスメディア・エクスプレーションズ」[※8]における、アートと心理学をミックスさせた共同生活から端を発し、われわれが「当たり前のこと」として受容してしまっている固定概念や行動様式を根底から無効化する闘争の歴史であった。

TG本格始動後もメンバーに寝食をともにする集団生活を半ば強制したジェネシスの姿勢は、サマー・オブ・ラブ崩壊後のニューエイジ運動が辿った人間性回復運動やトランスパーソナル心理学にも通じるサイケデリック・セラピー要素がみてとれるし、一方では（これまたジェネシスに多大な影響を及ぼす）チャールズ・マンソン的アシッド・ファシズムの典型ともみてとれる。[※9]そしてこのようなジェネシスのカルトな種子は、インダストリアル・サイケデリアとして1983年をピークにサマー・オブ・デスという名の隠花植物を生み出すこととなる。

※1　『The Second Annual Report』に記載されていたものだ　発案者はサンフランシスコのパフォーマンス・アーティスト、モンテ・カザッツァ。TG第5のメンバーとも称された彼はTGのコンセプチャル部分（主に反社会的方面）に助言、インダストリアル・ミュージックという概念を発明するも「一種のジョークのつもりでいっただけで、こんなに真面目に受け止められるとは思わなかった」と後年語っている。

※2　シャロン・テート殺害事件　1969年8月9日、ビートルズの『ヘルター・スケルター』からハルマゲドンのメッセージを受信したチャールズ・マンソンが、スーザン・アトキンス、テックス・ワトソンなどのファミリーに命じてハリウッドのロマン・ポランスキー邸宅で起こさせた無差別殺人事件。殺害された5名の被害者のなかにはポランスキー

ていた。

の妻で当時妊娠8か月だった女優シャロン・テートも含まれていた。

※3　オルタモントの悲劇　1969年12月6日サンフランシスコ郊外のオルタモント・スピードウェイで開催されたローリング・ストーンズ主催のフリー・コンサートで発生した殺人事件。ストーンズ側が会場警備で雇ったヘルズ・エンジェルスのアラン・パサーロが、観客の黒人青年メレディス・ハンターをナイフで殺害したもの。またこの事件以外にもドラッグ影響下による事故のため3人の事故死が発生した。この事件後、雇い主でありながら裁判で自分たちを全く擁護しなかったミック・ジャガーに対しヘルス・エンジェルス側は激怒。暗殺計画も企てたが未遂に終わった。

※4　フルクサス運動　1962年9月、米国現代美術家ジョージ・マチューナスにより提唱されたグローバル前衛芸術運動。美術、音楽、詩、舞踏などジャンルを問わず、日常と芸術のボーダレス化を意図した。アラン・カプロー、ナム・ジュン・パイク、オノ・ヨーコ、ラ・モンテ・ヤング、ジョン・ケージ、ヨーゼフ・ボイス、小杉武久、一柳慧、刀根康尚、武満徹など錚々たるメンツが参加した。

※5　オットー・ミュール　ギュンター・ブルス、ヘルマン・ニッチェ、ルドルフ・シュヴァルツコグラーらとともにウィーン・アクショニストを代表するオーストリアのアーティスト。1962年よりマテリアル・アクションと銘打った、人間の肉体そのものを素材としたドロドロのオージーかつスカトロジーな作風で話題となる。1972年にはウィリアム・ライヒの心理学から影響されたコミューン、フリードリッヒス・ホーフを設立。AAコミューン（アクション分析コミューン）を提唱し、共有財産制やフリー・セックス、子供の共同養育管理などを実践するも、ミュールによる児童への性的虐待が明るみになり1991年逮捕。コミューンは崩壊した。ミュールは1997年出所後パーキンソン病に侵されつつ美術界に復帰を果たすも2013年ポルトガルのコミューンで死去。享年87歳だった。

※6　ピーター・クリストファーソン　いたいけな少年に対するサディスティックな性的嗜好からスリージー（低俗な）と呼ばれるようになる彼は、ピンク・フロイドなどのアートワークで有名なヒプノシスのアシスタント・ディレクターを務めており、後にセックス・ピストルズのデビュー・プロモ制作にも携わった。

※7　「売春展」　このギグでは観客としてスージー・スー（スージー＆ザ・バンシーズ）など多くの伝説的パンクスが大挙

し、ハイ・カルチャーとしての芸術ファンは皆無状態。しかも展示物はコージーのポルノ写真と使用済タンポンという、国家から公的援助を受けた展覧会としては忌々しき事態として大問題に発展。保守党議員ニコラス・フェアバーンに「文明の破壊者！」と糾弾され、連日タブロイド紙の紙面を飾るなど、同年12月のセックス・ピストルズのTV生中継「ファック発言」に匹敵する騒動となった。

※8　トランスメディア・エクスプレーションズ　デヴィッド・メダラを中心に1967年北ロンドンで形成されていたパフォーマンス・コミュニティー「エクスプローティング・ギャラクシー」から派生したコミューン。参加者は毎晩違うベッドで眠り、着用する衣服も全て共用、食事の時間もあえて不規則なものとし、24時間常に芸術的パフォーマンスを要求されたという。ジェネシスは18歳の時分に自ら志願してこのコミュニティーに参加していた。

※9　アシッド・ファシズムの典型ともみてとれる　ジェネシスによるTG集団心理掌握欲求は恋人だったコージーをクリス（彼もTG加入のために前妻と離婚させられた）に寝取られるという結果を招き、ジェネシスは78年の自殺未遂騒動の後あからさまにTG内で孤立。その寂しさをメイルアート友達だったモンテ・カザッツァに慰めてもらううちにカザッツァの軍事マニアに感化されファシズムに傾倒。移民に対してレイシズム的行動を取るなど一時期は人として最悪な方面（with カザッツァ）へ。生半可な器でグルになろうとすると魔境に陥るのは洋の東西を問わずといったところか。

サマー・オブ・デスとインダストリアル・ペイガン運動

「論題：70年代後期インダストリアル・ミュージックは、真正（オーセンティック）サイケデリア二度目の最盛期である。〜中略〜インダストリアル・ミュージックは多くのものをサイケデリアと共有している。複合メディアの間隔過重によって精神をぶっとばそうという衝動。ほとんど全てのインダストリアル・バンドがカット・アップ映像を背景映写したり、60年代のハプニングやアシッド・テストを思わせる強烈な照明を採用したりしていた。そして音波処理と極端なエフェクトへのオブセッション。サイケデリアもインダストリアルも、どちらもロックの「自然な」録音スタイルを拒絶し、重たい処理とテープ・ループと電子ノイズを支持した。両者の大きな違いは（そしてインダストリアルを単なるリバイバルでなく「真正」サイケデリアにしたものは）、インダストリアルは空にキスする代わりに、宇宙の裂け目を覗き込んだということだった。インダストリアルはさかさまになったサイケデリア、ひとつの長く不快なトリップなのだ」

「われわれは人が宇宙と出会うところへと、入っていかなければならない。タンジェリン・ドリームのようなコズミックという意味じゃない。つまり、頭の内側ってことだ」

ジェネシス・P・オリッジ

以上、『ポスト・パンク・ジェネレーション１９７８－１９８４』（サイモン・レイノルズ著、野中モモ監訳、シンコー・ミュージック、２０１０年刊）より引用・抜粋

１９６７年サンフランシスコのヘイト・アシュベリーでピークを迎えたサイケデリック革命、サマー・オブ・ラブ。そのラブ&ピースな表層の裏側に脈々と流れるカウンター・カルチャーのドープな要素。フリー・セックスとドラッグ、オカルティズムといったディープ・カルトな世界を１９７０年代後半より発生したインダストリアル・サイケデリアは強いリスペクトを込めて継承した。

スロッビング・グリッスルやキャバレー・ヴォルテールといったパイオニアによって開拓された英国インダストリ

アル・ミュージック・シーンは、1980年代に突入するとホワイトハウスやナース・ウィズ・ウーンド、ノクターナル・エミッションズなどといった第二世代に継承され、先鋭化されながらマニアックな熱狂を加速させていく。

熱狂がピークに達した1983年。6月21日（夏至）に北ロンドンのカムデンで開催された英国／欧州初のエクストリームなインダストリアル・ノイズ・フェスティバル The Equinox Event[※1] に代表されるように、当時のインダストリアル・シーンはアンフェタミンやMDMA、LSDをキメた、スクール・カーストからドロップアウトしたティーンたちによる宴であり、また彼らのなかには当時猛威をふるっていたエイズの脅威[※2]に怯えつつ、あえて顕在意識を突き抜け、無意識（死と快楽）の領域に飛び込もうとするゲイ・コミュニティーの住民たちも多く含まれていた[※3]。

1967年のサマー・オブ・ラブに対してのサマー・オブ・デス。まるでウィリアム・S・バロウズの小説「猛者ワイルド・ボーイズ」を彷彿とさせる彼らは、ティモシー・リアリーによるサイケデリック版『チベット死者の書』を片手に、頭髪を剃り上げドラッグとアナル・セックス、TOPYなどのケイオス・マジック運動、そしてインダストリアル・ミュージックに沈殿していった。

そんな混沌のコミュニティーから誕生した代表的グループ、コイルのジョン・バランスが自らを「異教徒」と定義したように、サマー・オブ・デスの住人たちは西洋資本主義体系やキリスト教社会概念へのカウンターとしてのインダストリアル・ペイガニズムとも呼べるトライブを形成。その傾向としては、先のサマー・オブ・ラブからパンク・ムーブメントまで継承される反戦、反核などに代表されるリベラルな政治姿勢とは一線を画すものであり、社会的、文化的、道徳的、宗教的なあらゆるタブーを無効化する運動であった。そしてそのアンチ・タブー運動は60年代のように青空の下、公園に集まってビーインするものではなく、真夜中に穴倉のようなロフトで秘密集会的に実行されるアルカイックなものであった。

インダストリアル・ミュージックの極端さ「のみ」を押し進め、白痴的電子ノイズをバックに淫楽殺人やナチズム、マニアックなポルノグラフィ、そしてヘイトのメッセージを垂れ流し続けたホワイトハウス。誰よりもハードコアなクリスチャンでありながらもアレイスター・クロウリーの魔術体系や異教主義を追求し続けたデヴィッド・チベット率いるカレント93。オリジナル・メンバーの国民戦線加入で物議を呼びつつ、ナチズムや三島由紀夫への傾倒を虚無感たっぷりのフォーク・ソングに乗せて描き出し続けたデス・イン・ジューン。幻覚剤とクラウト・ロックの影響から悪夢的シュールレアリスティックな世界を生み出すナース・ウィズ・ウーンド。ゲイ・カルチャーとオースティン・オスマン・スパーに影響されるオカルティズムをアートコア・ノイズと呼ばれるエレクトリック・ゴシック・サウンドを追求したコイル……など。

これらインダストリアル司祭たちと、その司祭を支えるカルトな信者たちによってインダストリアル・ペイガン運動、およびサマー・オブ・デスは1983年より1985年頃まで英国アンダーグラウンドにおいて隆盛を極めるものの、以降その精神性は徐々に分裂していき四方に拡散。なかでもドラッグ行動主義的部分と、アルカイック・リバイバルな要素は1987年に発生するセカンド・サマー・オブ・ラブ運動にほとんど継承されることとなった。

※1　The Equinox Event　ゲイのヘア・デザイナーでカセット・レーベル運営兼、自らもノイズ・アーティストとして活躍するProduktion（ロス・キャノン&ポール・ハースト）と、当時SPKやホワイトハウスのメンバーとして活躍していたジョン・マーフィーの彼女メアリー・ダウトによる共同主催で開催。ホワイトハウスやラムレー、カレント93前身バンドのドッグス・ブラッド・オーダー、ゾスキア、クランク、クラブ・モラルなど、英国のみならず、欧州各国からアーティストとオーディエンスを集めた歴史的フェス。ちなみに当日コイル（ジョン・バランスとジム・フィータス編成）、ナース・ウィズ・ウーンド、エタン・ドネなども出演予定だったが運営上のトラブルでドタキャンとなったエピソードもあり。

※2　当時猛威をふるっていたエイズの脅威　1981年に米国でエイズが注目されて以降、翌1982年クラウス・ノミが世界初のHIV感染で死亡した有名人となるなど当時のゲイ・コミュニティーにこの未知なる病気が与えた影響は計り知れないものがあった。ゲイ・カルチャーと深くコミッ

トしていたコイルは85年リリースされたシングル「Tainted Love」の売上を全てエイズ基金へ寄付した。

※3　ゲイ・コミュニティーの住民たちも多く含まれていた　このコミュニティーはインダストリアル・ノイズ界隈のみならず、ソフト・セルを筆頭とするエレクトロ・ポップ一派、デレク・ジャーマンやクライヴ・バーカーなど映画関係など多岐に渡った。さらにゲイ・コミュニティーの同時代性ということで当時の米国に目を向けると、そこにはラリー・レヴァンやフランキー・ナックルズ、パトリック・カウリーなどが存在し、彼らもまたエイズの脅威に侵されながらドラッグ行動主義とエレクトリック・ミュージック革命に邁進していた。サマー・オブ・デスを考えるうえでも、この英米のシンクロ具合は色々と考察すべき領域が残されているといえよう。

エソテリック・アンダーグラウンド交差点 エンクレーヴ・エグゼクティヴ

1980年代中盤、英国で隆盛したインダストリアル・ペイガン運動のひとつの象徴として機能していた場所がエンクレーヴ・エグゼクティブである。ロンドンはタフネル・パークに存在したこのフラットはもともとケイオス経由の新世代ルーン・カルト、フレヤ・アスウィンが借りていたものであった。

アスウィンは1949年オランダはザーンダムで生まれる。彼女は4歳の頃には既にスピリチュアル的目覚めを自覚するが、家庭の事情で19歳まで読書を除き正式な教育を受けることはなかった。彼女は自らのシャーマン性を発展させるため地元のスピリチュアル・グループに参加し、星占術、カバラ、セレマ、魔女術などを習得。さらに彼女は西洋オカルティズムをより深く学ぶためにロンドンに移り、ケイオス・マジック結社IOTや、アレックス・サンダース[※1]経由のウィッカ運動と合流。1986年最初の著作『ユグドラジルの葉』執筆作業の傍ら、自らのオカルト・

コミュニティー運動を開する。その舞台となったのがエンクレーヴ・エグゼクティブのフラットであった。

やがてこのフラットにはカレント93のデヴィッド・チベットを筆頭としたロンドン・インダストリアル・ミュージック界隈の連中がたむろするようになり、怪しげなサロンを形成していく。チベットのほかにはダグラス・ピアーズ（デス・イン・ジューン）、ローズ・マクドウォール（元ストロベリー・スウィッチブレイド）、ヒルマー・オーン・ヒルマーソン（元サイキックTV）、スティーブン・ステイプルトン（ナース・ウィズ・ウーンド）、イアン・リード（ファイヤー＋アイスズ）、ジョン・バランス（コイル）、トニー・ウェイクフォード（元デス・イン・ジューン、ソル・インヴィクタス）、パトリック・リーガス（元デス・イン・ジューン、シックスス・コム）といった面々が集い、アスウィンを中心としながらエソテリック・カルチャーを共有していく。

コミューンにも似た共同生活を通してケイオス・マジックとドラッグ行動主義、アート制作が渾然一体となった狂騒の蜜月期間は約1年ほど続いたという。この濃密な時間は以降の彼らの作品や思想、人間関係に大きな影響を及ぼすこととなる。

特にアスウィンのフラットの一室を無理矢理自分の部屋にまでしてしまったデヴィッド・チベットののめり込み方は尋常ではなかった。ある日フラットで大量のドラッグをキメたチベットが屋根に上がると、そのてっぺんで十字架に貼り付けにされた「おもちゃのノディ」[※2]のイメージを受信。この幻影を啓示と受け止めたチベットは大量のノディ・グッズをかたっぱしから買い集めフラットの自室に設置するようになる。この啓示と、同時期に培われたチベットのトラッド・ミュージック趣味が結晶したのがカレント93の1988年大傑作アルバム『Swastikas For Noddy』であり、この作品にはアスウィンもヴォーカルで参加している。

それまでのインダストリアル・ミュージック路線から決別を宣言するような『Swastikas For Noddy』にて伝承としてのフォーク路線を確立したカレント93はまたこの頃よりアレイスター・クロウリー主義から距離を取

りはじめる。これにはアスウィンのノルディック・イデオロギーやルーン伝統回帰、異教主義の影響が大きいと推測されるが、そのアスウィンの思想に影響を及ぼしたのは元サイキックＴＶのヒルマー・オーン・ヒルマーソンであった。

現在アイスランドのペイガン組織、アサトル協会のスポークスマンを務めるヒルマーソンは当時のフラットを訪れた人々のなかでアスウィンが唯一オカルティストとして尊敬していた人物であり、この頃よりＯＴＯとアサトルを繋ぐ存在であった。ヒルマーソンはこの時期オカルト繋がり故か、カレント93やコイルといったインダストリアル第二世代との仕事が目立っている。

エンクレーヴ・エグゼクティブ関連でいちはやくルーン魔術を実践していたのがデス・イン・ジューン（以下ＤＩＪ）のオリジナル・メンバー、トニー・ウエイクフォードだ。彼はＤＩＪ在籍時代よりルーンへの関心を寄せていたが、イギリス国民戦線との個人的な繋がりが問題化[※3]し１９８０年代半ば脱退。その後ドラッグとアルコールに溺れ裏社会の準構成員的生活を送るも、丁度この時期エンクレーヴ・エグゼクティブに出入りするようになり再び自らの新グループ、ソル・インヴィクタスを始動、音楽活動を再開させた。ある意味オカルティズムが彼の更正のきっかけとなったともいえる貴重な例だろう。

またＤＩＪといえばこれまたオリジナル・メンバーだったパトリック・リーガスはシックスス・コムとしてフレヤ・アスウィンとの音楽的合体を果たす。北欧神話とエッダ、そしてゴシックなインダストリアル・サウンドがかもし出す儀式世界は魔術と音楽の関連性を際立たせている。シックスス・コムとアスウィンのこのユニットは「Songs Of Yggdrasil」を筆頭とする作品発表のほか、独ライプツィヒで毎年開催される世界的ゴシック・イベント「ゴシック・トレフェン」にも出演するなどライブ活動も行なっていた。

このような１９８０年代中盤から後半にかけてのエソテリック・アンダーグラウンドの繋がりは１９９０年代に突入すると、彼らのビジネス面を統括していたディストリビュータ－「ワールド・サーペント」の崩壊と、それにともなう人間関係の軋轢[※4]が大きく影響しそれぞれがバラバラの道を歩むこととなる。それでも彼らがこの時代の混沌から提唱したネオペイガニズムや北欧神話といったエソテリック・カルチャーとアートの融合は、1993年EU統合への反発もともなってネオ・フォークやマーシャル・インダストリアル、ブラック・メタルなど不穏なジャンルへと継承されていくこととなる。

※1　アレックス・サンダース（1926‐1988）　1960年代英国オカルト・ブームの立役者にして自称「魔女の王」。ジェラルド・ガードナー以降の代表的魔女宗組織者でありアレキサンドリア派創始者。とかく山師的イメージも強いが、コイルのジョン・バランスが子供時代に弟子入り志願の手紙をサンダースに送ったところ「もちろん大歓迎だよ。ただし君が大人になったらね」と返事を返すなど常識人としての一面も。

※2　おもちゃのノディ　英国児童文学の有名なキャラクター。日本でも「おもちゃの国のノディ」というタイトルで人形劇が放映された。当時チベットはお気に入りのノディ人形を常に持ち歩いては人形の帽子部分をしゃぶってボロボロにしていたヤバいエピソードも有り。

※3　イギリス国民戦線との個人的な繋がりが問題化　トニー・ウェイクフォードはこの時期を振り返り「人生最悪の選択だった」と振り返って後悔している。ただし後悔の理由は国民戦線の連中が「所詮は大英帝国主義にすぎない」からであって、よりいにしえを目指す彼とは志が異なるかららしい。

※4　「ワールド・サーペント」の崩壊と、それにともなう人間関係の軋轢　サマー・オブ・デスなファミリーを形成していた彼らだったが、1980年代後半にスティーヴン・ステイプルトンがアイルランドに移住。この頃より彼らのそれぞれの活動をビジネス的に統括すべきという案が浮上。これを受け、当時ロンドンで営業していたレコード店「ヴィニール・エクスペリエンス」（ここには日本からスーパーナチュラル・オーガニゼーションとヴィニール・ジャパンも買い付けに来ていたとの証言も有り）が新会社「ワールド・サーペント」を1990年に設立。しかしホワイトハウスとNWWの共同作品「150マーダーロス・パッションズ」の再発をめぐるトラブル（当時マスター・テープを持っていたウィリアム・ベネットがスペインのバルセロナで暮らしていたため連絡が取れず、結果NWW

とヴィニール・エクスペリエンス側が勝手に盤おこし&マスタリングした作品が発表された。そのことでホワイトハウスとNWWの関係は悪化する）発生など幸先からつまずきをみせる。それでもワールド・サーペントは運営を継続していくも、運営にあたりセールス的に売上が乏しいデス・イン・ジューンが問題化（彼らはナチス的イメージが原因でドイツなど発売禁止の国もあった）。そんなデス・イン・ジューンに配給話を持ちかけたのがジェノサイド・オーガンが運営するテスコ・オーガニゼーションで、デス・イン・ジューンは既にワールド・サーペントに対し不信感を募らせていたこともあり、契約を無視してテスコ側に自らの作品を大量に流してしまう。これによりワールド・サーペントとデス・イン・ジューンは裁判で争うこととなるが、結果として双方裁判資金が尽きて共倒れとなり、ワールド・サーペントは崩壊、ファミリーもバラバラとなってしまった。

ネオペイガニズムと欧州復古運動

「ネオペイガニズムにおけるトライバルな物語空間を再興していく力動と、リベラル派の掲げる自由・平等・博愛といったモダニズム思想は基本的に相容れないものである」
「その思想が間違っているから危険なのではなく、むしろその思想を否定することが難しいから危険であり、（その危険性は）現代の経済的、文化的グローバリズムに突きつけられている」

磐樹炙弦

ラテン語形容詞であるpaganus（田舎の）を語源とするペイガンの概念は一説には4世紀頃から発生したとされ、キリスト教、ユダヤ教、イスラム教といったアブラハムの一神教側から見た「自分たちの宗教を信じない人々、異教徒」を指す侮蔑語として用いられてきた。そこで断罪されるのは古代ローマ、古代ギリシャなどの（アブラハム一神教側から見た）いにしえの神々への信仰であったが、その宗教的服従主義は欧州におけるザクセン戦争[※1]などにおいて決定付けられ、やがてキリスト教（自然を征服する文明主義、父権主義）vsペイガニズム（大自然崇拝、伝統主義、民族主義）的な対立構図が出来上がっていく。

20世紀に突入するとイタリアではユリウス・エヴォラ[※2]による神秘主義的アーリア至上主義国家建設論がファシズムに、ドイツではゲオルク・ローゼン・ランツが提唱したアリオゾフィ運動[※3]がナチズムに吸収されていったように、ペイガニズムの持つ（大自然崇拝、伝統主義、民族主義）要素は、キリスト教的宗教観のみならず資本主義的価値観からも脅威と映るようになる。

「ヒトラーは、おぞましき物質主義のカリユガの時代に終止符を打つために出現したヴィシュヌ神の化身である」[※4]とはギリシャ系フランス人作家にしてヒンドゥー・ナチズム女司祭サヴィトリ・デヴィ[※5]による言説だが、欧州におけるこれらペイガン運動の多くは世界大戦終結を機に深く地下へと潜った。

一方ナチスとともに壊滅したかと思われた北方異教主義はカール・グスタフ・ユングなどの思想とともに1970年代アメリカ大陸へと輸出され、ニューエイジ運動のなか復興異教主義〜ネオペイガニズムとして復活を果たす。

先進工業国のポストモダニズムの一端として発生したネオペイガニズムは、北方異教主義以外にもその最大派閥と呼ばれるウィッカを筆頭に、ネオドルイドや世界各国の多神教、汎神教などその信仰対象はグローバル化され、かつてのファシズムやナチズム、レイシズムと繋がっていた危険要素はメタ的なものとして処理される。おおむね運動としては穏健なものであった。

しかし1991年ソビエト連邦崩壊、1993年EU統合などによりグローバリズムが世界規模で加速化したことでネオペイガニズム運動も大きな変化を迎える。欧州を中心に移民問題が大きく問題化していくのとシンクロするかのように、運動は剣呑な政治性と再び結びつくようになる。さらにインナー・サークル[※6]を中心としたブラック・メタル・ムーブメントの登場は当時のユース・カルチャーに大きな影響を及ぼした。

「スカンディナヴィア半島からキリスト教を排除しろ」を合言葉に、教会放火や殺人などの犯罪を繰り返してきたムーブメントの過激分子はやがてネオナチ的国家社会主義と結びつきナショナル・ソーシャリスト・ブラックメタル（以下NSBM）化する。彼らにとってキリスト教はユダヤ人の陰謀であり、自分たちアーリア人の超人的世界観を否定するものであるという。やがてNSBMは内部で「キリスト教内部からの反抗運動」であるリタニズム派と「キリスト教外部からの排除運動」であるペイガニズム派に分裂するも、傍から見た印象では歌詞がサタニズムに言及しているか、北欧神話に言及しているかくらいしか判別できない印象だ。

このNSBMに顕著な「反グローバリズムな民族主義としての右派ネオペイガニズム」に対して「フェミニズムやエコロジー的社会主義を目指す左派ネオペイガニズム」ももちろん存在する。[※7] しかしこれら左右路線は明確に分断されたものではないという。西洋魔術研究家の磐樹炙弦氏は語る。

「（ネオペイガニズムにおける）左右路線は完全に分断されたものではなく、文化的ペシミズムや文明批判、物質主義への抵抗、ロマン主義への傾倒……などを根っことして有機的にからみあって存在している」

※1　ザクセン戦争（772-804）　カール大帝率いるフランク王国が領土拡大とキリスト教支配のためゲルマン民族ザクセン人討伐を行なった戦い。ザクセン側は王ヴィドゥキントを中心に伝統的異教主義を守りながらゲリラ戦を展開するも804年にはフランク王国に服従。欧州におけるキリスト教化はこの戦争で決定的となったといわれている。

※2　ユリウス・エヴォラ（1898-1974）　イタリア未来派画家であり、哲学者、政治思想家、神秘主義者。ルネ・ゲノンの伝統主義を過激すぎる論理で推し進め、反近代主義、反民主主義を表明。古代異教主義、神秘主義を追及しファシズムとナチズムに接近（ルネ・ゲノンは反ファシズム、反ナチズム）。敗戦時逮捕されるも、最後まで思想転向を拒否。

戦後もネオファシズムの重鎮としてイタリアの極右や極左に大きな影響を及ぼした。

※3　アリオゾフィ運動　「アーリア（白人種）」と「ゾフィ（叡智）」の合体語。「伝説のアーリア人種とは白色人種のことであり、なかでも最も神に近い存在が金髪、碧眼、長身という身体的特徴を兼ね備えたゲルマン人種である。ゆえにアーリア人たるゲルマン人種はほかの非アーリア系有色人種との交配を避け、純潔を保ち、神への進化を目指すべきである」という人間の神性回復運動。

※4　「ヒトラーは〜」　『ザ・ライトニング・アンド・ザ・サン』（サヴィトリ・デヴィ著、未邦訳、1958年刊）より引用・抜粋

※5　サヴィトリ・デヴィ（1905 - 1982）　ギリシャ系フランス人女性作家。オカルティズムとディープ・エコロジー、ニューエイジ思想、動物愛護運動家、ヒンズー教徒にしてハードコアなネオナチ支持者。ホロコースト否定論者エルンスト・ツンデルや、チリの外交官ミゲル・セラノ、そしてバーズムのヴァルグ・ヴィーカネスから晩年の太田竜などに強い影響を与える。

※6　インナーサークル　1990年代初頭ノルウェー・ブラックメタル・シーンにてメイヘムのユーロニモスを中心に構成された秘密結社。そもそもはユーロニモスの運営するレコード店「ヘルヴェテ」にたむろするキッズがヴェノムなどを聴きながら酒を飲むほのぼのとした集まりに過ぎなかったものが、1992年ヴァルグ・ヴィーカネスが地元の有名な礼拝堂を放火・全焼させたことをきっかけに「誰が一番デカい事件を起こすか」現象が発生。放火、殺人とエスカレートさせた挙句、1993年ヴァルグによるユーロニモス刺殺事件などにより解体した。

※7　左派ネオペイガニズム　ユリウス・エヴォラはペイガニズムにおける右派ｏｒ左派を北ｏｒ南として区別。北ペイガンを「貴族的、戦士的」として賞賛する一方、南ペイガンを「民衆的、女性的、母性的」として堕落とみなしていた。

新魔女運動とフェミニズム・アクティビティ

米国クリーブランドのラジオDJアラン・フリードが新番組「ムーンドッグズ・ロックンロール・パーティー」をスタートし、世界初のロックンロール専門放送が誕生した1951年、海を渡った英国では虚偽霊媒行為取締法、いわゆるアンチ・ウィッチクラフト法が廃止され魔女としての活動が法律上認められるようになる。

ロックンロールと同時代の新魔女運動を真っ先に牽引したのはジェラルド・ガードナー[※1]だった。若い時分に南アジア、東南アジアでのプランテーション経営や税関役人勤務で財を成したガードナーは引退後、本格的にオカルティストへの道を歩みだし、やがて「新魔女運動の父」とまで呼ばれるようになった。

ガードナーの魔女理論はかつてマーガレット・マレー[※2]による著書で描かれた世界を土台としながら、1946年晩年のアレイスター・クロウリーの協力のもと魔女理論のニューウェイブ化を図ったものであった。

それまでのオールドウェイブなウィッチクラフト（魔女宗）、ウイッチ（魔女）のおどろおどろしい中世イメージから脱却を図るべく、ガードナーはウィッチから「ウィッカ」に、また魔女術もフリーメイソン風に「クラフト（術）」と言い換えた。この新しい魔女理論は1954年出版されたガードナー著『今日の魔女』の大ヒットにより広く世に普及するが、ヒットの影にはガードナーに執筆協力した大魔女ドリーン・ヴァリアンテ[※3]による女性的まなざしの強化（もともとはクロウリー的男性原理主義要素が強かったが、ヴァリアンテによって薄められた）があったことは忘れてはならない。

ともあれ『今日の魔女』は魔女のパブリックイメージのポップ化をうながした。ガードナーの宗派はガードナー派と呼ばれるようになり、ガードナー派を中心とした魔女宗は伝統派を名乗るようになる。

しかしガードナーが伝統派を名乗り、ガードナー派として世間から認知されるようになると、その反動として「ガードナーよりも自分たちの方が由緒正しい魔女だ」「自分たちの方が魔女として歴史がある」という古典派、ウィッチ派が複数名乗りをあげるようになる。

彼らはこう主張する「（ガードナーの）ウィッカは従来のウィッチクラフト（魔女術）とは無縁である」と。とはいえ何が「正しい魔女」なのか？　例えば「ウィッカは儀式の際に全裸が基本だが、ウィッチではそれはあり得ない」など異なる点は存在するものの、あくまで形而上学的な領域の話なので答えは出ないのが実情だ。

そんなウィッカ論争の一方、1960年代に突入するとガードナー派レイモンド・バックランド[※4]の渡米を皮切りに新魔女運動のアメリカ進出が始まる。アメリカに渡った新魔女運動は、移民大国であるかの地の多文化混合エッセンスを吸収。かつて黒人音楽と白人音楽のミクスチャーによってロックンロールという文化革命が誕生したように、ハワイのフナやハイチのブードゥー、欧州の妖精信仰、カバラ、タントラ、グノーシス主義などとミクスチャーされた新魔女運動はビクター・アンダーソン[※5]の手によりフェリ・トラディションと呼ばれるネオペイガン・ウィッチクラフト運動を西海岸カウンター・カルチャー内に誕生させる。フェリ派はこれまでのウィッチクラフトの枠を大きくはみ出し、やがて政治運動にもコミットしていくようになる。

そして時代的シンクロニシティなのだろうか、新魔女運動と政治運動の関わりを象徴する運動が今度は1968年ニューヨークで発生する。ラディカル・フェミニズム運動W.I.T.C.H. の発生である。

キング・ジェームズ版聖書のサミュエル記による「反逆は魔法（Witchcraft）の罪である」から引用されたW.I.T.C.H. という言葉付けを用いることによって、この運動体は父権的価値観での「〇〇であってはならない」価値観にノーを突きつける。

例：Women's International Terrorist Conspiracy from Hell（地獄からの女性国際テロリスト陰謀団）、Women Inspired To Commit Herstory（彼女の話にコミットするよう促す）など

W.I.T.C.H. は当時フルクサスで活動していた小野洋子などの支持を受けながら、キリスト教における「歳を取った女性＝醜い老女Crone」に対する（死や破滅のイメージさせる）マイナス感を反転させ、ウィッチという言葉の持つ「悪い魔女」的なイメージをあえてアイデンティティとして用いることで女性の原初のパワーを取り戻そうとした。この「意味を反転させる」作業こそがフェミニスト・スピリチュアリティの重要ポイントであるという。

そしてこのW.I.T.C.H. は英国から発生した伝統的ウィッチクラフトやウィッカとは全く別のベクトルから魔女というものをとらえなおした点も評価される。W.I.T.C.H. は1969年には活動停止するが、カトリック神学者メアリー・デイリー[※6]のフェミニズム神学のみならず、前述のフェリ派であるスザナ・ブタペストやサラ・カニンガム[※7]といったフェミニスト魔女へも多大なる影響を及ぼすこととなった。さらに彼女たちアクティヴィストらは父権制の象徴としてのキリスト教へのカウンターとして女神信仰を復興させる。

そしてこのようなW.I.T.C.H.、フェリ派、女神信仰の流れから登場したのがスターホークという存在である。スターホークは1951年、本名ミリアム・シーモスとしてミネソタのユダヤ教徒の家に生まれるも少女時代早々に家出。ニューヨークで掃除婦をしながらの居候生活中に夢でメッセージを受け取る。「大空を翔る鷹が舞い降りて老女に変身する。私はこの老女に守られている」「誰かが西海岸に帰るよういっている……」。このメッセージを受け彼女は自らをスターホークと改名。タロットの「星」と夢で見た「ホーク」に由来する深層自己に従ったものだという。

ロサンゼルスに移り、カルフォルニア大学に入学（1973年卒業）しつつ前述のサラ・カニンガム、スザナ・ブダペストから魔術を学ぶ。しかしブダペストらのカヴンが男性禁止だったのに対し、スターホークは性別を超えた（同性愛者含む）広く共感する人々と連携。環境問題から政治問題までも含めたわれわれの生活全体にかかわるものとして魔術を捉え、活動の中心にしていく。

1981年オレゴンでの米軍基地反対のポリティカル・アクションで初めて公権力に逮捕されて以来、毎年のように逮捕されるようになる。WTO（世界貿易機関）に反対したシアトルのデモや、大企業の水の独占に反対するデモにおいてダンスを踊り、タロットカードを読み、水を呼び求める儀式を行なう。こうしたダイレクト・アクションによる政治的活動も、日々の自然のなかに生きる術も、スターホークにとっては全て魔女の活動なのである。

スターホークは自らのウィッチクラフト理論を次のように解説する。「女神信仰は想像を絶するほどの古い歴史を持っている。しかし、現代のウィッチクラフトは過去の再興にとどまらず、女性たちからウィッチクラフト活動に力を入れ、積極的に女神を呼び起こそうとすることによって、まさにルネッサンス、新生、再創生を経験している。これは女性の力の正当性と恩恵を体現する女神の復活である。世界を支配しない、全ての生命に対する愛こそがウィッチクラフトの基本論理である」と。

1980年スターホークはフェミニストのための精神性とカウンセリングのセンターとしてリクライミングというコミュニティーをサンフランシスコに創設する。「取り戻す＝リクライミング」の名の通り、女性が受けた暴力による精神的な痛みを、女神信仰や新魔女運動により「癒やす」ことが目的とされた。この「癒やし」を求道する姿勢は1960年代カウンター・カルチャーが1970年代に入りニューエイジ運動へと転化していった時代の流れと無関係ではないだろう。

しかしニューエイジ運動が1987年「ハーモニックコンバージェンス」を境に脱政治運動化、商業化していった流れとは異なり、パーマカルチャー実践などスターホークの政治活動家としてのアクションは「癒やし」と同等に継続されていく。1970年代中盤以降フェミニズム魔女運動は政治運動としてのフェミニズム・アートと、閉鎖的な信仰集団としての新魔女運動、女神運動が分離してしまった現在においてスターホークの存在は異端（ペイガン）であり続けている。

※1　ジェラルド・ガードナー（1884‐1964）　新魔女運動の父。リヴァプールで生まれ、幼少より欧州を転々とし、青年期には南アジアや東南アジアでプランテーション経営や税関職員として財を成す傍ら、現地の土着宗教や呪術の研究に没頭。退職後英国に戻ったガードナーはニューフォレストで女性参加可のフリーメイソン組織コ・メーソン系グループであるクロトナ同胞団（初代リーダーはアニー・ベサント）に加入。ガードナーはクロトナ同胞団の内部秘密組織でイニシエーションを受け魔術師となったという。1946年にはアレイスター・クロウリーと出会いOTOに入信。クロウリーの協力を得てウィッチクラフト（魔女術）の基礎を構築。1951年英国で魔女法が廃止された後の1954年、ウィッチクラフトの理論書『今日の魔女』を出版。これが魔女ブームに火をつけることとなる。

※2　マーガレット・マレー（1863‐1963）　現代魔女運動の雛形を作った人物。元ロンドン大学助教授、エジプト考古学が専門だが、民俗学にのめりこみ1921年『西洋における魔女崇拝』を出版。魔女の起源を前キリスト教的なディアナ信仰であると宣言。その後1931年には『魔女の神』、1954年『イングランドの神聖王』を出版。魔女三部作と呼ばれたマレーの著作はマレー自身による想像、客観性の乏しいファンタジー要素が大きく、アカデミズム的には価値のないものだった。しかしマレーが描いた魔女の儀式やカヴンの様子の描写はそのまま後世の魔女運動に受け継がれることとなった。

※3　ドリーン・ヴァリアンテ（1922‐1999）　現代ウィッチクラフトの母と呼ばれる英国大魔女にして詩人。1953年初期ガードナー派の女司祭となるも、ガードナーがこだわったクロウリー的魔術感に反発。1957年にはガードナーと袂を分かつ。しかし彼女の存在がなければガードナーの著書『今日の魔女』の成功はなく、新魔女運動の発展もなかった。

※4　レイモンド・バックランド（1934‐）　ロンドン出身のウィッカン。1960年ガードナーと出会いガードナー派のイニシエーションを受ける。1962年には米国に移住し、ガードナー派魔女術を布教。しかし1972年にはガードナーから離脱し、サクソン族の民間信仰をミクスチャーしたシークス・ウィッカを設立。現在はサンディエゴで隠遁生活を送っているという。

※5　ビクター・アンダーソン（1917‐2001）　ニューメキシコ州クレイトンにて労働者階級の息子として生まれるも、幼少期より視覚障害となる。その関係でメキシコやハ

ワイ、ハイチなどの民間信仰に関わるようになり、やがてアフリカ人女性よりイニシエーションを受けたとされる。1960年代カリフォルニアでペイガン運動の一派としてフェリ・トラディションを創設。アレキサンドリア派のウィッチクラフトとハワイのフナなど各国のペイガンをミクスチャーさせた運動はフェリ派と呼ばれるようになる。

※6　メアリー・デイリー（1928 - 2010）　米国カトリック神学者。カトリック保守の牙城であったボストン大学在任中の1968年、著書『教会と第二の性』を出版。カトリックの父権主義を非難し大問題になる。その後もフェミニズム神学を追求するも1999年には同校を事実上解雇。しかしその後も活動を継続しフェミニズム・スピリチュアリティに多大なる影響を及ぼした。

※7　スザナ・ブタペストやサラ・カニンガム　スザナ・ブタペストはハンガリー出身の米国魔女であり活動家、作家。女神ディアナを崇拝する女性のみの団体ダイアニック・ウイッカ創始者。サラ・カニンガムはフェリ派のゲイ魔女。

column アメリカンコミックスと現代魔術

永田希

ノーベル文学賞を受けた詩人として知られるウィリアム・バトラー・イェイツは、魔術結社「黄金の夜明け団（Hermetic Order of the Golden Dawn、以下「G.D.」）」のメンバーでもありました。「G.D.」には、かの「20世紀最大の魔術師」アレイスター・クロウリーも在席しており、この名称を目にしたことのある読者も多いでしょう。

この「G.D.」の創設者のひとりマグレガー・メイザースの妻モイナ（ミナ）の兄アンリ・ベルクソンは20世紀フランスを代表する哲学者であり、やはりノーベル文学賞を受賞しています。アンリは、1910年代にイギリスの心霊現象研究会（The Society for Psychical Research、SPR）の会長にも就任しています。もっとも、やノーベル文学賞とオカルト」というテーマの文章がいかに続くかというと、そんなことはありません。

アメリカ大陸に目を移してみれば、映画「ホーリーマウンテン」や「リアリティのダンス」の監督アレハンドロ・ホドロフスキーは、タロット研究家でもあり「サイコマジック」を提唱しています。

文学、哲学、映画。ジャンルはそれぞれ異なっていても、イェイツ、ベルクソン、ホドロフスキーが、人間の生きる世界やその世界に存在する諸々の事物について深く考えていたことは間違いありません。現代では物笑いの種にされることの多い「魔術」についても、彼らは真剣に取り組んだのでした。

「ウォッチメン」「フロム・ヘル」で知られるアラン・ムーアもまた、アレイスター・クロウリーやその師であるジェラルド・ガードナーの影響を公言している人物です。ムーアは「自分の作劇の原点は詩作にあり、言葉の可能性の追求が自分の目標である」と語っており、遠い先達にあたるイェイツとの詩的な連続性をその作品から読みとれます。きわめて魔術的な作品である「プロメテア」には、ムーアの魔術師としての豊富な知識が詰め込まれています。

1980年代以降、アメコミのメインストリームから衝撃作を連発してきたムーアの影響は後続の多くのクリエイターに及びます。イェイツと同じスコットランド出身のグラント・モリソンは、ポスト・ムーア世代で最も成功したコミックライター／原作者です。しかしグラントは、ニューエイジ的な色合いの強い自伝的アメコミ史「スーパーゴッズ」のなかで、ムーアのことをこきおろしています。

グラントの代表作「バットマン アーカムアサイラム」がヒットし、そのゲーム版は「コミック原作のゲーム」としてはギネスブックに載るほどの成功を収めています。グラントとムーアそれぞれの作品を読み比べれば、残念ながらモリソンのストーリーテラーとしての力量は、ムーアの足元に及ばないことは誰の目にも明らかなのですが（これは筆者の私見に過ぎないかもしれませんが）、ムーアとグラントとの対立は「魔術の流派の世代的な対立」として見ることができます。……たとえその「対立」がグラントからムーアへの一方的な敵視に過ぎないとしても。

先述のとおりムーアは、近代魔女宗（ウィッチクラフト、ウィッカ）の確立者といわれるガードナーの流れを汲んでいます。つまりムーアは、ある意味で正統派に属する人物だといえます。これに対し、モリソンのほうは「スーパーゴッズ」でほのめかされていることを真に受けるならば、より現代的な「ケイオス・マジック」と呼ばれる流派に近い立場をとっています。ムーアが陰鬱で陰謀論的な世界観を持つのに対し、モリソンは偽悪的ではありながらポップで軽薄な世界観を描く作家であり、作風の対比に両者の魔術的な立場のコントラストを重ねることも、ひとまずは無理のあることではありません。

もっとも、両者（特にムーア）はそれぞれに作風の幅が大きく、そこから読み取れる魔術的立場は、本当は今、仮初に提示した単純な新旧の世代に回収できるものではありません。しかし、仮に作業的な構図としてムーアとグラントの間に魔術的な世代の対立を設定して見るならば、そこからはみ出す諸要素が魔術や視覚表現、物語表現、アメコミというジャンルについて示唆を与えてくれるのではないでしょうか。ではその方法でここに示唆を抽出して見せろ、という話になるかもしれませんが、それはそれだけでゆうに一冊の論文をものすに等しい仕事になるでしょう。今回はその可能性を提示するだけとし、機会を待ちたいと思います。

なお冒頭にその名前を挙げたホドロフスキーは、フレンチコミック（バンドデシネ、BD）の大家メビウスらと組んでいくつも作品を発表しています。ムーア、グラント、ホドロフスキーらによる環大西洋の魔術的コミック表現の時空が存在しているのです。

column 赤のカウンター・カルチャー、ナツボル

「君は若い。このろくでもない国で暮らしたくない。ありきたりの兵隊にも、警官ばかりを気にする間抜けにも、チェキストにもなりたくない。君には反抗心がある。君のヒーローはジム・モリソン、レーニン、三島、バーダーだ。ならばほら、君はもう、ナツボルだ」

『リモノフ』(エマニュエル・キャレール著、土屋良二訳、中央公論新社、2016年刊)より

欧米にセカンド・サマー・オブ・ラブが旋風を巻き起こしていた1980年代後半、ソ連ではミハイル・ゴルバチョフ指導のもと1986年より推し進められたペレストロイカ政策が完全にコントロールを失い、加速しまくった挙句1991年アシッド・ソーシャリズムと化した連邦体制は完全に崩壊する。

そんな東側のサマー・オブ・デス期に、ロシアのカウンター・カルチャーのリアルを体現していたのが1993年モスクワで創立された政治結社、国家ボリシェヴィキ党＝ナツボルの存在だった。

ウクライナ出身ながら1970年代旧ソ連からの亡命先ニューヨークでホモセックス、ヘロインやラモーンズなどのパンクロックに明け暮れていた反体制作家エドワルド・リモノフ。そしてソ連時代禁書であったルネ・ゲノンやユリウス・エヴォラといった神秘主義伝統主義にドップリつかっていたファシスト思想家にして現在プーチンのブレインとも噂されるアレクサンドル・ドゥーギン。この稀代の反逆者2人が共闘することで誕生したナツボルにはロシア中からありとあらゆる反乱分子が集うこととなる。

ナツボルにはロシア・ポスト・パンク界スター、グラジュダンスカヤ・アバローナのイゴール・レートフや現ロシア版「ヴォーグ」編集長アンドレア・カラゴジンなど著名人を筆頭に、若きインテリ・ファシストや反ユダヤのロシア正教聖職者、そしてロシア中のスクール・カーストからドロップアウトしたルーザーである若者たちが多数集結し

結社を構成していた。

そんなナツボルの集会所となったのがモスクワの地下室、バンカー（掩体壕）と呼ばれる空間だ。アンディ・ウォーホルのファクトリーとファシスト集会所が混然一体となったこの空間にはレーニン、ファントマ、ブルース・リー、ヴェルヴェット・アンダーグラウンド&ニコ、そして赤軍将校の恰好をしたリモノフのポスターが貼られ、党員たちはそこでビールと煙草とシェパード犬の混じり合った臭いに包まれながら身体を鍛えたり、前衛パフォーマンスに興じたり、機関誌「リモンカ」を制作したりしながら生活していたという。

しかし生粋の反乱分子であるリモノフと、ロシア政権に食い込むことを目的としたドゥーギンの溝が深まっていくにつれナツボル内でもドロップアウト組とインテリ組が対立、1997年にはドゥーギンがインテリ組を引きつれナツボルを離脱することとなる。

以後ドゥーギンは著書『地政学の基礎』を発表し、米国のシーパワーに対抗するにはユーラシアのランドパワーが必要であり、ロシアはドイツ、日本、イランと連合すべき……などの論を唱えた新ユーラシア主義を主張。プーチン政権のみならず、欧州右翼政党に多大なる影響を及ぼすようになる。

一方、リモノフは2000年ラトビア共和国教会爆破計画未遂事件を筆頭とする、クーデター計画、武器密輸容疑など幾度かの逮捕、拘禁をくり返しながらもナツボル党指導者として反プーチン運動を展開。共産主義によるロシア人を中核としたユーラシア統一国家樹立を主張し続けている。

FIRE + ICE / Fracture Man (Fremdheit) 2012

噂ではＩＯＴ英国支部長の座も勤めるイアン・リード。もともとはカレント93や元デス・イン・ジューンのトニー・ウェイクフォードによるソル・インヴィクタスなどに参加後、現在メインで活動しているのがこのネオ・フォーク・ユニット。北欧神話の「火宇宙」と「氷宇宙」をその名に掲げ、いにしえの欧州に想いをはせるような世界を展開。ネオ・フォーク大先輩のデス・イン・ジューンが哀愁メロでも虚無感たっぷりなのに比較し、イアン・リードの唄はエモい！ イアン本人のレーベルからリリースされたこの2012年作、とにかく冒頭を飾るアルバム・タイトル曲がニコの「デザートショア」ばりのハルモニウム・ナンバーで泣けるほどに素晴らしい。余談だがルーン文字で「火：ケン」「氷：イス」を組み合わせたバインドルーンの形は漢字の「水」と同じになるのは魔術的共振作用なのか？ イアン本人に問い合わせてみたいところである。

WILLIAM BREEZE: X-TG / Desertshore: The Final Report (Industrial Records) 2012

1955年パリに生まれながらも若くして渡米したウィリアム・ブリーズ。ティーン時代はヴェルヴェット・アンダーグラウンドの初代パーカッション奏者アンガス・マクリスとツルんだり、リチャード・ヘルのバンド・オーディションに落とされたりしつつハーバード大学に就学するが、1971年よりアレイスター・クロウリーでお馴染みＯＴＯに加入。クロウリーの書籍を復刻、ヒットさせるなど辣腕を発揮。そして当然のようにサイキックＴＶ一派とも交流を深め、ＰＴＶやカレント93（余談だがデヴィッド・チベットがケネス・アンガーと親交を持つようになったのはブリーズの仲介によるものだという）、コイルなどの作品に

電気ヴィオラやギター、エレクトロニクスなどで参加している。現在はOTOの高位を務め、音楽活動からは遠ざかっているが、魔術と音楽の世界を繋ぐ人物として重要すぎる存在だ。本作はそんなブリーズがボーカルで参加したX-TGによるニコのカバー作品。本作を企画しながらも途中で亡くなったスリージーへの哀悼歌が染みる。

COUM TRANSMISSIONS / Sugarmorphoses（Dais Records）2011

1969年旅行中のジェネシス・P・オリッジは突然幻視体験に遭遇、その際に「COUM」という啓示を受信したのをきっかけに、同年12月よりハル大学周辺でアヴァンギャルド集団クーム・トランスミッションを結成した……とはジェネPの自説だったが、実際のトコは1967～1968年に英国カウンター・カルチャーを牽引したロンドンのジ・エクスプローティング・ギャラクシーのコンセプトを丸パクリしたものだった（ジェネPはジ・エクスプローティングの枝団体トランスメディア・エクスプロージョンズにティーン時代参加していた）。一事が万事ジェネPはこんな風に自分の都合よく話を盛るのが困りものなのだが、それでも60'sカウンター・カルチャーに関する彼の想いだけはクームのみならずTG、PTV、TOPYを経た現在も一貫している！「俺たち実験的なアートやってるぜ！」感満載のクームによる物音空間は初々しくすらあるが、ところどころTG的フレーズも垣間見え、ジェネPの原点を確認できる内容となっている。

PSYCHIC TV / Forth The Hands Of Chance（Some Bizzare）1982

「スロッビング・グリッスルは報告者であったがサイキックTVはその先をいく」の宣言

も勇ましいPTVのデビュー・アルバム。PTVでの音楽活動に先駆けて始動したケイオス・マジック秘密結社シー・テンプル・オヴ・サイキック・ユースのサウンドトラックとでも呼ぶべき内容で、冒頭の「Just Drifting」におけるアコギ爪弾き&ストリング・オーケストラによる泣き泣きのバラードなど当時、渋谷陽一のラジオ番組で「あのTGがこんな美しい曲を???」とビックリしながら紹介していたほどの衝撃を与えたものだった。元オルタナティヴTVのアレックス・ファーガーソンによるサウンド・クリエイトに支えられた内容で、このままメジャー街道を突っ走るのか?と高校生だった僕などは本気で思っていた（甘かった）。オリジナル2LPではDisc2が「PTVのテーマ」としてTOPYによる映像作品「ファースト・トランスミッション」サントラを収録。こちらはモロにリチュアル実践用の内容でチベットの人骨楽器などが使用されていたのが懐かしい。

PSYCHIC TV / Dreams Less Sweet（Some Bizarre）1983

1stのWEAに続き、新たにCBSとの配給契約をゲットした2ndアルバム。制作費用として3万5千ポンド（約1300万円）をCBSからせしめたPTVは費用のほとんどを立体音響装置「ホロフォニック・システム」リース費用にブチ込む。アルゼンチン神経生理学者ヒューゴ・ズッカレリが発明したこのシステム、後にピンク・フロイドやマイケル・ジャクソンもレンタルすることとなるが、アルバムを通して丸ごと使用されたのはこれが世界初！ ヘッドフォンで体験するとそのグルグル回る音響魔術に鳥肌が立つ。しかし音響効果にのめり込みすぎたのか？ 1stで展界されたポップ・ミュージックへの接近は全く影をひそめ、リチュアル室内楽とでも形容すべきアブストラクトな内容に終

始。しかも制作費が3万7千ポンドとオーバーしてしまいCBSはもちろん、制作レーベル Some Bizarre との関係も悪化。かくしてPTVメジャー進出への野望は閉ざされることとなった。

PSYCHIC TV / Those Who Do Not (Gramm) 1984

無数に存在するサイキックTVライブ盤のなかでも一番初めに発表された1984年アイスランドでのパフォーマンス音源にしてPTVの3rdアルバム。ジェネP、アレックス・ファーガーソンのほかジョン・ゴズリング（ゾスキア）や、ビョークが在籍したアイスランド・ポスト・パンク・グループ、K.U.K.L. のメンバー、そして現在アイスランドのアサトル教会高位聖職者にして映画音楽巨匠ヒルマン・オウルン・ヒルマルソンらが参加。全体的にアブストラクトな演奏が続くがヒルマルソンによるサウンド・プロデュース能力が冴えまくっていて全くダレないのが凄い。そしてヒルマルソンというマジもんのオカルティスト（ヒルマルソンは80年代英国OTOとアサトルを繋いだ男として知られる）を身内に置きながらも、彼の北欧異教思想に全く感化されないジェネPの唯我独尊っぷりにも驚かされる。

PSYCHIC TV / Pagan Day (Temple Records) 1984

1984年のクリスマスに限定999枚でリリースされた作品。キリストの降誕日をして「異教の日」とブチあげたガッツあふれるその内容は、前年巨額の製作資金をゲットしたバンドとはとても思えない 4ch MTR 製作！ それもジェネPとアレックス・ファーガ

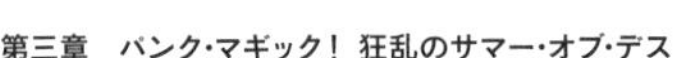

ーソンの2名だけによる宅録感満点の内容に本当ビックリ！　しかし内容は良い！！　しょぼいドンカマがチャカポコ鳴るなか、中期ヴェルヴェット・アンダーグラウンドを彷彿とさせるファーガーソンのアーシーなギターと、ジェネPのけだるいボーカルが織り成すフォーキーさは隠れた名盤と呼んで然るべき。「TGはヴェルヴェッツみたいなカルトな存在にしたかった」というジェネPの言葉は本気だったのだと納得。1986年の再発の際にはローリング・ストーンズの「アズ・ティアーズ・ゴー・バイ」のカバーも（バレないように曲名変えて）収録。ジェネPの60'sカウンター・カルチャー愛が確認できる一枚。

PSYCHIC TV / N.Y. Scum（Temple Records）1984

バロウズを筆頭に陰謀論者が必ず取り上げる「23」の謎にちなんでPTVが毎月23日にライブ・アルバムを合計23枚リリースするという企画 History Series の第一弾作品。1983年NYでのパフォーマンスを収録したもので、ジェネP、ポーラ、アレックス・ファーガーソン、ゾスキア、コイルの面々が参加。初期PTVのケイオスっぷりをいかんなく発揮している。当時20歳だったモーリー・ロバートソンもこの現場に立会い衝撃を受け、オカルトにハマったという心温まるエピソードも納得するしかない。そんな不穏な熱量はやはりこの時期ならではだろう。ときおり爪弾かれるヴェルヴェット・アンダーグラウンド「サンデー・モーニング」のカバーも泣かせる。しかしさすがに毎月ライブ・アルバムを出されても……とついていけるファンは限られていたようで、この企画は16枚リリースしたトコで頓挫。それでも「1年間に最も多くレコード・リリースしました部門」にてギネス認定された。

PSYCHIC TV / Live At Final Wars (Trans Records) 1986

1986年トランスレコードの招聘で初来日を果たしたときのPTVライブ音源。今は無き中野公会堂1／15から1／18まで4日間借り切っての連続公演と現在では考えられないスケジュール、しかも共演がギズム、ガスタンク、ソドム、ハナタラシ、あぶらだこ、YBO2、非常階段、ツァイトリッヒ・ゲルベルターという豪華さ（ハナタラシは例の事件で中止になったが）！　さてこの時期のPTVは完全ロックバンド編成でひたすらポップだが、この日本盤ライナーノーツでは「いかにしてハイパー社会を闘うゲリラとなるか」をお題にジェネPが浅田彰、細川周平と三者対談を行なうなど、まあ当時はそういうアカデミックな方面から支持されていたことがわかる一枚。ちなみにTemple Recordsからも『Live In Tokyo』というタイトルでこの時の音源がリリースされているが、このトランス盤とはミックスや内容が異なる。余談だがこの時期のベース担当マウスは後にケイオス・マジック結社IOT重要人物イアン・リード率いるファイヤー＋アイスのメンバーとなる。

PSYCHIC TV / Godstar Thee Director's Cut (Temple Records) 2004

「最初にスターがいて、次にスーパースターという概念をウォーホルが提示した。そしてマス・メディアがそれをメガ・スターへと移行させた。そうなったら最後に来るのはゴッド・スターでなくてはならない。しかしゴッド・スターになる資格は死者でなくてはならないんだ」。コンピューター時代のサイケデリック・ルネッサンス「ハイパー・デリック」宣言をブチあげ「Godstar」や、マンソンのシャロンテート殺人事件をモチーフとし

た「Roman.P」など1984年シングルを中心に故ブライアン・ジョーンズをゴッド・スターに祭り上げた1986年映画のサントラ作品。しかし肝心の映画自体は当時のPTVマネージャーが運営資金を持ってトンズラしたとかで頓挫。果たしてどんな映像作品ができるハズだったのか気になるところだが、音の方はジェネPの60'sカウンター・カルチャー愛が爆発しまくった極彩色世界。隠しトラックとしてブライアンとジミヘンのセッション音源も収録。

PSYCHIC TV / Tune In（Turn On The Acid House）（DC Records）1988

セカンド・サマー・オブ・ラブ旋風吹き荒れる1987年。PTVツアー先のシカゴでアシッド・ハウスに出会ったジェネPと（当時の）妻ポーラは速攻でアシッド・ハウスに開眼！「いやいや、ちょっとそれ俺らにもやらせてよ！」と当地のラジオ局にて初トライし「インダストリアル・ミュージックの限界点はハウスで突破できる！」と確信。連続するビートさえあれば世界中の全てのサウンドが音楽になる……これってシュトックハウゼンやケージ・レベルの革命じゃん！とシェフィールに戻り2日で制作したシングル。タイトルからモロなように従来のアシッド・ハウスに60'sカウンター・カルチャー精神をブチ込んだこのシングルはアンダーグラウンドなダンス・チャートで快進撃を遂げた。これに気を良くしたジェネPは以降「アシッド・ハウスは自分が発明した」とフカしまくるのは困りものだが「我々はA∴A∴（銀の星）の知性とDJが必要なのだ」発言は本気でカッコ良いのでいつかパクりたいと思っている。

PSYCHIC TV / Allegory And Self-Illustrations In Sound (Temple Records) 1988

TOPYやIOTなどケイオス・マジック運動においてアレイスター・クロウリー以上に重要存在だった神秘家&画家オースティン・オスマン・スパー。あのアドルフ・ヒトラーからも自画像作成のオファーがきた（そして断った）伝説的人物の絵画作品をジャケット・アートに持ち込んだ1988年作品。内容は「Godstar」を筆頭とするハイパー・デリック期の音源を集めたものだが、1987年セカンド・サマー・オブ・ラブ期にレイブ・カルチャーと実践魔術の融合に着目したのはさすがとしかいいようがない。ジェネPの「我々はA∴A∴（銀の星）の知性とDJが必要なのだ」発言を裏付けるようなスパーへのリスペクト（スパーはA∴A∴のメンバーだった）溢れるブックレットを含めたアートワークはオカルト・マニアでなくともオリジナルで所有したくなる。故に米Cleopatraからジャケット変更で再発されたときは本気でガッカリしたのも良い思い出。

PSYCHIC TV / Hell Is Invisible…… Heaven Is Here (Sweet Nothing) 2007

1996年PTV活動停止、1999年英国追放解除、2005年パンドロジェニー・プロジェクト（新妻レディ・ジェイと同じ身体になる全身整形）、そして2007年TG再結成という怒涛の時期を経て制作されたPTV12年ぶりのスタジオ作品。「21世紀のピンク・フロイド」宣言も勇ましい、バットホール・サーファーズやヤー・ヤー・ヤーズのメンバーも参加した直球勝負のロック作品に驚かされる。復活PTVにかけるジェネPの意気込みたるやハンパなく、当時企画されていたTGのツアーを勝手にキャンセル（これにより莫大な違約金を払うこととなるTG他メンバーとの関係は修復不能に陥る）し、PTV大規模ツアーをブチあげる。しかし集客不振によるツアー頓挫に加え、レディ・ジェイの急死という天中殺としか思えない事態に陥るのは何の因果か……。それでも孤軍奮闘でパンドロジェニー・プロジェクトを継続させるジェネPの生き様はカウンター・カルチャーの申し子というしかない。

ALAURA / Sacred Dreams (Silent) 1995

ジェネシス・P・オリッジの最初の妻であり初期サイキックTVの重要メンバーだったポーラ・P・オリッジ。二度に渡るPTV日本公演でもその活躍は多くの日本のファンに確認されているが、ジェネPの英国追放時期の1990年代初頭に離婚。彼女はそのまま米国西海岸に住み着き、アラウラ名義でソロ・アンビエント・アーティストに転向。サンフランシスコ・アンビエント名門「サイレン」より発表した作品が本作である。PTV時代をイメージし思わずドラッギーなチルアウト世界を予想するも、実際は透明感あふれるシンセサイザー空間とポエトリー・リーディングによって構成されたニューエイジ・サウンドを展開していてビックリさせられる。さらに彼女は1996年には女神運動とフェミニズム運動に特化した旅行会社Sacred Journeys For Womenを英国にて設立。女性限定での教育やセラピーなどのツアーを提供しているという。

23 SKIDOO / The Culling Is Coming (Operation Twilight) 1983

ウィリアム・S・バロウズやロバート・アントン・ウィルソンでお馴染み「23陰謀論」をまんまグループ名に1979年結成された23スキドー。そもそもはTG～サイキックT

V周辺出身であり、初期はカレント93やラスト・フュー・デイなどのメンバーとも相関関係であり、なおかつリハーサル場所はTG所有のデス・ファクトリーだったりした彼ら。しかし23スキドーが目指したのは「ブードゥー的グルーヴ感」「荒廃したファンクネス」であり、アブストラクトでビートレスが主流のインダストリアル界隈では異彩を放ちまくる存在であったのは事実。なかでも伝説なのが一世界的ワールドミュージック・フェスであるWOMAD第一回（1982年）になぜか出演を果たし、人骨ホルンや発信機を鳴らしまくり善良なワールド・ミュージック・ファンをドン引きさせた事実。これにより?主催のピーター・ガブリアルは多額の借金を背負いジェネシス再結成に至った。その時のパフォーマンス音源を含めた彼らの2ndはカルトとしてのガムランを追求。

CURRENT 93／Nature Unveiled (L.A.Y.L.A.H. Antirecords) 1984

初期サイキックTVで人骨笛を担当していたデヴィッド・チベットが、そのサイキックTV周辺メンバーとともに23スキドーやドッグス・ブラッド・オーダーでの活動を経た後の1983年、自らの魔術思想体系を音楽化するために設立したのがこのカレント93。ベルギーの「L.A.Y.L.A.」より3枚のシングル発表後の84年リリースされた記念すべきこの1stアルバムでは後のアポカリプティック・フォーク路線とは異なる、壮絶な音響儀式が展界されている。「最もハードコアなクリスチャン」と呼ばれたチベットがアレイスター・クロウリー思想と出会い、自らの意志をアンチ・クライストへと放出したドキュメント模様。ナース・ウィズ・ウーンドやキリング・ジョークのユースなど参加メンバーも豪華。チベットの呪文と上昇&下降を繰り返すノイズ音塊が織りなすリチュアル空間は現在

聴き返しても息を呑む。

CURRENT 93 / Dogs Blood Rising (L.A.Y.L.A.H. Antirecords) 1984

1st『Nature Unveiled』から間髪入れずリリースされた2ndアルバム。1stのリチュアル儀式実況中継路線から、アブストラクトながらもスタジオワークを巧みに駆使した「楽曲化」への試みがみてとれる。何といっても圧巻なのが2曲目「Falling Back In Fields Of Rape」。打ち付けられるマシン・ビートと呪文のように連呼されるタイトルはまさに黒魔術インダストリアルの金字塔。この他の曲もアレイスター・クロウリーの「テレマ僧院」儀式音源をサンプリング・ループさせた曲や、三島由紀夫「癩王のテラス」をモチーフにした曲、そしてサイモン・アンド・ガーファンクルの名曲の暗黒カバーまで。ナース・ウィズ・ウーンドやジョン・マーフィーなど前作同様参加メンバーも豪華。初期カレント93のインダストリアル・ノイズ路線を象徴する作品。

CURRENT 93 / Swastikas For Noddy (L.A.Y.L.A.H. Antirecords) 1988

カレント93のフォーク路線を決定付けた88年作品。ルーン魔術師フレア・アスウィンを筆頭に、ローズ・マクドウォール、スティーヴン・スティプルトン、ヒルマル・オウルン・ヒルマルソン、イアン・リード、ダグラス・ピアーズ、ジョン・バランス、そしてボイド・ライス……など当時彼らが形成していたコミュニティ住民総出で奏でられるサイケデリック・カルチャー賛歌集。ストロベリー・スウィッチ・ブレイド大ヒット曲「ふたりのイエスタディ」やブルー・オイスター・カルト「ディス・エイント・ザ・サマー・オ

ブ・ラブ」のマガリまくったカバーなどフォーキーな空気に包まれつつも、チャールズ・マンソン一家の切込隊長であり、ケネス・アンガー映画でもお馴染みのボビー・ボーソレイユに捧げられたナンバー「ボーソレイユ」におけるラ・デュッセルドルフばりのアッパー・チューンまで、後のアポカリプティク・フォークの原点となった一枚。

CURRENT 93 / Thunder Perfect Mind（Durtro）1992

１９４５年エジプトで発見された初期キリスト教文書『ナグ・ハマディ写本』。４世紀後半キリスト教により異端として排除された「トマスの福音」完全版や、プラトンの「国家」の一部がコプト語で記されたこの13冊セット写本のなかの一章「雷、全きヌース」を題材としたアポカリプティック・フォーク金字塔作品。英国トラッド・レジェンド、シャーリー・コリンズの語りで幕を開ける本作。ヒトラーをヒンドゥー教最終神カルキになぞらえ、そのヒトラーと戦ったチベットの父に捧げられた大作「ヒトラー・アズ・カルキ」、チベットとローズ・マクドウォールによるデュエットが胸をうつ名曲「ア・サッドネス・ソング」、そしてラストの隠しトラックで突如流れる「とおりゃんせ」など秘教的一大抒情詩を展開。

ちなみに本作品は同時期同タイトルでナース・ウィズ・ウーンドも作品リリース（無論内容は異なる）するという共同企画モノだが、発案の発端はステイプルトンが見た夢とチベットの構想のシンクロニシティによるものだという。『ナグ・ハマディ写本』の一部をかつてユングが所有していた事実と照らし合わせると感慨深い。

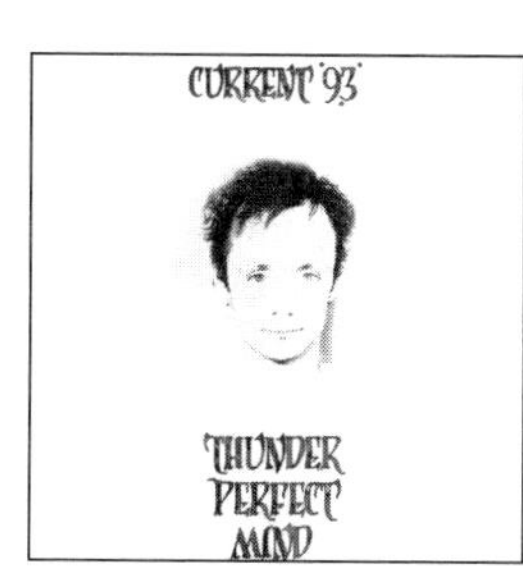

THE VENERABLE 'CHI MED RIG 'DZIN LAMA, RIMPOCHE / Tantric rNying.ma Chant Of Tibet (Mardoror) 1988

かつてナチ・オカルティズムがチベット密教秘密結社「緑の手袋の男」と接触したと噂されるように、北方異教主義はチベット密教～アガルタ伝説を目指す。カレント93のデヴィッド・チベットも（名前に負けじと?）チベット密教の奥義をマスターすべく師事したのが欧州を放浪中だったラマ僧リンポチェ。ちなみに来日してオウム真理教とも接触したリンポチェとは別の人である。チベットは自らのレーベルより文化的宗教的意義に基づき師匠の声明をレコーディング。「カレント93プレゼンツ」と表記されてはいるが内容は100%ピュアなチベット密教モノ。2000枚限定リリースとはいえ、どう考えても当時そんなセールスをあげられたとは思えないし、実際現在も中古相場は弱火のままなのだが昨今のキンク・ゴングやプルハなどが好きな人なら手に取って損はない。リチュアル・ミュージックの原液がドロリと詰まったエソテリック音響空間。

Sveinbjörn Beinteinsson / Edda (Durtro) 1990

こちらも「カレント93プレゼンツ」シリーズもの。1973年アイスランドで国家公認&合法化（元サイキックTVのヒルマル・オウルン・ヒルマルソンが高位聖職者を務めている）されたゲルマン・ネオペイガニズムのアサトル協会。その創始者スヴェインビョルトン・ベインテインソンの詠唱集。そのトラディショナルかつフォーキーな旋律は一般の音楽ファンにも受け入れられる要素大だが、歌の内容はタイトル通り北欧神話に根差したものであり、ノルウェー・ブラックメタル重鎮バーズムやオーストリア・インダストリアル・ユニット、アラージーレンなどの不穏な連中がこぞって彼の詠唱をサンプリングしている事実からもその異教主義のヤバさがうかがえる。ちなみにアサトルといえば動物犠牲で知られているがヒルマルソンによれば（アサトル協会では）撤廃されているとのこと。

DEATH IN JUNE / Brown Book（New European Recordings）1987

１９３４年６月、ヒトラー自らが指揮をとり、ナチス左派であったエルンスト・レーム率いる突撃隊ＳＡを粛清（85〜数百人が裁判なしで処刑された）した「長いナイフの夜」事件からバンド名をとったＤＩＪ。その前進バンド、クライシスはバリバリの左派路線だったもののＤＩＪでは一貫してナチズム、魔術、ネオペイガニズム、三島由紀夫、ジャン・ジュネなどへの探求をテーマにネオ・フォークと呼ばれる一大ジャンルを築いた。旧東独で制作されたと噂のナチス党員名簿「ブラウン・ブック」をアルバム・タイトルに掲げたこの初期傑作、コイルのジョン・バランスも参加したオカルト・アシッド空間が不穏極まりなく、ナチ党歌収録もあってか独では発禁処分を受けた（ナチスが行なった退廃芸術発禁の逆パターン）。果たしてＤＩＪはネオナチなのか？　右左のイデオロギーや善悪の二元論より我々はもっと重要視すべきことがあるのでは？？　ＤＩＪはそんな疑問を朴訥に投げかけつつ、ただひとり欧州の黄昏を現在も歩み続けている

6COMM / Content With Blood（Eyas Media）1987

元ランナーズ・フロム・１９８４、そしてデス・イン・ジューン創立メンバーでありながら、音楽性というよりはＤＩＪスタイルの形骸化を理由に脱退したパトリック・リーガ

スが1986年より発足させたユニット。このデビュー・アルバムでも顕著なように音楽的根幹はジョイ・デヴィジョン直系のダーク・ウェーヴだが、作品によってはフレア・アスウィンとの合体などノルディック・イデオロギーやネオペイガニズムへの思想的傾倒が影響し既存の枠組みにとらわれない音楽性を展開させる（ここらへんはコイルの影響かもしれない）。またアモダリなる女性アーティストとのペイガン・トライバル・ユニット、マザー・ディストラクションとの並行した活動はしばしこのシックスス・コムと混同し、ファンを混乱させる。シックスス・コムとしての活動は2015年で凍結され、同年よりゴッドレスステイト名義での活動をスタート。独「OVA」よりジョイ・デヴィジョン・トリビュート『A Change Of Speed A Change Of Style』に参加する傍ら2016年には1stアルバム『Godlesstate』を発表。北欧ダーク・トライバル的世界を展開させている。

FREYA ASWYN & 6COMM / Yggdrasil Night（Kenaz）2010

デヴィッド・キーナン著『England's Hidden Revers』にて語られるカレント93やコイル、ナース・ウィズ・ウーンド、デス・イン・ジューンらの面々が80年代暮らしていたコミューン、エンクレーヴ・エグゼクティブ。その中心人物となるのがルーン魔術師フレア・アスウィンだ。オランダ生まれで4歳よりスピリチュアルな能力に目覚めるも虐待的な環境に育ち19歳まで読書力以外の教育を受けずに過ごす。以後独学でスピリチュアリティを発展させ1980年ウィッカとなり、北欧神話に深く関わる。カレント93らと過ごしていた期間、彼女は最初の著作『イグドラシルの葉書』を執筆、出版し、その著作はルーン魔術界隈で話題となる。また彼女はカレント93やファイヤー＋アイスなどの作品に参加するか

たわら、元デス・イン・ジューンのパトリック・リーガスによるインダストリアル・ユニット、シックス・コムとともに自らの音楽作品も発表。本作は2009年ロンドンで収録されたライブ作品で、初期カレント93を彷彿とさせる儀式世界を展界している。

STRAWBERRY SWITCHBLADE / Strawberry Switchblade (Korova) 1985

グラスゴーにてポエムス名義のパンク・バンドで活躍していたローズ・マクドウォール&ジル・ブライソンがバンド分裂を期に1982年より活動開始したユニット。1985年メジャー第一弾シングル「Since Yesterday」がUKチャート5位に上昇するヒットを飛ばし、続く本デビュー・アルバムも22位を記録するなど一躍時の人へ。しかしジルとローズの方向性の違いから86年に突如解散。以降ローズはグラスゴー時代より親交のあったサイキックTV一派と活動をともにするようになり、ルーン魔術のフレア・アスウィンが主催するロンドンのオカルト・コミュニティ、エンクレーヴ・エグゼクティブに出入りするようになる。80年代末にはカレント93やデス・イン・ジューンらとともに二度の来日を果たすほか、トラブルによる長期日本滞在時にはキャンディケイン名義でのグループも結成していた。一方ジルは解散以降音楽業界から身を引いていたが2013年ザ・シャピスツを結成し復活を果たした。

V.A. / Equinox Event (Produktion) 1983

TGやキャブスといったインダストリアル第一次世代が一線を退き、ホワイトハウスやNWWといった第二世代が台頭した1983年6月21日（夏至）。誰もが参加可能なインダ

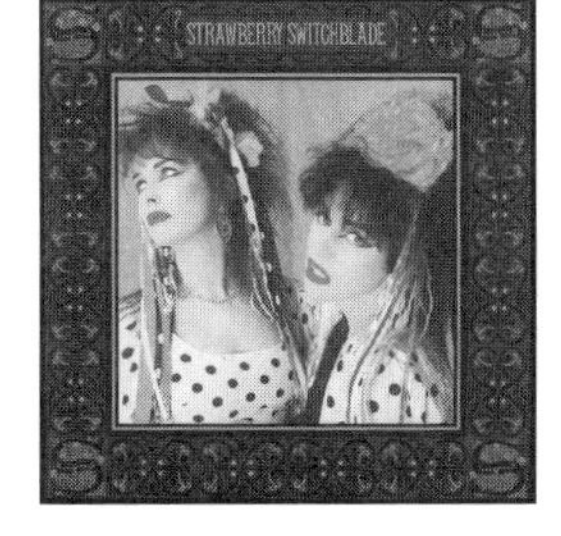

ストリアル・カルチャーが形成された象徴として北ロンドンのカムデンで開催された世界初のインダストリアル・ノイズ・フェスティバル・ドキュメント。クラブ・モラルやラムレー、プレ・ゾスキアなAke、プレ・カレント93のドッグス・ブラッド・オーダー……など。あらゆるドラッグをキメながらケイオス・マジックに心酔したスクール・カースト・ドロップアウト組がエイズの脅威に怯えながらも、顕在意識を突き抜け無意識の領域（死と快楽）へとダイブするサマー・オブ・デスの宴。ちなみに当日はホワイトハウスも別名義で出演、出演予定だったNWWはライブ直前に客と喧嘩しキャンセル、そしてこの日デビュー予定だったコイル（ジム・フィータス参加予定だった）も直前キャンセルながら、ジョン・バランスは会場外で何かパフォーマンスしていたことが記録されている。

NURSE WITH WOUND / Chance Meeting On A Dissecting Table Of A Sewing Machine And An Umbrella（United Dairies）1979

ハービー・マンを愛聴する美学生だったスティーヴン・スティプルトンがアモン・デュール『サイケデリック・アンダーグラウンド』に衝撃を受け、学校をドロップアウトし渡独。グルグルやクラーンのローディーやデザイン担当をこなしながら本場ジャーマン・サイケデリアの洗礼を受けた後、英国に帰国。その足で友人のミュージシャン、ニック・ロジャース所有のスタジオを格安でレンタルし、ヒーマン・バサック&ジョン・フォターギルとのトリオ編成でNWWを結成。その無軌道なセッション模様を編集したのがNWWデビュー作品『解剖台の上でのミシンと蝙蝠傘の偶発的な出会い』である。ロートレアモン伯爵の有名な一節から拝借されたタイトルと「ルイジ・ルッソロに捧ぐ」という直球の声明文、そしてジョン・ケージ、カン、クラウス・シュルツ、TG、キャブス、タージマハル旅行団から東京キッドブラザーズまで羅列されたNWWリストの封入と、まさにコレクターのコレクターによるコレクターのための音楽。さすがに後年の音響マジックこそは荒削りな状態だが、前半で展界されるクラウトロック風セッションにおけるブルージーなギター・サイケデリア（多分ゲスト参加のニック・ロジャース演奏。彼は後にユーライアヒープ作品にもエンジニアとして参加した）から、後半のアブストラクトな流れはNWWの原点を浮かび上がらせている。

ZOS KIA: COIL / Transparent (Nekrophile Records) 1984

ケイオス・マジックに多大なる影響を及ぼしたオースティン・オスマン・スパーの魔術体系「キアイズム」。統一体としての「ゾス」、そして偏在する無限の自己「キア」の概念から生み出された妖術「ゾス・キア・カルタス」。ここから名前を拝借したのが初期サイキックTV構成員ジョン・ゴズリングによるゾスキアである。そもそもは同じくPTV構成員だったジョン・バランスと女性パフォーマー、ミンの3人体制でスタート。サマー・オブ・デス感満点のオカルティックなパフォーマンスを展界させていたものの、ジョン・バランスがコイルのアイディアを発展させていくうちに分裂していく。1984年カセット作品として発表された本作は1983年ゾスキア分裂直前のライブ音源を収録したもので、ゾスキアとコイルが渾然一体となったアンダーグラウンド世界が爆発しており、この時期ならではのセックス、ドラッグス&ケイオス・マジックな雰囲気が追体験できる。

MEKON / Welcome To Tackletown (Wall Of Sound) 1997

１９９０年代初頭ＵＫチャートを賑わしたウィリアム・オービットのユニットBass-O-Maticへの参加をきっかけにインダストリアルわらしべ長者の階段を上り続けることとなるゾスキアことジョン・ゴズリング。その後はエレクトリック・ミュージック界の名プロデューサーとしてマドンナの「ジャスティファイ・マイ・ラブ」を筆頭に、ピーター・ガブリエル、ベティ・ブーなどのリミックスを手がけ、アレキサンダー・マックイーンのファッション・ショウ音楽担当やゲーム音楽制作など……今や引く手あまたな存在となっていてビックリ。ゾスキア時代は「レイプ」とか演ってたのに……「変わっちまったよアンタ」な気分も無くはないが、この成功も魔術的パラダイムシフトの成せる技なのかも。現在の彼を代表するユニット、メコンも清々しいまでにトリップ・ホップ！　ちょっとラガっぽいトラックは結構お気に入り。

COIL / Scatology (Force & Form) 1984

良家の子息でありながら少年時代よりクロウリーなどオカルトにハマり、ティーン時代にはＴＧ親衛隊に所属したジョン・バランスが、そのＴＧのメンバーでありヒプノシスのディレクターでもあったピーター・クリストファーソンことスリージーと愛人関係になったことから結成されたアートコア・ユニット。２人とも初期サイキックＴＶメンバーだったが、ジェネＰの人間性に嫌気がさして84年初頭には脱退。ゾスキアとしても活動していたバランスだったがコイルとしての活動はバランスのソロプロジェクトにスリージーが本格参加することで完成されたものだ。コイルとしてのデビュー・シングル「How To

COIL-SCATOLOGY

Destroy Angels」発表後、間髪入れず発表されたこの1stアルバムには当時交流深かったジム・フィータスが共同プロデューサーを務め、ディープなオカルト文献やSM、ゲイ・カルチャーからの文献の徹底引用と、フェアライトなど当時の最新機材をふんだんに使用したエレクトロニクス世界を展開している。

COIL / Horse Rotorvator（Force & Form）1986

コイル最高傑作との評価も高い2ndアルバム。世界の崩壊時に4人の騎士が自らの馬を殺し、その顎の骨から巨大機械Horse Rotorvatorを駆動させるという黙示録をテーマに、全体的に「死」のイメージが蔓延した内容。ジム・フィータスやマーク・アーモンド、ビリー・マッギーなど豪華ゲストを招聘しながらも全体的に鎮魂色が色濃い。贖罪の意味を唄ったレーナード・コーエン大名曲「フー・バイ・ファイヤー」のカバーや、アカプルコの路上で子供が唄っていたのを現地録音した「ベイビーレロ」など、しんみり感がハンパないが、なかでも「ソドムの市」でおなじみの映画監督ピエロ・パゾリーニがリンチ死に至った模様を延々と歌い上げた「オスティア」にてそのゴシック美は爆発する。さらに追い打ちをかけるようにラスト曲「ザ・ファースト・ファイブ・ミニッツ・アフター・デス（死んでからの最初の5分間）」で今度は虐殺されたパゾリーニの視点で描かれたチェンバー風景が広がっており、その世界観の完成度たるや他に類をみない。

COIL / Love's Secret Domain（Torso）1991

ケイオス・マジックにおけるドラッグ行動主義は度々「マジメな」魔術界隈から批判の

対象となるが、そんな非逸脱な態度なんぞ眼中にない！とばかりのアシッド・ハウス作品。タイトルからしてＬＳＤなんだが、まあ時代と音からしてエクスタシーの影響下で制作されたこと間違いなしのちょっと遅れたセカンド・サマー・オブ・ラブ展界。とはいえサイキックＴＶがアシッド・ハウスとそもそものＰＴＶとの融合に悪戦苦闘していたのに対し、コイルは結構スマートにハウスを取り入れている印象。定番曲「ティーンエイジ・ライトニング」や「ウィンドウ・ペイン」「ザ・スノウ」などコイル史上最もポップなナンバー目白押しで、その露骨なクスリ臭ささえなければチャートも狙えたハズ。ミニストリーで有名なシカゴのボディ系レーベル「Wax Trax」に送られた本アルバムのデモ音源集『Love's Secret Demise』が２０１８年末にリリースされており、ボディ・ビート方面からの需要も高い一枚。

COIL / Musick To Play In The Dark 1 & 2 (Chalice) 1999, 2000

深刻なアルコール中毒と過剰なドラッグ摂取を繰り返していたジョン・バランスがマーク・アーモンドと一緒にクラブでハイになっていた最中、ダンス・フロアの頭上に燃えさかる聖書を抱えた天使の姿を幻視したことからインスパイアされた長編アンビエント作品。幻覚剤が抜けるときに発生する寒々しい感覚を綴った「アー・ユー・シーヴェリング?」より幕を開けるアフター・アシッド世界は制作期間2年、アルバム2部のボリュームで構成されており、後期コイルの叙情エレクトロニカ路線を決定付けた。むき出しの神経回路がパチパチと火花を散らしつつ着地先を探してさまようなか、電子変調されたアレイスター・クロウリーの言葉が宙を舞う音響模様は文字通りジョン・バランスのトリッ

プ・ドキュメントなのだろう。チルアウトと呼ぶにはあまりにも痛々しい、しかしこの上なく美しい世界。そしてバランスが元に居た世界に帰りつくことは二度となかった。

COIL / The Ape Of Naples（Thershold House）2005

２００４年自宅の２階階段から落下し帰らぬ人となったジョン・バランスの意思を、スリージーを筆頭とするコイルの面々がつむぎ合わせるようにして制作したラスト・アルバム。経緯が経緯だけにことコイル作品のなかでも最も宗教色が強い作品となっている。「Musick To Play In The Dark」でみせた「ボロボロでも元の世界に帰ろう」という想いはここではすでに放棄され、バランスの「今から行けるか？」のつぶやきにゲスト・ボーカルのオペラ歌手フランソワ・テストリーが高らかに天界への「ゴーイング・アップ」を歌い上げるラストに震えが止まらない。パートナーを失ったスリージーの喪失感も大きく、以前にも増して自らの健康を完全無視したセックス＆ドラッグスな放蕩生活にのめり込む。その結果Ｘ－ＴＧ制作途中の２０１０年タイの別荘で死去。これによりコイル、およびＴＧの歴史は完全に幕を下ろすこととなった。

HILMAR ORN HILMARSSON & SIGUR ROS / Angels Of The Universe（FatCat）2001

エンクレーヴ・エグゼクティブにてフレア・アスウィンが唯一（オカルティストとして）一目置いていたのがヒルマル・オウルン・ヒルマルソン。１９８０年代にアレイスター・クロウリーの英国ＯＴＯとアイスランドのアサトル協会を繋いだ男と噂され、現在はそのアサトル協会の高位聖職者に就任。アイスランド先住民北欧異教の権威として君臨す

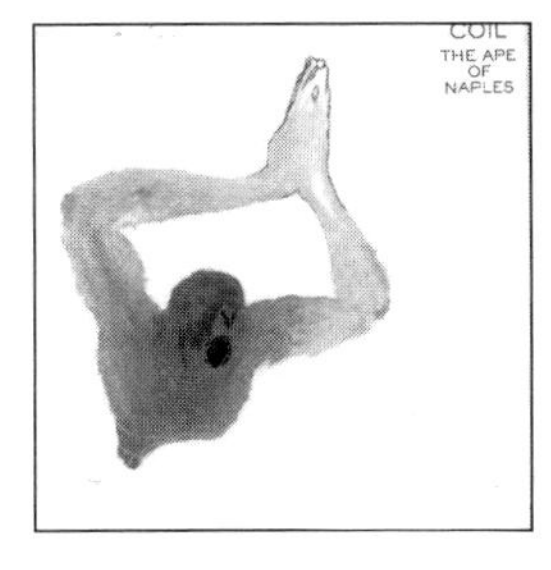

る一方、音楽家としてのヒルマルソンに注目すると初期サイキックTV参加後、カレント93の北欧路線に多大なる影響を与えつつ、現在ではアイスランド映画音楽界巨匠として活躍。本作は同郷のポストロック大人気グループ、シガー・ロスとの共演でポップ・フィールドでも話題となったサントラ作品。とはいえヒルマンによる湿度ゼロの氷点下ストリングス・ドローン曲が17トラック中15トラックを占め、シガー・ロス曲は2トラックのみとシガー・ロス・ファン的にはどうなのか気になるところ。またこの作品をきっかけにシガー・ロスのメンバーがアサトル協会に入信したという話をまだ聞けていないのが残念である。

NON / In The Shadow Of The Swcrd (Mute) 1992

米国悪魔教会会長アントン・ラヴェイとのダチっぷりでも知られる西海岸カルト王ボイド・ライスことノン。彼自らが「ベスト・アクト!」と公言する1989年大阪ミューズホールでのライブ音源(DVDにもなった)をメインとした音源集。かつては観客の鼓膜を破ったと噂もあったハード・ノイズ色は影を潜め、ティンパニーをバックにナチの演説を彷彿とさせるアジテーション「総力戦を求めているか?」で観客をオルグする姿は後のネオ・フォークの先駆けであり、ライブ終了後には盾の会のOBが挨拶に訪れたほど。バックを務めるのはデス・イン・ジューンとローズ・マクドウォール(ストロベリー・スウィッチ・ブレイド)、そしてブラッド・アクシズのマイケル・モイニハン。師弟関係とも呼べるノンとモイニハンは当時アブラクサス・ファウンデーションなる秘密結社を組織しており、ソーシャル・ダーウィニズムのシンクタンクとして機能していた。

The Boyd Rice Experience / Hatesville! (Hierarchy) 1995

ノイズやネオ・フォークを表現するノン名義に比較してボイド・ライスはモンドやトラッシュ・カルチャーの水先案内人の顔を持つ。その顕著な例がライスとトラッシュ・カルチャー仲間たちで制作された本作だ。ヒッピー・カルチャーに多大なる影響を与えたビート作家ロッド・マッケンによる１９５９年のレコード『Beatsville』のパロディたる本作はサマー・オブ・ラブを「ラブ&ピース」ではなく「ヘイト&ウォー」の側面から読み解いていく。マイケル・モイニハン『ブラックメタルの血塗られた歴史』（マイケル・モイニハン著、ディードリック・ソーデリンド著、島田陽子訳、メディア総合研究所、２００９年刊）を出版したアダム・パーフリーや、悪名高い「レイプ特集」で日本でも紹介されまくった「アンサー・ミー」を出版したジム・ゴートといった面々が参加し、レス・バクスターやＳＦ映画のサントラをＢＧＭとしながら各々が不穏すぎるカウンター・カルチャーへの見解をスピーチ。「なぜならヘイトはグルーヴィーだからだ。それは楽しいんだ」ｂｙボイド・ライス。

ALEX SANDERS / A Witch is Born (A&M Records) 1970

アレックス・サンダース（１９２６－１９８８）は１９６０年代英国にて妻マクシーンとともにＴＶ、ラジオ、映画など当時のメディアを駆使しオカルトブームを牽引。全英に傘下団体１０７を有することとなる魔女宗最大派閥アレクサンドリア派のトップとして「魔女の王」を名乗る。その内容はガードナー派のパクリとも揶揄されるもお茶の間人気は物凄く、コイルのジョン・バランスも子供時代に「僕も弟子にしてください」とファン・レ

ターを送ったほど（ちなみにサンダースから「もちろん大歓迎さ、ただし君が大人になったらね」と小粋な返事が返ってきたとのこと、イカス！）。本アルバムはそんなサンダースのメディア戦略なのか？　エコエコアザラクな儀式模様が延々と収録されたリチュアル作品で、なんと大手A&Mレコードから発表されている。しかし盛者必衰のことわりをあらわすかのように信者との浮気が妻バレし離婚。求心力を失ったサンダースは世捨て人と化し隠者のまま62歳でこの世を去ることとなった。

O.S.T. / Haxan Witchcraft Through The Ages (Sotpackan) 2014

ベンヤミン・クリスチャンセン監督による1922年デンマーク／スウェーデン映画のサントラ。「魔女」なるタイトルで日本でもDVD化されているモノクロ・サイレントものので、中世ヨーロッパの魔女狩りをテーマに、再現ドラマや当時の図版、拷問器具説明などで描いた内容。映画の見どころはやはりサバト模様の再現ドラマで、ジャケにも描かれている悪魔の着ぐるみがはしゃぎまくる宴模様は思わず参加希望を表明したくなる愛くるしさ。前述の通りそもそもはサイレントだったが、1968年英国にて編集版が上映された際にウィリアム・S・バロウズのナレーションとダニエル・ユメール&ジャン・リュック・ポンティという欧州ジャズ巨匠の音源がBGMとしてプラス。バロウズと魔女という意外な感じもするかもだが、DIY実践魔術を文学活動のみならず日常生活に落とし込み続けたバロウズこそが魔女ともいえるかも。ヒップホップDJネタにも使用可能な音内容も文句なしにカッコ良い。

PHURPA / Trowo Phurnag Ceremony（Sketis Music）

１９９１年ソ連崩壊を機にマルクス主義という最大宗教が消滅したことで当時様々な宗教が流入（オウム真理教も進出していた）したロシア。その混沌はヴィサリオンなどに代表されるディープ・カルトなフラタニティを形成する一方、それまで迫害されていたロシア仏教もリバイバルを遂げる。ロシア仏教はチベット仏教ゲルク派がモンゴルを経由して伝播されたもので、そのリバイバルの流れからロシアで誕生したグループがこのプルハだ。そもそもは90年代中期よりチベットやイラン、エジプトなどの古代文化を研究するグループにいたアレクセイ・テギンがチベットにて声明を学び、２００３年より儀式音楽をベースとしたパフォーマンス・グループとしてスタートしたもの。パンデット・プラン・ナートｗｉｔｈラモンテ・ヤングがチベット密教にハマったかのようなリチュアル・ドローン作品を驚異的なペースで作品化している。そのビジュアルも含めリチュアル界隈では今最も注目の存在といえよう。

AIN SOPH / FINIS GLORIAE MUNDI（Old Europa Cafe）2018

２０１８年突如復活を果たしたイタリアン・リチュアル重鎮アイン・ソフ作品。「アレイスター・クロウリーとユリウス・エヴォラ、そして錬金術こそが我々の作品の核となるもの」と公言してはばからない彼らの今作は『Aurora』（１９９２年）、『Oktober』（２００２年）に続く3部作の最終章だという。つまりリチュアル・アンビエント的展開ではなく、ネオ・フォークやロック的要素が強いということだ。タイトル通り17世紀スペインの宗教画家ファン・デ・バルデス・レアル代表的作品「世の成功の終わり」からインスパイアさ

れたであろう世界観……物質主義の現世を堕落したカリ・ユガの時代と定め、そこからの超越を目指す意思の表明は、かつてルネ・ゲノンが宗教への回帰へ、そしてユリウス・エヴォラが性魔術やドラッグ、現代音楽といった都会的実存を「神の顕現」へと転換させようとした道のりを彷彿とさせる「非ヒッピー的な」霊的サイケデリックを展開させている。

BARBAROSSA UMTRUNK / Agharti（Twilight Records）2010

2005年よりフランスで活動するポリティカル・アンビエント・グループの7thアルバムにして初CD作品（それまではCD-Rリリースだった）。第二次大戦中ナチスがチベットにて探求した地球空洞説を証明する地下帝国「アガルタ」をテーマとした内容。チベットやインドなどアジアン・テイストな音源を使用したコラージュをリチュアル・インダストリアルに展開している。ナチスが追い求めたゲルマン民族発祥の地としてのアガルタ……このようなナチス・オカルティズムへの傾倒や（彼らが公言する）ロシア地政学者アレクサンドル・ドゥーギンの新ユーラシア主義（これもまた中央アジアの重要性を訴えるものだった）からの影響など、果たして彼らがどこまで本気なのか、どこまでがメタなのかは不明だ。しかし彼らのメッセージを際立たせる重要な要素として、これら不穏なロマン主義は機能し続けている。

H.E.R.R. / Fire and Glass（Cold Spring）2007

ユリウス・エヴォラの影響下で急進主義的な資本主義、マルクス主義全てにアンチを表

明、民族主義や現代的部族主義を訴える民族アナキズムという政治思想を1990年代に再統合した英国思想家トロイ・サウスゲート率いるインダストリアル・モダン・クラシカル・ユニット。反動的ロマン主義に貫かれたクラシカル音楽世界をバックにトロイの政治的メッセージが朗々とうたいあげられる。このように急進的な政治活動家が高クオリティで独自の音楽活動を継続させている事実に（その政治スタンスの是非は別として）日本人の自分としては文化成熟度の差を見せ付けられる思いで愕然とさせられる。ちなみにトロイは2008年よりドイツの音楽家ビュート・マーラーと新ユニットSEELENLICHTを結成。こちらはネオ・フォークとダーク・クラシカルが融合したような音楽世界を展開している。

L'ACEPHALE / Malefeasance (Aurora Borealis) 2008

仏思想家ジョルジュ・バタイユが1930年代に新しい宗教を創るため結成した秘密結社「アセファル（無頭人）」。クロソウスキーや岡本太郎も参加したとされるこの結社については現在も謎が多いが、「神の首を切り落とす」ポスト宗教的な超越性を目指すものだったらしい。そして現在、ニーチェ哲学をファシズムから奪還し抵抗運動としての神秘主義集団を目指したこの秘密結社から名前を取ったブラックメタル・バンドが米国オレゴンに存在する。2005年より活動が確認されるこのアセファルがどのような思想性を有するのかは不明だが、この2nd作品における逸脱っぷりは異様の一言に尽きる。リチュアルな電子ノイズから友川かずき「一人盆踊り」カバー（そういわれてもカバーには聴こえないが）からカレント93カバー、そして腐食パワーエレクトロニク

スまで、全くブラックメタルとは異質ゆえに「ブラックメタルとは何か？」を際立たせている。

MILITIA / Eco Anarchic Manifest（Tactical Recording）2003

１９８９年ベルギーにてフランク・ゴリッセンを中心に結成されたインダストリアル・グループ。工場の廃材を使用しての金属ノイズ・サウンド・スタイルは初期Ｅ・ノイバウテンやテスト・デプトと比較されるが、彼らは労働者階級出身であること、左派労働運動との共闘にこだわり続けることに一貫しており、その姿勢は20年以上継続されたままだ。２００３年に発表されたこの「エコ・アナキズム宣言」によると19世紀のプルードンやバクーニン、クロポトキンなど近代アナキズム思想を基に、資本家による人的資源や自然資源の搾取への反対、宗教や国家、通貨の放棄、そして平等と連帯への働きかけが50ページにも及ぶマニフェストとして表明されている。これを「お花畑なユートピア思想」と笑うことはたやすいだろう。しかしアクティビストとしての視点を欠いたインダストリアル・ミュージックにどのような意義を見出すことができるというのか？

NINA HAGEN / Nunsexmonkrock（CBS）1982

ベルリンを離れ、１９８１年米国を訪れた妊娠4か月のニナ・ハーゲンはマリブビーチの宿泊先で就寝中、窓の外の大きな丸い光に目を覚ます。驚いてカーテンを開くとそこには巨大なＵＦＯが強い光を放ちながらそびえていたという。その体験は彼女にとって17歳時に初めてＬＳＤを摂取したときの体験……バッドに入った挙句幽体離脱し、大天使ミカエルと出会う……と融合し、以降彼女の創作活動の大きな指針を形成するに至る。彼女はUFO体験以降、酒やドラッグはもちろん、肉食も絶ち宗教的目覚めとしてのUFO信仰を公言しまくるようになる。「私たちは光の言葉を持たなければならないし、いつの日か異星人とともにパフォーマンスできる日がくることを願っている」と。そんな目覚めから誕生したソロ・デビュー作品はスピリチュアル・ニューウェイブとでも形容したい逸品。アウタースペース・ダブ名曲「UFO」のほか、娘さんコスモシヴァちゃんに捧げられたナンバーもイカす！

LUSTMORD / Songs of Gods and Demons (Vaultworks) 2011

ルストモードは、スロッビング・グリッスルの影響を受けたブライアン・ウィリアムズが、80年代初頭にSPKをサポートした際に開始された。当初、ルストモードはブライアンとジョン・マーフィーのデュオであったが、その後はブライアンのソロプロジェクトになった。ルストモードの音楽の特徴は、非常に低い周波数（20hz以下の周波数）を多用することで聴く者に恐怖感を与え心身を変調させるところにある。廃墟、洞窟、および食肉処理場で行われたフィールド録音から不気味さを抽出し、儀式的な呪文とチベットの骨笛の響きと組み合わせることで忘れることのできない効果をもたらしている。重低音の響きに包まれ深淵を垣間見るような体験が聴衆に与えられる。ダークアンビエントの最暗黒部の悪夢のような音楽といえる。最新作はポール・シュレーダー監督の映画「First Reformed」の同名のサントラで邦題は「魂のゆくえ」。（宇田川）

MAURIZIO BIANCHI / Symphony for a Genocide (Sterile Records) 1981

２０００年代になって活動を再開、多作になったM.B.ことマウリッツィオ・ビアンキはもしかすると80年代に活躍してエホバの証人に入信後全ての音楽活動を封印した人物と同じなのかは大いに疑問を持っている。作風もそうだが、あまりにも多作で、２０１５年にイタリアで世界初ライブを行なうはずだったが土壇場で「家族の不幸のため」キャンセルするなど、人非人的なビジュアルイメージのジャケで売り出していた80年代までの作風を考えると、どんなことがあってもライブが敢行されると信じて疑わなかったファンの期待を裏切ったともいえる。しかしドタキャンも彼らしいとも思えてくるし、演奏しないのも演奏というか長い休符だと思うこともできて、謎が謎を呼んで楽しませてくれるのもM.B.であろう。本作はアウシュビッツ収容所をモチーフにしたM.B.の最高傑作であると筆者は考えている。来日して再現ライブを一度でいいからやってほしい。（宇田川）

ZERO KAMA / The Secret Eye Of L.A.Y.L.A.H. (Nekrophile Rekords) 1984

ゼロ・カマはミヒャエル・デヴィット（Nekrophile Rekords）によるリチュアル・インダストリアル・ユニットである。かつてＰＴＶの信者であった彼はNekrophile Rekordsを運営しカセットでKorpses KatatonikやZos Kia / Coilなどの音源をリリースし、80年代インダストリアル・ミュージックのムーブメントの一翼を担った。当時アレイスター・クロウリーの信奉者であったMichael DeWittはクロウリーの「法の書」（The Book Of The Law）の全テキストを儀式音楽化しようと試みたが、唯一のアルバム『The Secret Eye of L.A.Y.L.A.H.』といくつかのコンピレーションを残したのみだった。現在、その音源はフ

ランスのレーベルAthanorから復刻されている。なおミヒャエル・デヴィットはその後性転換してゾエヴィットと名乗り、クロウリーの魔術体系に飽き足らず、さらなる魔術の古層を探究するとともに新しい音楽を制作中である。（宇田川）

GRIM / Amaterasu (G.A.Propaganda) 1985

1983年ホワイト・ホスピタルを小長谷淳と桑原智禎が結成、1984年解散。小長谷はワンマンプロジェクトとしてグリム結成。1985年、7インチ「Amaterasu」発表。ダークでリチュアルなノイズの洪水と重々しいビートに小長谷淳自らの言葉で「妖精語」という異言が飛び交う。この作風は1986年のLP『FOLK MUSIC』でさらに深化する。1987年には12インチ「Message」発表。禍々しくも美しいフォークミュージックを奏でる。長い沈黙の後に2009年前記3作とカセット音源を加えた再発CD『FOLK SONGS FOR AN OBSCURE RACE』発売。再び活動を活発化して今日に至る。ライブではハンドベルが観客に配られ、クライマックスでは観客が鳴らすハンドベルの音とバンドの演奏が一体になってモッシュの嵐が起きる中、異言を叫びながら小長谷が動き回るという異教の儀式そのものの様相が現れる。（宇田川）

CRIMINAL PARTY / Zaela (Lunatic Propaganda) 1985

80年代から2000年代にかけて、パンク、ハードコア、ノイズと多方面で音楽活動を展開したElleは、Achy、クリミナル・パーティなどの名義で、自主製作を中心にその作品を残した。大阪エッグプラントで公演の際に、ステージの上で子犬を殺害し、それを見た

観客が卒倒したというエピソードがある。ナチスや死体といった負のイメージを躊躇なくビジュアルに用い、欧米の初期ノイズの影響の下に、独自のノイズを構築したプロジェクトがクリミナル・パーティである。「廃退」第一交響曲三番「焚書」序曲、The Roinumdam Harder、1986 Ending Story、Live at 1986-1987、Verrückt、MIBHANDLUNG GEWALTSAMse、Live、NECROPHILIA、For DENIS NIELSEN、Guistic Death、Field Work Of Em'pire、DIS-EIMBULG HOMICIDE16.、第六猟奇エロチカ2部作、DESTWAR など数多くの作品をカセットリリースしたが全てが入手困難であり、再発が待たれる。（宇田川）

SEED MOUTH / Live In Denmark 2001（Denshi Zatsuon）2003

シード・マウスとは種口裕人のソロプロジェクト。種口は1962年富山県生まれ。中学時代登校拒否をしていたが、1976年末より独学で作曲活動を始める。現代音楽や電子音楽などから影響を受け、M.B.の初期作品を思い起こせるようなダーク・アンビエント・ミュージックが形成された。1981年、カセット「退廃的自滅狂態」を発表し、着実にリリースを続ける一方、地元富山県で1992年以降定期的に前衛行為芸術祭を開催し、国内外のアーティストと交流する。1994年3月韓国ソウル、1996年9月と1997年9月にはアメリカ、2001年11月ヨーロッパツアーなど、海外でも公演活動を行なう。彼の活動は、田野幸治氏（MSBR）が雑誌電子雑音の発行でもたらしたムーブメントの一環であった。2000年代になり経済的な困窮や周囲の無理解に苦しみ、糖尿病とその合併症などによる心身の悪化もあり2010年5月25日死亡。現在その音楽作品の一部は SUZAN STUDIO から復刻されている。（宇田川）

Embudaggon 108（瘡原亘）／Radio Embudaggon（LP and Cassette）Art into Life AIL 004, AVIC105 2013

30年にわたって音楽活動と画家としての活動している瘡原亘は、日本よりも海外での知名度の方が高いアーティストであろう。近年ではゲロゲリゲゲゲの山ノ内純太郎とのコラボ作品をリリースするなど、国内外での活動も継続している。10代の頃オットー・ミュールの映像作品を見て興味を持ち、文通することになる。並行してギリシア哲学、カスタネダ、グルジエフなどの書物を読み漁る。１９８９年トリオ・ザ・アマニタ結成。メンバーは瘡原亘（ドラム）、川本一郎（ベース）、ラブとしや（ギター）。１９９０年日本住血吸蟲を結成。一定のフレーズや一定のリズムを演奏することを自ら禁止して、音楽性を解体することを目指した。日本住血吸蟲解散後は、儀式としての音楽を追求して今日に至っている。エンプダゴン１０８は儀式性を追求した彼のユニットであり、彼の作品のキーワードである「豊饒な無意味」を追求している。（宇田川）

MAGICK LANTERN CYCLE / Chimæra（Durtro）1993

80年代より静岡でアングラ演劇に携わりながら、カレント93やナース・ウィズ・ウーンド、デス・イン・ジューン、ホワイトハウスといったインダストリアル第二世代と深くコミットしていた鷹匠訓子（KONORI）が地元静岡で参加した伝説のアヴァン・ポップ・グループ、マジック・ランタン・サイクル。１９９３年カレント93のレーベルからリリースしたアルバム作品がこれ。そこはかとないスラップ・ハッピー的レコメン楽曲に、演劇色の強いボーカルがサイバーパンクな物語を綴っていく音楽世界は現在体験しても斬新で素晴らしい。デヴィッド・チベットが詩の朗読で参加し、ジャケットはスティーヴ・スティ

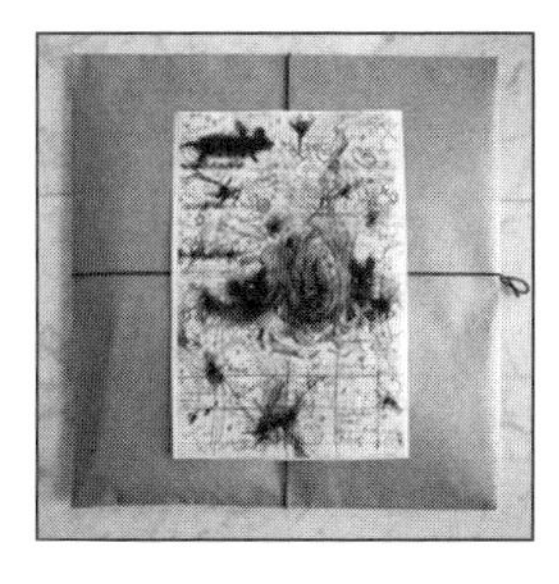

プルトンが手掛けるなどそのスジの愛好者から話題にされてもよさそうなものの、なぜか当時の日本の音楽雑誌での扱いは記憶にない。彼女の自宅サロンではプライベートでチベットやホワイトハウスのメンバーなどが訪れるなど、静岡と英国のインダストリアル・シーンが密接に繋がっていた史実は貴重このうえない。

VASILISK / Tribal Zone (STEINKLANG) 2012

１９８５年、ホワイト・ホスピタル解散後、桑原智禎は名越幸雄や桑原千秋とヴァジリスクを結成。１９８７年に1作目 Whirling Dervishes をグリムの小長谷淳設立の Eskimo Record から発表。スキンドラムやソルート、チベット打楽器、ホーメイなど、民族音楽に接近した内容であった。１９８８年、２作目『Mkwaju』を発売後、桑原と名越はローズ・マクドウォールのキャンディカインに加わり日本をツアー。その縁で彼らは渡欧し、ロンドンとナポリで録音した3作目『Ａｑｕａ』を発表し、その後コンピレーション『Liberation and Ecstasy』を発表後長い沈黙に入る。このアルバム Tribal Zone は長い沈黙を経て、２０１２年に発表。シャーマニスティックでトライバルなリズムと幾重にも重ねられたウォール・サウンドに激しくかつ哀愁を帯びた詠唱のようなボイスはまさにリチュアル。（宇田川）

巫女舞いろ／Anima Animus (Cesession) 2019

巫女舞いろは、１９８１年から活動を続ける織茂夫妻によるシャーマニック・インプロビゼーション・ユニットであり、その膨大な音源は彼ら自身のシャーマン・レーベルからカセットでリリースされ、一部はＰＳＦからＣＤとして発売された。またゲロゲリゲ

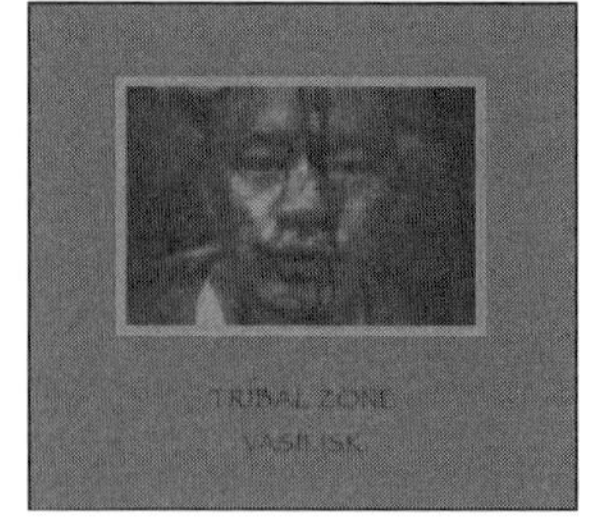

ゲゲの山之内純太郎も高校生時代から彼らの音楽に興味を持ち、いくつかの作品をVis a Vis Audioからリリースしている。電子楽器を一切用いず、ピアノ、ウッドベース、能管などのアコースティックな楽器だけを使ったトライバルでシャーマニックな演奏は驚嘆に値する。このレコードはHeidrun Holzfeind（ハイドルン・ホルツファイント）監督の記録映画のサントラとして２０１８年９月23日から24日、八王子の大学セミナーハウスにおいて即興演奏を収録。映画は２０１９年１月31日から３月30日までウィーンにあるギャラリーCessesionでの展覧会場で上映され好評を博し、スイス人監督Thomas Lü Chingerによる記録映画も制作されたが、織茂しづ子は急病で２０１９年９月５日にその生涯を閉じた。前者の映画は日本を含む世界各地で自主上映され、後者の映画も公開予定である。（宇田川）

CONTROLLED DEATH / Journey Through A Dead Body / Deathwish Tapes (Urashima) 2019

関西に活動の拠点をおく山崎マゾの別プロジェクト、ダークリチュアル・ノイズの面がコントロールド・デスである。ジャパノイズの重鎮マゾンナとしての長いキャリアを誇り、戸田房雄とのChristine 23 Onnaや秋田昌美とのFlying Testicle、アナログシンセバンドSpace Mashineでの活動、YBO2、Solmania、Boris、K.K.Null、Acid Mothers Temple、Blixa Bargeld、Aube、ＪＯＪＯ広重などとの共演で数多くの音源を残している。彼の短い時間に完全燃焼しつくすそのライブは、あまりにも暴力的かつ破壊的であり、彼自身もライブが終わると生傷が絶えないという。彼のライブは一回一回が再現不能ともいえる究極の即興性に満ちている。そしてステージを降りたときの穏やかな語り口とのギャップもまた山崎マゾの魅力である。（宇田川）

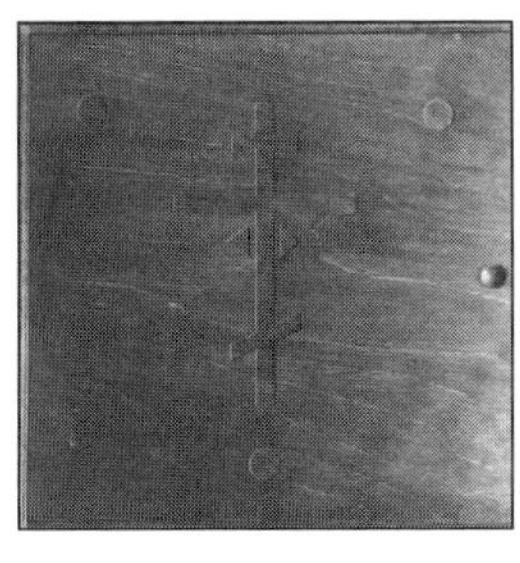

第四章

テクノ・シャーマニズム〜ターン・オン、チューン・イン、ドロップ・イン

「マインド・ファック作戦」ディスコーディアニズムとロバート・アントン・ウィルソン

「あなたは神を信じますか？　そしてその神が実は完全に気の狂った女だとご存じでしたか？？？」

ポスト・カウンター・カルチャーにおいてポップ・オカルティズムを代表する運動ながらも、あまりにパラノイア過ぎて、こと日本においては解読困難なのがディスコーディアニズムであろう。

ギリシア神話に登場する紛争と混沌の女神であるエリスを崇拝、シュルレアリスムやダダイズム、ポストモダニズムとドラッグ、禅、魔術、スピリチュアリズム、UFOカルトからさまざまな陰謀論までを不条理に混合したメタ宗教。ディスコーディアニズムは宗教として偽装された精巧なるジョークであると同時に、精巧なジョークとして偽装された宗教であるといわれている。

そんな不可解すぎるディスコーディアニズムの起源をたどれば1965年アンダーグラウンドで出版された一冊のバイブル『プリンキピア・ディスコーディア（Principia Discordia）』に行き着く。

かのアイザック・ニュートン[※1]が1687年に出版した『プリンキピア・マテマティカ』からもろパクリのタイトルであるこの奇書、発表当時は作者の正体は謎に包まれていたが、ほどなく米国最大の銀行の大型コンピューター施設のトップを務めていたグレッグ・ヒル[※2]（Malaclyps The Younger）、そしてアングラ出版に携わり、ケネディ大統領暗殺犯とされたリー・ハーヴェイ・オズワルド[※3]との親交で有名人となったケリー・ソーンリー（Lord Omar Khayyam Ravenhurst）の2名であると発覚。

2人の証言によると、彼らは1957年カリフォルニアのボーリング場にて女神エリスからの霊感を授かりディスコード教団を創立させたという。この教団においてはドン・キホーテ[※4]、ノートン皇帝[※5]、ボコノン[※6]などが聖人として認定されている。

ここまではよくある冗談宗教[※7]の類といった感じだが、このディスコード教団には当時の詩人や作家、編集者、精神分析医などといったカウンター・カルチャー界の名士たちが面白がり、こぞってこのメタ宗教に参加したため運動は複雑怪奇に増殖していく。なかでもディスコーディアニズムの存在を世に広めた重要人物といえばロバート・アントン・ウィルソン（1932－2007）だろう。

1970年代よりロバート・シェイ[※8]との共作『イルミナティ』三部作や『コズミック・トリガー』といった著書にてウィリアム・S・バロウズやティモシー・リアリー、ジョン・C・リリーといったカウンター・カルチャー・シャーマンたちの後継者と注目されたウィルソン。

そんなウィルソンとディスコーディアニズムの出会いは1960年代中頃。当時「プレイボーイ」誌名物編集者として活躍中だったウィルソンが、同じく編集仲間のケリー・ソーンリーとの手紙のやり取りでディスコード教団の存在を知り共鳴、すかさずソーンリーとグレッグ・ヒルのもとで教団のイニシエーションを受けたことから始まる。

ディスコーディアニズムを宇宙冗談因子と定義したウィルソンたちはイルミナティ陰謀論を大衆にインプリントしていく。やがてサマー・オブ・ラブの季節1960年代後半には極左極右問わずアンダーグラウンド雑誌ではさまざまなイルミナティ陰謀説[※9]が展開されるようになった。

またウィルソンたちはディスコード教団の秘密のサインとしてVサイン[※10]を復活させる。Vサインはカウンター・カルチャー全域に広がり、日本も含む世界中にこの奇妙なサインを感染させる。

1970年代に入るとウィルソンは前述通りディスコード教団とイルミナティの戦いを描いたSF小説「イルミナティ三部作」や、自らの不可知論者としての意識迷宮をめぐる自叙伝『コズミック・トリガー』といった著作にてディスコーディアニズムを包括・解読、この思想をエンターテイメントへと昇華させた。

これらの活動によりディスコーディアニズムはその後のニュー・エッジ・シーンに決定的な影響を及ぼすこととな

る。１９８０年代後半のコンピューター・ネットワーク発達からは、太古的シャーマニズムから近代魔術運動やサイケデリック革命と、新たなるインターネット世代を繋ぐナビゲーターとしてウィルソンの存在は改めて重要視される。

その後ウィルソンは宇宙的アナキズムを唱えるパロディ宗教団体サブジーニアス教会[※11]への参加や、自身のニューズレター「トラジェクトリー」の発行。ポスト・サイバーパンク雑誌「モンド２０００」や「マジカル・フレンド」などへの執筆、大麻解放運動やカンナビス・カップ参加、バーニングマン参加、世界中での講演活動など、テレンス・マッケナらとともに西海岸ニュー・エッジ・シーンの象徴として活躍。

ポップ・カルチャーへの影響も大きく、熱烈な信者として有名なビル・ドラモンド（The KLF）を筆頭に、マーベル・コミック原作者アラン・ムーア、変わったところではテキサスのゲーム会社スティーブ・ジャクソン・ゲームズなどが挙げられる。

２００７年ウィルソン死去の際は追悼イベントがロンドンのクイーン・エリザベス・ホールで開かれ、ビル・ドラモンド、アラン・ムーア、英国俳優ケン・キャンベル[※12]が発起人となり、ミックスマスター・モリスやコールドカットがパフォーマンスを務めた。

以上のように、まるでバタイユの「非知と反抗」をサイケデリック情報戦として展開させたようなディスコーディアニズム、およびウィルソンの活動だが、現在われわれが迎えているデジタルメディア時代から、今後迎えざるをえないシンギュラリティの時代に到るまで、その秘教的情報ソースへのアクセスと解読精神はますます重要性を増してくるのは間違いないであろう。

※1　アイザック・ニュートン（１６４２‐１７２７）　万有引力の法則など「科学の父」的な存在で語られがちなニュートンだが、生涯を通じて彼が心血を注いだのが錬金術であったことは有名。ケインズをして「ニュートンは理性の時代の最初の人ではなく、最後の魔術師だ」といわしめたほど。

※2　大型コンピューター施設のトップを務めていた　このグレッグ・ヒルのエピソードはロバート・アントン・ウィルソンが講演で語ったもの。

※3　リー・ハーヴェイ・オズワルド（1939-1963）　1963年11月22日ダラスで発生したケネディ暗殺事件の犯人とされ、逮捕直後マフィアと繋がりがあるジャック・ルビーに射殺された元海兵隊員。海軍時代同期だったオズワルドとケーン・ソーンリーのふたりの交友関係から、当局は「暗殺事件直前に目撃された複数のオズワルド」のひとりがソーンリーであると疑惑を持った。

※4　ドン・キホーテ　1605年スペイン作家ミゲル・デ・セルバンテスによって発表された有名な小説。当時欧州で流行していた騎士道物語が好き過ぎて、現実と物語の区別がつかなくなり発狂した男ドン・キホーテ・デ・ラ・マンチャが老馬ロシナンテと農夫サンチョ・パンサを引き連れ、旅の先々でトラブルの限りを尽くす物語。完全なる狂人が主人公の物語にも関わらず世界中の人々に愛され、その出版数は聖書に次いで2番目に位置する。

※5　ノートン皇帝（1819-1890）　本名ジョシュア・エイブラハム・ノートン。英国からサンフランシスコに移住した資産家の息子として裕福な生活を送っていたものの、ペルー米投機に失敗し破産。この際に精神に異常をきたす。米国の政治体制に著しい不備があると訴え、その解決策として絶対君主制の導入を唱える。その君主として自らが合衆国皇帝にならんと決意。皇帝ノートン一世を名乗る。ノートンはサンフランシスコの新聞各社に日々「勅令」を投稿。しかし新聞やサンフランシスコ市民のユーモアに対する器が信じられないくらいデカかったため、新聞は皇帝の「勅令」を常に無料で掲載。交通会社から無料パス券をゲットしたり、高級レストランで食事をほどこされたりと生涯に渡って愛されたトリックスター。

※6　ボコノン　カート・ヴォネガット小説「猫のゆりかご」に登場する架空宗教、ボコノン教の教祖。

※7　冗談宗教　既存宗教のパロディや、あまりに馬鹿馬鹿しい教義のため人々から冗談と思われる宗教。「空飛ぶスパゲッティ・モンスター教」「見えざるピンクのユニコーン」「グーグル教」などが有名。

※8　ロバート・シェイ（1933-1994）　1960年代「プレイボーイ」誌編集者時代にロバート・アントン・ウィルソンと出会い意気投合。1975年ウィルソンとともに

『イルミナティ』三部作を共同執筆。シェイ本人もディスコード教団に参加した。

※9　さまざまなイルミナティ陰謀説　歴代合衆国大統領からイエズス会、シオニスト、銀行家、アレイスター・クロウリー、ジョン・エドガー・フーバーなどあらゆる個人や団体がイルミナティとみなされ左右問わず攻撃対象となった。

※10　Vサイン　カトリック司教では祝福のサインとして、一方サタニストは悪魔召喚の際に用いるこのサインは、第二次世界大戦中英国首相ウィンストン・チャーチルが使用したことで有名。ローマ数字で5を表すVは二本の指を伸ばし、三本の指を曲げることによって形成されることから23スキドーにも関連しているとされている。

※11　サブジーニアス教会　1950年代のサラリーマンにして預言者のJ.R.・ボブ・ドブスなる架空の人物により設立されたとする団体（もちろんウソ）。サイエントロジーやラエリアン・ムーブメント、統一教会、クリスチャン・アイデンティティといったアレな新興宗教をミックスさせて皮肉ったパロディ宗教を展開。無神論者や冒涜者、ハッカー、ポルノ収集家、オタク……といった反社会的ピープルにオルグ活動を展開し、来たる宇宙人来襲による終末論にそなえたロックンロールとポルノグラフティの祭典を目論む。1980年には「ピースウィルス」なるコンピューターウィルスをばらまき大問題に発展。さらにはコロンバイン高校銃乱射事件のトレンチコート・マフィアとの繋がりも噂され、陰謀論ではことかかない存在。ロバート・アントン・ウィルソンはこの教団においてボブ皇帝なる地位を得た。

※12　ケン・キャンベル　スコットランド出身の俳優。1976年小説『イルミナティ』三部作を10時間に及ぶ劇にして上演。これが好評となりエリザベス二世の後援のもと国際劇場のこけら落としに抜擢。この時の舞台にはウィルソン本人もエキストラとして黒ミサのシーンに参加した。

MDMAとセカンド・サマー・オブ・ラブ

1912年ドイツ製薬会社「メルク社」によって開発されながらも製品化されることのなかったMDMA。1950年代に入りアメリカ陸軍で軍事利用可能か否かの研究がなされるも「実用不可」の烙印を押され研究は頓挫。時は過ぎ1960年代に初めてアメリカの化学薬品メーカー「ダウ・ケミカル社」所属の薬理学者／化学者アレキサンダー・シュルギンの自らの人体実験によって、その効能が発見されることとなる。

その後MDMAがもたらす「多幸感」「脱不安感」「共時性」「肉体的運動欲求」などの作用は、シュルギン博士を経由して多くの心理学者やサイコセラピストの注目を集め、抗鬱などの臨床実験に使用された。

その一方、ドラッグ行動主義者や、ナイトクラバーたちのトび道具として、またニューエイジ界隈や宗教団体の神秘体験用アイテムとしても抜群の効能を発揮したMDMAは、1985年「ニューズウィーク」誌のバッシング特集記事をきっかけに危険薬物視され社会問題に発展。保守派世論にすばやく対応したアメリカ連邦麻薬取締局DEA、そしてインターポールICPOから同年イリーガル認定をくだされることとなる。※1

地下に潜ったMDMAは他のイリーガル・ドラッグ同様に米アンダーグラウンドに流通。新世代のドラッグ※2としてMDMAはますます勢いを増し、やがてアメリカを超え、ヒッピーたちやサニヤシン※3などの手により欧州に広がっていく。

ホセ・アグエイアスが予言した「ハーモニック・コンバージェンス」により、世界規模でのアセンション・ムーブメントが勃発した1987年頃にはインドのゴアやタイのパンガン、スペインのイビザなどといったグローバル・ヒッピーたちの聖地で開催されていたアシッド・パーティーに、密輸されたMDMAが爆発的に拡散されるようになる。これによりロック・ミュージックをバックにLSDなどをキメて踊っていたアシッド・パーティーは、一気にハウスのデジタル・ビートで踊るレイヴへと変容を遂げることとなる。

神経化学的メカニズムは不明だが、胎児の心拍数である120BPMの電子信号とMDMAの相互作用はこれまでのダンスカルチャーに革命的な変革をもたらした。

「究極の位相同期はダンスそのもののさなかに起きる。数千人の「おなじ心を持つ」若者たちがハウス・カルチャーの部族的儀式を執り行なう。ダンスは全員を一つの同期した瞬間にリンクさせる。おなじドラッグ、おなじ生活時間を共有し、おなじ120BPMのサウンドトラックにあわせて踊る。彼らは完全に同期している。新しい現実が自発的に出現するのはこうした瞬間だ。」

『サイベリア―デジタル・アンダーグラウンドの現在形』（ダグラス・ラシュコフ著、大森望訳、アスキー、1995年刊）より引用・抜粋

MDMA、そしてレイヴ・カルチャーはヒッピーの聖地から英国に渡り空前絶後の乱痴気騒ぎ、セカンド・サマー・オブ・ラブを誕生させる。

その享楽性により60年代のサマー・オブ・ラブに比べ「政治的主張も何もない単なる馬鹿騒ぎ」と当時世間からバッシングされがちだったこのセカンド・サマー・オブ・ラブ。

しかし1989年「鉄の女」サッチャー政権が任期10年目を迎え、富裕層優遇措置によるバブル発生で拡大した格差社会における「負け組」たちの孤立感や閉塞感……そして同年に発生する天安門事件や東欧革命、ベルリンの壁崩壊といった歴史レベルでの世界変革に対する集合意識とが共振作用を起こし、セカンド・サマー・オブ・ラブはビッグ・バンを起こす。※4

「人種や宗教の違い、貧富の差などといった事柄などMDMAとレイヴがあれば何の問題もない」レイヴ・コミュニティーの一体感のなか、多くのケミカル・フラワー・チルドレンたちがかつての60年代の先人たち同様に本気でそう感じていた。しかし夏は過ぎ季節は移り変わる。そう、60

年代同様に。

金の匂いを嗅ぎつけた実業家やギャングたちによりレイヴ・パーティーは食い物にされ、[※5] さらに肝心のMDMAにはPMAや殺鼠剤などの混ぜ物が入った不良品が流通するようになりトラブルが続出するようになる。

そしてかつてのパンクよりも拡大したレイヴ・ムーブメントに、大衆コントロール不能の危惧を抱いた英国政府は「ドラッグ蔓延を取り締まる」という表向きの名目で1994年、反レイヴ法案である「クリミナル・ジャスティス・アンド・パブリック・オーダー・アクト1994」[※6]を可決。これによりイリーガルな野外レイヴ・パーティーは完全に止めを刺されることとなる。

以降、わずかに残ったイリーガル派はアンダーグラウンドの奥へと潜伏する一方、法や体制への服従を（表面上だけだとしても）誓ったリーガル派はビジネス展開を本格化。商業フェス化したレイヴ・シーンはベルリンのラヴ・パレードや、日本のレインボー2000[※7]などを筆頭に世界規模に拡大。現在ではポルトガルのブーム・フェスティバルにおけるトランス・シーンや、米マイアミのウルトラ・ミュージック・フェスティバルに代表されるEDMシーンなどの源流となっている。

これらの「健全な」シーンにMDMAが現在進行形としてどれだけ関わっているかは不明だが、[※8] かつてのセカンド・サマー・オブ・ラブにおける「カオスを母とする」スピリット……DIY、自治&アナキズムの精神は、米バーニングマン[※9]に顕著なように異教化、秘境化の彼方にこそ継承されているといえるだろう。

※1 イリーガル認定をくだされることとなる　日本での規制は1990年から。それまでは合法ドラッグだった。

※2 新世代のドラッグ
武邑：バロウズというのはドラッグに関して非常にスタティックなんですよね。最近ニューヨークで「エクスタシー（MDMA）」というクスリが流行ってて、これは完

全にスピード系なんだけれども。これはバロウズが60年代に言っていた第二次大戦の自白剤、あと血管拡張剤という、バロウズがそれを媚薬だと言っていたものの、もう一方を加速させたクスリなのね。「エクスタシー」は言ってみればバロウズをドラッグ・カルチャーの文脈の中で未だにファッションとして人間にとっては、バロウズに捧げたクスリとしか思えない（笑）

坂本：そうですね、要するに副作用のない覚醒剤とLSDを混ぜたようなものでしょ。

「WAVE」5号 特集：メタフィクション 対談：坂本龍一vs武邑光裕「W.バロウズのサブ・ヴォーカリゼーション」ペヨトル工房、1986年刊より引用・抜粋

※3　サニヤシン　インド人宗教家バグワン・シュリ・ラジニーシ（a.k.a. オショウ）を教祖とする信徒。ラジニーシが米オレゴン州で開設したアシュラム（道場）では修業の際にMDMAが使用されていたとの噂もあった。

※4　セカンド・サマー・オブ・ラブはビッグ・バンを起こす　ビッグ・バンの起爆剤となったのは当時レイヴ・カルチャーをバック・ボーンに持ったロック・バンド、ハッピー・マンデーズ（主要メンバーがプッシャーだった）やストーン・ローゼスなどの大ブレイク、いわゆるマッドチェスター・ムーブメントによる部分が大きかった。

※5　レイヴ・パーティーは食い物にされ　日本の野外トランス黎明期にも、ある日を境にパーティー開催地の山の中まで黒塗りの高級車が大挙して押し寄せるなどの出来事があったと聞く。

※6　クリミナル・ジャスティス・アンド・パブリック・オーダー・アクト1994　ジョン・メージャー保守党政権の内相だったマイケル・ハワードの立案による反レイヴ法案。「音楽を増強拡大して使用した、100人以上の人間による、夜間の野外集会」が取締り対象となり、事実上これまでのレイヴ・パーティーは存続不可能となった。

※7　日本のレインボー2000　1996年8月10日、日本ランドHOWゆうえんち（現在フジヤマリゾートぐりんぱ）で開催された日本初のメジャー・レイヴ・パーティー。アンダーワールド、CJボーランド、石野卓球、ケンイシイ、細野晴臣、ミックスマスター・モリスらが出演。多くのマスコミが取材に駆け付けるなか、会場ではイルミナティなるものが配布されたとの伝説もあり。またこの頃よりエクスタシー（MDMA）がなぜかセックス・ドラッグとしてマスコミに取り上げられるようになる（当時は合法）。

※8　MDMAが現在進行形としてどれだけ関わっているかは不明だが　2012年マイアミのウルトラ・ミュージック・フェスティバルに出演したマドンナがオーディエンスに向かって「このなかでどれくらいの人がモーリー（MDMA）に会ったことあるのかしら？」と発言。すかさずEDMミュージシャンのデッドテックから「EDM＝ドラッグと思われるような発言はやめるべき」との「健全な」批判がなされたエピソードは本気でゲンナリさせられたという意見も多い。

※9　バーニングマン　1986年より米ネバダ州ブラックロック砂漠で毎年開催されているイベント。レイヴ・パーティーのみならず、絵画や彫刻などの芸術制作、大道芸、デコレーション・カー、ホリスティック療養までありとあらゆるパフォーマンスが義務付けられ、なおかつ幣経済や商行為を禁止し、相互扶助によって期間限定のコミュニティを形成することを目的としている。イベント最終日には「ザ・マン」と称された人型の木造を燃やすことで知られるが、主催者いわく映画「ウィッカーマン」でお馴染みのドルイド教儀式とは一切関係がないとのこと。

Tune In Turn On The Acid House

狂乱のセカンド・サマー・オブ・ラブ前夜とも呼べる1987年4月。米国ツアーの途中、シカゴに立ち寄ったサイキックTV（PTV）のジェネシス・P・オリッジと（当時の）妻ポーラは、地元ミュージシャンやDJを通して未知なる音楽……アシッド・ハウスに遭遇する。

1984年より展開してきたPTVハイパーデリック路線[※1]のネクスト・ステップを模索していたジェネシスは「これだ！」とばかり、すぐさまシカゴのラジオ局に出向き、6台のカセット・デッキと2台のターンテーブルを駆使して録音実験を開始。ミニマルに持続するビートのうえに、バロウズのカットアップよろしく様々な音源をサンプリングしていった。

アシッド・ハウス実験は米国ツアー中、シカゴのみならずLA、NYでも続けられ、すっかりその可能性に魅了されたジェネシスはツアー終了・英帰国後の9月にはすかさずシェフィールドのスタジオに直行。（ジェネシス本人曰く）英国初のアシッド・ハウス作品「Tune In Turn On The Acid House」をレコーディング。

そこから間髪おかず、元ソフト・セルのデイヴッド・ボールを筆頭とする多数のゲストを迎えアルバム作品『JACK THE TAB - Acid Tablets Volume One』をわずか2日間で制作。この『JACK～』は架空のオムニバス・アルバムとしてリリース。シングル・リリースされた「Tune In～」とともに当時の英クラブ・チャートでヒットを飛ばした。

この成功はＰＴＶがハイパーデリック路線で目指していた「ダンス・ミュージックでの成功」を初めて実現させたものであり、以降ＰＴＶはセカンド・サマー・オブ・ラブの波に乗りながら、アヴァンギャルド・ロックとハウス・ミュージックを融合させた唯一無二の存在として、目がくらむような夏を駆け抜けていく。

「今求められているのは、ジミ・ヘンドリックス的なものに彩られたハウス・ビートであるということに気付いてもらいたいと願っている。別の言い方をすればトランス・ビートを伴った音の無秩序（ソニック・アナーキー）だ。それこそがロック・ミュージックの原初形態であり、原始的律動に電子的サウンド、純粋なサウンド（それはメロディックなサウンドを意味しない）が被さっていき、それが肉体と頭脳の両者に働きかけ、サイケデリックで宗教的でセクシャルな状態を生み出していく」

ジェネシス・Ｐ・オリッジ[※2]

かつてゲイ・カルチャーから培われたディスコ・ミュージックが１９８０年代に入りＮＹのラリー・レヴァン[※3]、シカゴのフランキー・ナックルズ[※4]やロン・ハーディー[※5]らのＤＪミックスにより、それまでのソウル・ミュージックやＲ＆ＢからローランドのＴＲ－８０８やＴＢ－３０３を導入したハウス・ミュージックへと変貌を遂げたように、ハウス・ミュージックのドラッギーな効能「のみ」に焦点をあてたＤＪピエール[※6]などにより突然変異的に誕生したアシッド・ハウス。

このアシッド・ハウスはＭＤＭＡとセットで１９８７年

をピークにイビザ島などを経由し、イギリスに不法入国することでセカンド・サマー・オブ・ラブを誘発。その音楽性もシカゴ産のチープで荒削りなサウンドから、英国ならではのミクスチャー展開に発展。そんなアシッド・ハウス独自展開においてもＰＴＶは突出していた。

「大切なこととして覚えておかなければならないのは、音楽の根本的な変化は常に新しいドラッグとともに起こるということだ。今回もエクスタシー（ＭＤＭＡ）とともに変化は表れた」

ジェネシス・Ｐ・オリッジ

新しいドラッグと同様にこの時期のＰＴＶにとって重要だったのがデジタル・テクノロジーの進化だった。当時最先端のテクノロジーを駆使してＰＴＶはサイケデリックや魔術といった領域に新たなる魂を吹き込む。ヴァーチャル・リアリティによって立ち表れるそれらは「在る」という意味をわれわれに問いかけ続ける。

「我々にはＡ∴Ａ∴[※7]に属するような興味深い知性が必要だった。そしてＤＪたちが必要だった。彼らは我々に必要なものはビートであるということをわからせてくれる鍵を与えてくれた」

ジェネシス・Ｐ・オリッジ

英国でのアシッド・ハウス・ブームは実質１９９０年には下火になり、変わってブリープ・ハウス[※8]に時代は移り変わるのだが、ＰＴＶはあまりにも独自の路線を走り続けていたために90年代初頭も周囲など関係なく「アシッド・ハウス化したグレイトフル・デッド」とでも呼ぶべきライブ活動を継続。１９９2年のＰＴＶ来日[※9]でも狂騒的なトランス・ビートのなか、絶唱しながらオーディエンスとの抱擁（ベロチュー有り）の限りを尽くしていたジェネシスの姿はまさにＥカルチャーの申し子そのものだったと僕は記憶している。

しかしそんなジェネシスはＴＯＰＹでの不穏すぎる宗教活動や反社会性を問題視され、同年１９９2年に英国より国外追放処分をいい渡される。ジェネシスは活動拠点を米国に移動させるが、ＰＴＶとしての活動は滞りがちになり

1996年活動停止状態に陥る。※10

これによりジェネシスのアシッド・ハウスによる60's サイケデリアと魔術のルネッサンス運動の目論みは一旦潰えたかに見えた。しかしテクノロジーによるエソテリックな領域への接続は次世代によって様々な形態を取りながら引き継がれ続けている。その分岐点としてもこの時代のアシッド・ハウス、そしてPTVの活動は重要であったといえるであろう。

※1　ハイパーデリック路線　1984年より故ブライアン・ジョーンズに捧げたPTVヒット曲「ゴッドスター」に代表される、60年代サイケデリック・カルチャーとインダストリアル・カルチャー、そしてダンス・ミュージックの融合を目指したもの。

※2　ジェネシス・P・オリッジ談　1990年の阿木譲氏編集「E」より抜粋。

※3　ラリー・レヴァン　70年代よりNYのパラダイス・ガラージで名を馳せた伝説のDJ。ガラージ・サウンドの生みの親であり、シカゴで発生したハウスをいち早くNYで広めた。武邑光裕氏は、彼のDJテクニックであるストップ（オーディエンスが最高潮に盛り上がっている最中に突然10秒ほど完全無音状態を作る技）はグルジエフのストップ・エクササイズと同様、非常にヤバかったと発言している。

※4　フランキー・ナックルズ　1977年NYからシカゴに渡りウェアハウスのレジデントDJを務める。そこで彼がプレイする音楽がハウスと呼ばれるようになった。

※5　ロン・ハーディー　オーナーとの対立でウェアハウスを飛び出したフランキー・ナックルズの代わりに二代目レジデントDJ（その時にはウェアハウスからミュージックボックスへと店名変更された）を勤めたDJ。独立後パワープラントというクラブを立ち上げたフランキー・ナックルズとDJバトルを繰り広げシカゴ・ハウス・シーンを盛り上げた。

※6　DJピエール　1987年、アシッドをキメたDJピエールがTB-303のツマミをゲラゲラ笑いながらウネウネいじって制作した「Acid Trax」がアシッド・ハウスの誕生といわれている。

※7　A∴A∴　「科学の方法、宗教の目的」をモットーに、黄金の夜明け団を離脱したアレイスター・クロウリーが1907年に設立した魔術結社。東方聖堂騎士団OTOともつながりが深く、現在においてもその霊統は存続しているといわれている。

※8　ブリープ・ハウス　シェフィールドのWARPレコードなどを中心に発生した電子信号音（ブリープ音）で作られたハウス・ミュージック。アシッド・ハウスにはPTVが関わったが、ブリープ・ハウスではキャバレー・ヴォルテールがスィート・エクソシスト名義でヒットを飛ばしている。

※9　1992年PTV来日　今はなき東京パーンで1月に行なわれたライブ。ちなみにその前の1990年にはジェネシス&ポーラは芝浦ゴールドで開催されたE.C.C.O Night「ボディ・アポカリプス」にも出席。ファキール・ムサファーやリディア・ランチとともにパフォーマンスを行なった。僕は残念ながら観ていないが、観た友人に話を聞いたら「なんかよくわからないS&Mショーだった」とゲンナリされたのは良い思い出。

※10　1996年活動停止状態に陥る　ジェネシスの英国国外追放処分は1999年には解除。PTVも2003年にはメンバーを一新して活動再開するも、ポーラと別れた影響なのか？　ハウス路線からは撤退し、よりオーセンティックなサイケデリック・ロックを模索している印象。

The KLF と魔術的思考

1994年8月23日早朝、スコットランドのジュラ島にて英国の人気ハウス・ユニットThe KLFの2人（ビル・ドラモンドとジミー・コーティー）は廃家となったボートハウスに不法侵入し、ハウス内の暖炉のなかで持参した100万ポンド（当時のレートで約1億5千万円）を焼却した。灰となった100万ポンドは主に91年から92年にかけてThe KLFが音楽ビジネス界で稼ぎ出したものだった。

「彼らはなぜ100万ポンドを燃やしたのか?」結論からいえばその答えはいまだ明らかにされていない。The KLFの2人はこの問いに対して何度か公聴会やインタビューにて発言を試みているものの、「説明できない何かに突き動かされた」「悪魔に奪われた魂を取り戻したかった」といった、誰も納得できそうもない回答しか導き出せないままでいる。

そう、「なぜ100万ポンドを燃やしたのか?」彼ら自身もまたその答えの到来を待ちわびているのだ。彼らは100万ポンドを燃やした。その行為は世間には反社会的行為として受け止められ、少数の人々の喝さいと多くの人々の怒りを買い、そして金融資本システムにほんのわずかなカオスをもたらした。

だが彼らが実行した行為に対して、彼らが受け取るはずだったものはいまだ訪れていない。少なくともThe KLFの2人はそう考えているようだ。

それでは彼らが受け取るはずだったものとは一体何なのだろうか? この問題について検証した書籍『The KLF：ハウス・ミュージック伝説のユニットはなぜ100万ポンドを燃やすにいたったのか?』[※1]によれば、ここでヒントとなるのが「魔術的思考」であると述べられている。

魔術的思考とは物理的世界よりも精神的世界に重きを置き、自分の内なるアイディアを現実世界に実現させることだ。精神医学的にみれば「ある事象において理性と観察において因果関係が認められないにも関わらず、物理的に作用をもたらすと確信する」思考である。

まさに一歩間違うと統合失調型パーソナリティ障害にカウントされかねないこの魔術的思考だが、The KLFの2人はこの思考にドップリと憑依されていた。

とはいうものの彼らはサイキックTVのジェネシス・P・オリッジやカレント93のデヴィッド・チベットのような確信犯的な魔術実践主義とは程遠いキャラクターである。彼らと魔術的思考の関わりを考えるうえで重要なのは、あくまでも彼らは「知らず知らずのうちに魔術的な出来事に巻き込まれる」タイプであることだ。

そんな「巻き込まれ方」のThe KLFの魔術的思考の源泉をたどると1970年代のリヴァプール・ユースカルチャーのたまり場であったカフェ「アント・トワッキーズ」[※2]に行きつく。「アント・トワッキーズ」は英国ビート詩人ピーター・オハリガンがカール・グスタフ・ユングの自伝『思い出、夢、思想』にインスパイアされ作られた店舗であり、そのカフェにたむろする大勢の若者たちのひとりがビル・ドラモンドだった。

1976年のある日、ドラモンドはそのカフェで開催される劇の舞台大道具を手伝うこととなる。舞台の演目は「イルミナティ」。舞台監督は英役者であり演出家でもあるケン・キャンベル[※3]だった。

『イルミナティ』は米カルト小説家ロバート・アントン・ウィルソン（以下RAW）とロバート・シェイという元「プレイボーイ」編集者タッグにより、71年、三部作という大長編で発表された物語であり、現在の陰謀論の根幹をなすイルミナティという概念を世界的ポップ・カルチャーに普及させた作品でもある。

RAWについては別項「マインド・ファック～ディスコーディアン運動」を参照していただくが、舞台「イルミナティ」は上演時間がのべ8時間半、出演する役者23人が300人以上の登場人物を演じわけるギネス級に大がかりなもので、とてもアント・トワッキーズの狭いカフェ内で（内容も不条理かつ難解で舞台化に向いているものではなかったこともあり）実現できるとは正直誰にも思われなかった。

しかし蓋を開けると集客、評価ともに公演は大成功を収め、翌77年にはロンドンの国立劇場という大舞台でも「イルミナティ」公演が実現する。しかもロンドン公演にはRAW本人も役者として参加する（大量のLSD持参しながら）というオマケつきで。ノリノリのRAWは全裸になりながらアレイスター・クロウリーのセリフを絶叫するというパフォーマンスまでも披露したという。

まあドラモンド本人は音楽活動をスタートさせるため舞台[※4]「イルミナティ」の仕事を途中で放り出したのだが、それでも彼はケン・キャンベルの（不可能と思われることを魔術的に実現させる）仕事姿勢から重要な「気付き」を得たのだった。

「これだと思ったことは、どんなに馬鹿げて不可能と思われることでもとっととやれ！」これは当時23歳だったドラモンドの行動力学に多大なる影響を及ぼした。

ドラモンドが大道具バイトとして「イルミナティ」と関わったように、The KLFの相方となるジミー・コーティーもまた「イルミナティ」ロンドン公演を観客として体験している。

この偶然は1985年レコード会社サラリーマン[※5]としてドラモンドがブリリアント[※6]というバンドのアルバム制作に携わった際に、そのブリリアントのメンバーだったコーティーとの意気投合する重要なきっかけとなった。ある意味「イルミナティ」がThe KLFを誕生させたといっても大げさではないだろう。

やがてコーティーはドラモンドにゾディアック・マインドワープ[※7]を紹介し、そこでドラモンドはマインドワープから魔術について教わることとなる。

そしてドラモンドとコーティーはセカンド・サマー・オブ・ラブの1987年、音楽グループを結成する。グループの名前はジャスティファイド・エンシャンツ・オブ・ムームー……正統なる古代人ムームー（JAM's）。そう、

『イルミナティ』に登場する抵抗運動組織から拝借されたものだ。

小説『イルミナティ』はストーリーを簡単に要約すると秩序と支配を司る秘密結社イルミナティと、カオスを信仰するディスコルディアの時空を超えた戦いを描いたものだ。しかしここでは光vs闇や正義vs悪といった単純な二元論は通用しない。秩序はカオスであり、カオスもまた秩序なのだ。

ところでJAM's名義で音楽活動をスタートさせたドラモンドとコーティーだったが、この時点で彼らふたりが熱心な「イルミナティ」信者であったかといえばそんなことはなかった。

もちろん前述の通り彼らふたりを結び付けたのは「イルミナティ」ではあったが、実際問題彼らは小説『イルミナティ』を読破できていなかったし、理解できていたわけでもなかった。もっといえば彼らは自らのグループ名のスペル・ミス（ジャスティファイド・エンシャンツ・オブ・ムンムが正しい）にさえ迂闊にも気が付いてなかったくらいだ。[※8]

彼らはそんなごくごく軽いノリで『イルミナティ』から歌詞やイメージを勝手に引用し、自らの表現へと転用した。やがてJAM'sは1年でThe KLFへと名前を変えたが『イルミナティ』からの引用と転用は続いた。

しかしその転用はごくごく軽いノリだった彼らの現実世界に対して激しい科学反応を引き起こし、彼らと世界を翻弄し続けた。知らぬ間にThe KLFに憑依した「イルミナティ」的魔術的思考はあまりにも大きくなり、誰の手にも負えないものになっていく。

その結果として彼らはアバに訴えられたり、[※9]ミステリーサークルを作ろうとして失敗したり、[※10]ディスコルディア信者から郵送された架空の契約書にサインし、大金をかけて決して完成することのない謎の映画を制作したり、[※11]ブリット・アワーズ受賞会場で（空砲ながらも）本物の機関銃を観客めがけて撃ちまくったり、[※12]パーティー会場に羊の死体を放置したり、[※13]楽器もロクに弾けないにも関わらず音楽業界で自主レーベルから破格のヒットを連発したりした。
しかし音楽業界に深入りした代償として悪魔に魂を奪われたと感じ、その奪われた魂を取り戻すためアフリカで悪魔祓いの儀式を実践したり100万ポンドを燃やしたりしたのだ。

まるで「遊び半分で禁断の秘教的領域に踏み込んだばっかりに大変な事態に巻き込まれる」C級ホラー映画の登場人物のような感じだが、実際当たらずとも遠からずといった印象だ。とはいえ彼らは哀れな被害者ではなく、混乱した冒険者の道を歩んだ。

彼らは自分たちに憑依した魔術的思考のビックウェーブを乗りこなそうとどんなに馬鹿げた思い付きでも実践に移した。それは彼らが彼らを飲み込もうとするビックウェーブの彼方にまだ見ぬ新大陸の存在を信じて進む古代人ムンムの姿を彷彿させるものだ。

音楽グループとしてのThe KLFはすでに消滅したが、彼らの魔術的思考はいまだ健在だ。彼らは「100万ポンドを燃やした」23年後の2017年8月23日に新たなアクションを実行する。彼らはミュージシャンから葬儀屋へと転身し、地元であるリヴァプールにピラミッドを建設する計画をブチ上げる。そのピラミッドは死者の灰を含んだ23gのレンガを34952個積み上げることで完成するというものだった。

魔術的思考とその実践によって現実世界はどのように変化し、そしてわれわれはそこから何を受け取れるのだろうか？　そして受け取ったことでわれわれに何がもたらされるのだろうか？

そんなさまざまな問いかけが交差するポイントに立ちつくしながらThe KLFは現在も待ち続けている。

※1 『The KLF：ハウス・ミュージック伝説のユニットはなぜ100万ポンドを燃やすにいたったのか？』（ジョン・ヒッグス著、中島由華訳、河出書房新社、2018年刊）

※2　リヴァプール・ビート詩人ピーター・オハリガンが設立　オハリガンズ、アルマジロ・ティールームズなど色々な名前で呼ばれていた説あり。リヴァプール・スクール・オブ・ランゲージ・ミュージック・ドリーム・アンド・パンというアートセンター兼マーケットの2階にあったその店にはビル・ドラモンドのほか、後のエコー・アンド・ザ・バニーメンやティアドロップ・エクスプローズ、ワー！などのメンバーがたむろしていた。

※3　ケン・キャンベル（1941‐2008）　英国俳優、舞台監督。1997年英国政府推進のミレニアム・ドーム建設計画反対運動のため2K名義で復活したThe KLFとリヴァプール造船夫たちによる舞台「ファック・ザ・ミレニアム」の舞台監督も務めた。

※4　音楽活動をスタートさせるため　1977年ビル・ドラモンドは後にZOO Recordsを共同設立することとなるデヴィッド・バルフ（ザ・ティアドロップ・エクスプローズ）とともにリヴァプール初のポストパンク・バンド、ビッグ・イン・ジャパンを結成。他メンバーはホリー・ジョンソン（フランキー・ゴーズ・トゥ・ハリウッド）やバッジー（スージー・アンド・ザ・バンシーズ）などが在籍し、ピート・バーンズ（デッド・オア・アライブ）が追っかけをするなどカルト的評価を得るが約1年ほどの活動で解散してしまう。

※5　レコード会社サラリーマン　ビッグ・イン・ジャパン解散後ドラモンドは自らZOO Recordsを立ち上げエコー・アンド・ザ・バニーメンやザ・ティアドロップ・エクスプローズのマネージャー業に転身するも、それもうまくいかなくなり大手レコード会社のA&Mマンとして働いた。

※6　ブリリアント　キリング・ジョークのユースが1982年ジュノー・リアクター、ジミー・コーティー、ジューン・モンタナらと結成したグループ。1984年解散。

※7　ゾディアック・マインドワープ　本名マーク・マニング。魔術オタクのグラフィックデザイナーとしてサイキックTVなどのジャケットを手掛けたり、作家として活躍する一方、ゾディアック・マインドワープ名義でLAメタルのパロディを披露し日本でもメタル・ファンに人気を博した。

※8　スペル・ミス　本当はThe Justified Ancients Of Mummuとするところ、The KLFはThe Justified Ancients Of Mu Muと表記している。

※9　アバに訴えられたり　アバの「ダンシング・クイー

ン」を無許可でサンプリング使用したためアバ側から訴えられ、作品回収と発禁が命じられた。

※10　**ミステリーサークルを作ろうとして**　ビデオ撮影のため他人のとうもろこし畑に無断侵入するも所有者に見つかりBBCニュース沙汰に発展。

※11　**謎の映画を制作したり**　The KLF事務所に米国ディスコルディア信者から「ホワイトルームという作品を作れ」という謎の契約書が届いたことをThe KLFが周囲の制止も聞かず真に受け、多額の予算を使い「ホワイトルーム」と題したアンビエント・ロード・ムービーを製作するも未完成に終わった。

※12　**本物の機関銃を観客めがけて撃ちまくったり**
1992年ブリット・アワーズで「最優秀バンド部門」に選ばれたThe KLFは受賞ステージでエクストリーム・ノイズ・テラーをバックに従え「午前3時よ永遠に」ハードコア・バージョンを披露した後、観客に向かって発砲した。

※13　**パーティー会場に羊の死体を放置したり**　最初のアイディアでは受賞ステージで生きた羊を解体するつもりだったが、ヴィーガンであり動物愛護運動にも熱心なエクストリーム・ノイズ・テラーのメンバーに反対され、かつ生きた羊を用意するのが困難だった理由からコーティーの親戚から当日食肉用に殺された羊を用意し、ブリット・アワーズ宿泊ホテル前にその死体を放置した。

バロウズ・オカルティズム

「おれとジムはアパートに戻り、性魔術の儀式を試みることにした。降霊術の教義によると性は付随的なもので儀式の主たる目的にしてはならないということだが、おれは規則とか掟とかは信じないことにしている。何がおこるかやってみなくてはわからない。ジムはおれの尻にまで軟膏をこすりつけ、ペニスをするりと尻の穴の中へと滑りこます。写真とテープの音声がおれの脳内に渦巻くと同時にすさまじい音が耳に轟く。おぼろな人影などがろうそくの向こうに立ち昇る。首を吊った者どもを守護する女神イクス・タブ……ボッシュの絵さながらの絞首台と炎上する街……セト……オシリス……海の匂い……天井の梁からぶらさがっているジェリー」

『シティーズ・オブ・ザ・レッド・ナイト』

（ウィリアム・S・バロウズ著、飯田隆昭訳、思潮社、1988年刊）より引用・抜粋

1952年、逃亡先のメキシコでバロウズは妻のジョーン・アダムスを「ウィリアム・テルごっこ」で射殺してしまう。酒に酔ったうえの事故説、バロウズによる故意の殺害説、ジェーンの意思による自殺説……さまざまな憶測が飛び交うも真相は不明なままだが、事件に対するバロウズの供述はこうだった。

「醜い霊（Ugly Spirit）がジェーンを撃った」

もっともバロウズがその生涯を通して対峙することとなる「醜い霊」の存在をイメージしたのは、事件後のタンジールで（バロウズのカットアップの師匠でもある）ブライオン・ガイシンの示唆[※1]によるものだったが、「醜い霊」が自分の内部に侵入しコントロールされていると確信したバロウズは以降「醜い霊によるコントロールからの逸脱が人生最大のテーマとなり、その対抗策として「書き続けること」を余儀なくされた。

むろんこのようなバロウズの思考を「妻を撃ち殺した罪悪感からの逃避」ととらえることも可能だ。だがバロウズ

は本気だった。バロウズによると「醜い霊」とは「青白くドクロのような顔だが目がなく、翼のようなものを生やしている「姿であり」、アメリカが生み出した独占的で貪欲で醜悪な意識体」のようなものだという。バロウズのオカルティズムへの傾倒は加速する。

ハッサン・イ・サバー[※2]、23エニグマ[※3]、マヤ文明、ライヒのオルゴン・ボックス[※4]、サイエントロジー[※5]……などのこれらオカルト&陰謀論イメージ描写がバロウズ作品では「当然の共通認識」として描かれる。ただでさえ読みづらいバロウズ作品においては、これらの知識に疎い読者は当然おいてけぼりをくらうことになるのだ。

例えば同じようなオカルト・陰謀論を扱う作家としてはバロウズとも親交のあったロバート・アントン・ウィルソンが思い出される。しかしウィルソンがどこか冗談とも本気ともつかない態度で世間や読者を煙にまいていたのに対し、バロウズ・オカルティズムはストレートだ。

「醜い霊」は様々な手段でわれわれの意識に侵入し、コントロールし、隷属を強いる。コントロール・ツールとなるのが言語ウイルスだとバロウズは語る。ヨハネによる福音書「はじめに言葉ありき」だ。そこでコントロールから逃れるためにはわれわれの言語線を切断しなければならない。そこでバロウズは言葉をカットアップする。バラバラに切断された言語はリミックスされ隠されていた意味を表出するようになる。

このバロウズのカットアップ思想は何も文学世界にとどまったものではない。例えば1970年代ロンドン在住時代のバロウズは自分とトラブルになったカフェや、サイエントロジーのロンドン支部に対してカットアップを利用した呪術的攻撃を実践している。実践魔術としてのカットアップ・メソッド……。

バロウズは攻撃対象の写真を撮る。それを現像した写真から攻撃対象の部分をカットし、その土地にその攻撃対象（カフェやサイエントロジー支部）が存在しない風景写真をつなぎ合わせる。その後その攻撃対象の周囲のフィールド音源をカセットレコーダーで収集。その音源にパトカーや災害時の様々な不穏なる音源をミックス・コラージュし、その攻撃対象に向けて再生する。このカットアップ呪術によりカフェもサイエントロジー支部も、ボヤ騒ぎなどのトラブルが続き2週間ほどで実際に移転を余儀なくされたというから驚きだ。ちなみにこのカットアップ呪術をモチーフに制作された映画が1983年の「デコーダー」[※6]であった。

「イメージはサウンドによって大いに支配される。言葉やイメージ同様、音はアディクションとコントロールをもたらす。従ってこれらのシステムを破壊するには、テープレコーダーによる反逆的な録音と再生が有効となる」

『爆発した切符』(ウィリアム・S・バロウズ著、飯田隆昭訳、サンリオSF文庫、1979年刊)より引用・抜粋

「醜い霊」とバロウズの対決がクライマックスを迎えたのが1992年3月、カンザスで執り行なわれた除霊儀式だ。ナバホインディアン呪術師メルビン・ベシリーのもと、蒸し風呂を利用したその儀式には盟友アレン・ギンズバーグも参加。蒸し風呂ロッジのなかでバロウズほか参加者全員が暗闇でドロドロに燻されながら儀式は進行。「醜い霊」を捕まえる一歩手前まで追い詰めたものの除霊としては不完全なかたちで終わったという。バロウズはこう振り返る。「呪術師は苦しんでいた。あの霊に痛めつけられていたんだ。彼が言うには、あの実在物(エンティティ)のパワーはものすごく、あんなに邪悪なパワーの持ち主だとは気付かなかったということだ」。

「醜い霊」とコントロール・システム、その対抗手段となる実践魔術としてのカットアップ。バロウズはこう繰り返す「人生はカットアップだ」と。1997年、83年の生涯を終えたバロウズは果たしてコントロールから自由になったのだろうか?

※1　ブライオン・ガイシンの示唆　ガイシンがトリップした際に自動書記したメッセージ「醜い霊(Ugly Spirit)がジェーンを撃った」を受け取ったことがきっかけとなった。

※2　**ハッサン・イ・サバー**　11世紀から13世紀半ばまでイランからシリア全土の山岳要塞を占拠したイスラム教シーア派内ニザール派の開祖であり、最強暗殺教団のカリスマ。ハシシと快楽殿を用いて暗殺戦闘員を育成。アサシンという言葉はこのハシシ使用から派生したとの説有。バロウズ作品ではこの伝説存在の思想がモチーフとされることが多く、有名な「全ては許されている」もここから引用されている。

※3　**23エニグマ**　バロウズが言及する「23」という数字が持つ陰謀的重要性。主に厄災に関する重要性を含む数字が「23」であるという思想。2003年にはジュエル・マッカーシー監督、ジム・キャリー主演による映画「ナンバー23」が公開され23エニグマについて詳しく描いていた。

※4　**ライヒのオルゴン・ボックス**　1949年ヴィルヘルム・ライヒの著作に感銘を受けたバロウズはライヒの発明したオルゴン・ボックスを自ら制作。オルガスムスから生まれるエネルギー集積に全力を注いだ。

※5　**サイエントロジー**　サイエントロジーが実践するダイアネティックス（L・ロン・ハバードが体系化した心理学）の心理コントロール効果に着目したバロウズはギンズバーグなど友人知人に「ぜひ試してみて欲しい」と手紙を送り周囲をドン引きさせた。もっともダイアネティックスの実践効果に着目したのみで、サイエントロジー会員やハバード（実際に会見したことがある）についてはバロウズは敵とみなし、ロンドン支部に攻撃を加えるなどしていたが。

※6　**デコーダー**　西ドイツ映画プロデューサーのクラウス・メック制作、アタタック・レーベルのミュージシャン、ムシャが監督を務めたカルト・ムービー。主演はE・ノイバウテンのFMアインハルト、クリスチーネ・F、ビル・ライス。バロウズはFMの夢に登場しコントロール・システムの陰謀について語る怪しい電気屋を演じている。

ニック・ランドとアンダーグラウンド・ダンスカルチャー

1987年MDMAによって誕生したセカンド・サマー・オブ・ラブ。この新たなる夏の始まりによりハウスやテクノから新しいダンス・ミュージックがカンブリア爆発のように一気に誕生していく。まさに時代はダンス・ミュージック革命期。

時代の突端を切り開く新しい認知領域に必ず存在するのがアートとドラッグ（この場合はMDMA）であり、この二つを結び付け物語化させるのがオカルティズムであるのは世の常だ。もちろんセカンド・サマー・オブ・ラブにもこの伝統は継承されるが、この場合はユース・カルチャーによるポスト・オカルト運動、ケイオス・マジックによってであった。

1970年代にインダストリアル・ミュージックを生み出した英国のジェネシス・P・オリッジはスロッビング・グリッスル解散後1981年に新バンド、サイキックTVとともにケイオス・マジック結社シー・テンプル・オヴ・サイキックユースTOPYを立ち上げ、セカンド・サマー・オブの季節に誰よりも早くアシッド・ハウスを召喚した。

一方TOPYと双璧をなすケイオス結社イリュミナティ・オヴ・タナトエロスIOTに目を向けると1990年代初頭のアンダーグラウンドなジャングル・シーン[※1]に接近した記録が残されている。

IOTの機関紙であるChaos International（編集人はネオ・フォーク・ファンにおなじみファイヤー+アイスのイアン・リード）には実践魔術についての寄稿のみならず、頻繁にクラブでのパーティー情報も掲載されていた。そこで90年代初頭プッシュされていたパーティーがIOTメンバーであったDJ Hocus Pocus[※2]が主催するジャングル・パーティーだったという。

日本で例えると西川口辺りの道教サークルのノリといえばよいだろうか？　ロンドン一角のカリブ系移民文化から

派生したダンス・ムーブメントとブードゥー的オカルチャーの融合としてのジャングル・シーン。そもそもケイオス・マジックは白人文化だが、この時期クラブカルチャーを通して多文化混合的なモノへと変化、ハイブリッド化を果たした。

これはロンドンのアンダーグラウンドなジャングルと、同じくアンダーグラウンドなケイオス・マジックの親和性が高かったということだろうか？　かつて米国西海岸で新魔女運動とブードゥーなどの土着信仰をミクスチャーし、フェリトラディションを形成したビクター・アンダーソンを彷彿とさせる話である。

ダンスカルチャーに話を戻そう。前述通り1987年セカンド・サマー・オブ・ラブからダンスカルチャー革命は沸点を迎えた。しかし90年代に突入すると94年英国政府によって可決されたレイヴ禁止法「クリミナル・ジャスティス・アンド・パブリック・オーダー・アクト」の影響もあり「合法的に巨大産業化していくパーティー」と「社会的マイノリティによる地下パーティー」の二極化が加速する。この後者こそが90年代のジャングルであり、そこから派生したドラムンベースだった。そしてアンダーグラウンド・クラブシーンはケイオス・マジック的オカルティズム、そして思想、哲学といったのアカデミズムなどとミクスチャーされ一種のカウンター・カルチャーを形成していくこととなる。その象徴となるのがサイバネティック・カルチャー・リサーチ・ユニットＣＣＲＵの存在だった。

１９９５年英国ウォーリック大学において結成されたＣＣＲＵは当時大学で講師を務めていた哲学者ニック・ランドと、サイバーフェミニズム理論家セイディ・プラントを中心に、学生たちを巻き込んで組織される。大陸哲学とＳＦ、オカルティズムをクラブカルチャーを通して研究しようとするサークルであり、「思想を生成する概念機械として」サウンドと社会、テクノロジーの繋がりを追求するものだったという。

ＣＣＲＵに参加した当時の学生メンバーには著書『資本主義リアリズム』で有名な批評家マーク・フィッシャーやHyperdubレーベル主催のkode9ことスティーブ・グッド

マン、アート・ユニットのコジュウォ・エシュン、メディア理論家マシュー・フラーなど、思想、アート、音楽など様々なジャンルで現在活躍する逸材が集結。ニック・ランドが提唱する加速主義[※3]におけるシンギュラリティ以降、この世界に到来するはずの「未知なるもの」とのコンタクトを図るべく実験と実践を繰り広げていた。

クラブカルチャーを通してポスト・ヒューマンを目指す、加速する前進の蓄積運動としてのCCRU。まるでクトゥルフ神話のようなポスト・アポカリプスとしてのシンギュラリティを想定する実践思想。その現場でニック・ランドはでカルトリーダー的存在としてCCRUを牽引していく（セイディ・プラントはわずか2年ほどでCCRUを離脱した）。新たなる認知領域への燃料としてアンフェタミンを投与しながら……。

1996年CCRUのカンファレンスにおいてニック・ランドはアンフェタミンでボロボロになりながら爆音のドラムンベースをバックにアントナン・アルトーの詩を絶叫していたという。このような試みをダサいと切って捨てる気持ちはわからなくもないが、僕個人としてはこのような大いなる自爆行為は「嫌いではない」。加速主義を「生き様」に落とし込みつつ、新しいカルチャーを切り拓こうとした姿勢を「彼の思想の是非はともかく」否定する気にはなれないのだ。

深刻なアンフェタミン中毒により「発狂した」とみなされたニック・ランドは大学の職を追われ、アカデミズム界からも姿を消しCCRUも1998年に解散する。現代思想界においてはすっかり「過去の人」扱いとなったニック・ランドが再び世間に浮上するのは2012年、米国右派リバタリアン、カーティス・ヤーヴィン[※4]の新官房学思想（ポスト英雄君主制度論とでも呼ぶべき?）に共鳴し、ネット上に発表した暗黒啓蒙論によってである。

17世紀より西洋思想に到来したこれまでの「光」的啓蒙思想ではなく、その次のフェーズを思想する暗黒啓蒙はドナルド・トランプの側近として活躍、現在は日本の政財界にも影響を与えるスティーブン・バノン[※5]を筆頭に多くの新反動主義勢力の燃料として投下される。そのオカルティズムと反民主主義思想に我々はイタリアのスピリチュアルレイシスト、ユリウス・エヴォラの影を見てとることも可能ではないだろうか（事実バノンはエヴォラのファンでもある）。

そんなニック・ランドの思想は彼の教え子であったスティーブ・グッドマンがkode9[※6]名義で2000年代に情報ウイルスとしてのダブステップを牽引することで継承、UKクラブシーンに一大センセーションを巻き起こすこととなる。さらには2000年代に突入するとニック・ランドのハイパー資本主義思想をサウンドトラック化したようなインターネット音楽カルチャー、ヴェイパーウェイブが登場。2010年代前半をピークとしながらも様々な変容を繰り返しながら現在も霧散し続けている。

※1　ジャングル　1980年代後半からロンドンのジャマイカやカリブ系の移民2世たちによって生み出されたクラブ音楽。そもそもはレゲエDJがターンテーブルの回転数を間違って鳴らしたことが誕生のきっかけとされるが真相は不明。初期はラガ色が強く、まるでジョイントの太さを競い合うかのようなケムたさと高速ビートが特徴だったが1990年代中盤にはLTJブケムにより高音質化&洗練化されたドラムンベースへと発展。日本では1995年Hジャングル＋tにより完全に誤った伝わり方がなされ心あるジャングル・ファンを奈落へと叩き落とした。

※2　DJ Hocus Pocus　Chaos International による情報のみでこの人の経歴や人種など一切不明。現在ロンドンでDJホカスポカス名義のドラムンベースDJが存在するが多分別人。ちなみにホカスポカスとは「アブダカタブラ」的なおまじないミーム。

※3　加速主義　現行の資本主義システムを過剰に押し進めることで政治や社会の変革を促す運動。左派加速主義が技術進化のプロセスを促進させようとする運動なのに対し、ニック・ランドの右派加速主義は技術的特異点＝シンギュラリティそのものを目的とする。ちなみにシンギュラリティ後に何が社会に訪れるのかはニック・ランド自身も「わからない」と答えているが、恐らく民主主義社会そのものの自壊を目論んでいるふしがみられる。

※4　カーティス・ヤーヴィン　シリコンバレーでスタートアップ企業を立ち上げたカリフォルニアン・イデオロギー

の体現者でありリバタリアン。メンシウス・モールドバグのハンドルネームでブロガーとしてオルトライトに多大なる影響力を与え、新反動主義の誕生に貢献した。

※5　スティーブン・バノン　「オルトライトのためのプラットフォーム」こと米国保守ウェブ・サイト「ブライトバート・ニュース」の元会長であり、ドナルド・トランプの選挙対策本部長、ホワイトハウス首席戦略官を務める。退任後はブライトバートに復帰し、世界各国のナショナリズム、ポピュリズム運動を支援。日本でも2019年安倍政権の総裁外交特別補佐である河井克行の招聘のもと自民党外交部会やアパホテルで講演を行なった。

※6　ダブステップ　UKガラージの2ステップをダブ化しブレイクビーツやジャングル、ドラムンベースをブチ込んだ2000年代ロンドンで誕生したジャンル。オシャレなイメージだった2ステップをひたすらディストピア化させた衝撃は同時期グライムとともに2000年代中盤に黄金期を迎えるも後半には資本システムに回収されるかたちで失速していった。

ヴェイパー・ノーフューチャリズムとミーム化するケイオス・マジック

「サイバー・スペースとしての未来イメージは何度も何度も再利用される。未だ訪れない未来は陳腐化し劣化していきながら、ずっと未来のまま語られ続ける。ヴェイパーなまま永遠に存在し続けるのだ」

磐樹炙弦

2010年代初頭よりインターネット内で誕生した音楽ジャンルであるヴェイパーウェイブ。懐かしの商業音楽（ポップミュージックのみならずミューザックやCM音楽、環境音まで懐古的で資本主義的なものなら全て含まれる）をサンプリングし、チョップド&スクリュード[※1]やループさせまくるそのスタイルは2011年ころからネットミーム的に拡散していく。

しかしヴェイパーウェイブはレコードやCDといったフィジカルでは基本存在せず[※2]、Bandcampや Soundcloudなどネット内の音楽共有サービスのみで展界され、従来の意味での音楽ファンからはその存在すら認知されないままに2012年ジャンルとしてのピークを迎える。それ以降はコアなファンから「ヴェイパーウェイブは死んだ」と揶揄されながらも、フューチャーファンク[※3]やモールソフト[※4]、ハードヴェイパー[※5]など様々なサブジャンルを派生させつつ現在に至っている。

そんなヴェイパーウェイブの音楽的ソースは80年代商業主義ポップスがメインであるが、音楽同様にヴェイパーにとっての重要要素であるヴィジュアル・イメージは完全に90年代リバイバルであるのが特徴だ。低画素数で描かれたカクカクしたデザインのコンピューターグラフィック。そんなヴェイパーウェイブの視覚感覚は現在のヴァーチャル・リアリティ（VR）に近似しているのがみてとれる。

2016年頃に「皆がヘッドセットしてカジュアルにVR体験する時代が来るぞ!」という「VR元年宣言」的ムーブメントが存在したが、そのVRの現在における画像処理能力と、ヴェイパーウェイブによる90年代リバイバルはリンクしているのだ。

ところでVRを実際体験してみると気になるのが、あらかじめインストールされているVRコンテンツの特徴として「森」や「浜辺」といったアンビエントかつオーガニックな環境を題材としたソフトが多数を占める事実だ。なぜに未来装置であるVRが未来を描かず、ひたすらレイドバックした世界ばかりを描こうとするのか。その原因を考えたとき、我々はもはや「新しい未来」をイメージすることができなくなっている事実に遭遇する。

もちろんハイテク技術によって日々更新される技術領域は存在するだろう。しかし我々のイメージできる「未来像」的領域は80年代半ば頃でフリーズしたまま歴史の流れから断絶してしまっているのだ。

VRにより鮮明化される「未来像」のフリーズ化と、ヴェイパーウェイブによって表現されるディストピア・フューチャリズム。そんなノー・フューチャー感を加速させることで新反動主義と呼ばれる人々のBGMとなったのがファッショウェイブ[※6]でありトランプウェイブ[※7]の存在だ。

そもそもヴェイパーウェイブはアシッド・キャピタリズム的に「モンスター化した資本主義をキメて遊ぶ」要素が強いものだが、ファッショ&トランプウェイブはそのキマリ具合が思いっきりバッドトリップに入った世界を召喚、オルタ・ライトたちが夢想する「白人だけのユートピア」で鳴らされるムード音楽とでも呼ぶべき世界を展界させる。そこにはかつてヴェイパーウェイブが持っていた「バブル消費文化を嘲笑しながらも、最終的には「良いお話」にまとめようとする落語的職人芸への意志」はもはやカケラも見受けられない。

これらファッショ&トランプウェイブが、果たして世間でいわれているようにイケてないプア・ホワイト層によって支えられているものなのか？　その実態は不明瞭なままだ。何せインターネット内だけで完結している現象なため誰にも本当のことはわからないし、その不明瞭さこそがシーンの特徴でもあるのだ。そしてそんな不明瞭かつ不穏なシーンを新世代のケイオス・マジックがナビゲートしていく事態が発生する……。２０１６年アメリカ合衆国大統領選挙戦を舞台としたインフォメーション・フォー・ケクと呼ばれる「カエルのペペ=ケク信仰」インターネット陰謀論がそれだ。

２００５年マット・フュリーによる漫画「ボーイズ・クラブ」に登場したキャラクター「カエルのペペ」[※8]。緑色のカエル顔に人間の胴体を持つこのキャラクターはトランプ大統領を生み出したアメリカ大統領選挙の1年前にあたる２０１５年頃からオルタ・ライトとヘイトの象徴としてネットミーム化していった。ネット内のトランプ支持層を中心に、皆がペペをミームとして使用するようになる。

そんななか奇妙な噂がインターネット内で、特に米国の4chan（日本の2ちゃんねるみたいなもの）を中心に広がりはじめる。大統領選挙の頃にはほとんど4chanの非公式マスコットと化していたカエルのペペだが、しかしてその正体は「現代のインターネット画像掲示板に偶然復活したエジプトの古代神『ケク神』である」という壮大な物語が実しやかに流布していったのだ。

混沌を司るケク神はカエルの頭を持つ神であるという。

4chanユーザーたちによる妄想は巨大なミーム・マジックを形成していき、やがてインフォメーション・フォー・ケクというケイオス・マジックへと発展。このケイオス・マジックとインターネット陰謀論がいかほどの効力を実態世界にもたらすのかは不明だが、現実問題として4chanユーザーたちが敵視する「既得権益の象徴である」「トランプの政敵だった」ヒラリー・クリントン※9は敗北し、誰もが予想だにしなかったトランプ大統領は誕生してしまった。

路上の魔術文化として誕生し、70年代から90年代を駆け抜け、ジャングルなど新しいダンスカルチャーや新しいドラッグと共振し、ユース・カルチャーとして成立していたケイオス・マジック。しかしそこから時代は一世代経てしまった現在、ケイオス・マジックは路上からインターネット内に活動空間を移動させミーム化を加速させる。そして今やネット内でコラ画像を作成し、ヴェイパー風カット&ペーストに陰謀論をまぶせばインスタントなケイオス・マジックが生まれる土壌が発生している。まさに90年代にルー・リードが予見したマジック&ロスの世界である。ポスト・トゥルースと真実の信の喪失……。

これらのケイオス・マジックのミーム化について西洋魔術研究家である磐樹炙弦はその歴史を踏まえ以下のように分析する。

「ケイオス・マジックの歴史を遡るとそこにはディスコーディアニズムがあり、米国の伝統文化としてのジョーク宗教がある。ディスコーディアニズムは混沌の神エリスを崇めるジョーク宗教で50年代から存在していた。それが60年代になって印刷物やパンフレットとして流通するようになりカウンター・カルチャーとして機能するようになる。その流れはマイナーながらも途切れることなく脈々と継承されていき、80年代にはサブジーニアス教会を誕生させ、ロバート・アントン・ウィルソンがボブ法王として崇拝される。

さらには2000年代になると日本のネットでもちょくちょく紹介される空飛ぶスパゲッティ・モンスター教なんてのも登場してくるようになる。現在のミーム化したケイオス・マジックはこのようなディスコーディアニズムなどのジョーク宗教の文法を導入しているのだ。

それらをふまえてケク信仰を考えると、このミームの中心にいる人はディスコーディアンやケイオス・マジックの現場というものをちゃんと知っていて、その歴史も把握している人物ではないだろうか。ケク信仰のストーリーはケイオス・マジック的にそれくらい高いクオリティだし、何ならケイオス・マジックへの愛すら感じられる。

推測として考えられるのは、このケク信仰をケイオス・マジックの文脈でミーム化した人物の目的はトランプ大統領を誕生させ「偉大なるアメリカ合衆国を取り戻す」こととは逆に、トランプ的な幻想の未来……白人至上主義やレイシズムといった前近代的な負のレガシーを混沌のジョークのもとへと葬り去ろうとしているのではないだろうか。

むろんこのジョークを「真に受ける」4chanなどの人たちは世界中に存在する。そこにケク信仰ミームを配布すれば何百万人の人間が「釣れる」。あえてそれらを束ねて世界中に可視化したトコロで「ジョークでした！」とはしごを外し、トランプ支持層の情弱っぷりを世界にさらすことを目的にしているなどかもしれない。

ただ、ケク信仰を支持している層のなかには情弱ではなくインテレクチャルな人たちも一定層存在し、あえて「乗っかる」ことでトランプ的世界を推進しようとする動きもみられる。いわゆる加速主義や暗黒啓蒙と呼ばれる人々である。

加速主義や暗黒啓蒙、またはケク信仰とか、こういうネットミームで一国の政治や民族層のイデオロギーを動員できるような実態のなさこそがヴェイパー。そしてヴェイパーが流用する、未だショッピングモールが幸福だった9・11以前の資本主義社会イメージも、その実態のなさ故にヴェイパーたりうるのだ。

霧散し続ける情報神経戦とサイバー化するオカルティズムの到来。代替現実と合意現実の境界線にたち現れるノーマンズランド。そこで加速し続ける人々の欲望はとどまることを知らない。しかしその出口もまた誰も知りえぬままである。

※1　チョップド&スクリュード　1990年代米南部ヒップホップ・アーティストであるDJスクリューがコデインをキメて、その泥酔作用からヒントを得たリミックス手法。極端にピッチを落とし半音ずらしてミックスするのが特徴。ちなみにDJスクリューはコデイン過剰摂取により2000年死亡。

※2　ヴェイパーウェイブはレコードやCDといったフィジカルでは基本存在せず　ダニエル・ロパティン『Chuck Person's ECCO Jams Vol.1』やマッキントッシュプラス『Floral Shopp』など、極限定でカセットテープなどフィジカル化することもあるがほとんど一般には流通しない。

※3　フューチャーファンク　「うる星やつら」「マクロス」など80年代日本アニメのヴィジュアル・イメージと、山下達郎、竹内まりやなどこれまた80年代日本シティポップをネタに、ハウス系のリズムパターンを導入したヴェイパー系ダンス・ミュージック。セイントペプシ、マクロスMACROSS82-99などが代表格。

※4　モールソフト　9・11以前の幸福だった「はず」の大量消費社会の象徴としてのショッピングモールに特化したコンセプトを打ち出すヴェイパーウェイブのサブジャンル。

猫シCORP.などが代表アーティストとして有名。

※5　ハードヴェイパー　ポスト・ヴェイパーウェイブとしてアンチ的立場を打ち出し、脱サンプリング&テクノ〜エレクトロニカ色を強調したサブジャンル。

※6　ファッショウェイブ　2015年11月に発生したパリ同時多発テロをきっかけにネット内で誕生。「ファシスト」と「シンセウェイブ」を掛け合せた造語で、ファシズム&白人至上主義のイデオロギーをシンセウェイブのレトロフューチャー感で表現するのが特徴。彼らのステイトメントではファッショウェイブは環境音楽でありダンス・ミュージックではない。ダンス・ミュージックはアフリカ的でありEDMとかも彼らにとっては退廃音楽であるという。代表アーティストとしてはサイバーナチ、Xuriousなどが挙げられる。

※7　トランプウェイブ　ファッショウェイブがRACやNSBMのネット版なのに対してトランプウェイブはステイトメントの無さから真意がつかめないのが特徴である。果してトランプウェイブはトランプを支持してるのかも実は怪しいし、ネットの匿名性のなかでトランプをネタに遊んでいるだけかもしれない。そしてこのロスト・トゥルース感ゆえにヴェイパーを強く感じさせる。

※８　カエルのペペ　そもそもは「平和なカエル野郎」キャラだったはずのペペ。しかしネットミーム化したことでヘイトの象徴としてイメージは暴走。作者であるマット・フュリーは暴走を食い止めるべく「#SavePepe」運動をネット内で打ち出すが抑止できず。２０１７年５月自らの漫画作品「ボーイズ・クラブ」にてペペの死亡を描くことで事態収拾を図るまでに至った。

※９　ヒラリー・クリントン　大統領選真っ只中の２０１６年９月11日、突如自らの公式ＨＰで「人種差別主義者の象徴」としてカエルのペペを非難したヒラリー。しかし同日９・11追悼式典中に彼女は謎の体調不良に襲われ倒れる。当然ネット内ではこの魔術的出来事が話題となりカエルのペペ＝ケク信仰が加速する事態に発展していった。

ポスト・ヒューマンvsチーム・ヒューマン

加速主義や暗黒啓蒙、新反動主義がシンギュラリティやポスト・ヒューマン、トランス・ヒューマンを目指しテクノロジーによる拡張神経系が生み出す世界が我々のリアルを侵食していく現在、その流れに抗う運動もまた存在する。

テクノロジー拡張神経系の象徴とも呼べるヴァーチャル・リアリティＶＲ黎明期を１９８０年代後半にデザインした米コンピューター科学者にしてミュージシャンのジャロン・ラニアー。しかし「ＶＲの父」[※1]なる異名を持つラニアーは１９９３年突如ＶＲ業界から撤退し、以降デジタル社会の行く末への不信感を表明、現代のシンギュラリティ神話やＡＩ、アルゴリズムが専制支配するデジタル資本主義社会を辛辣に批判し続けるようになる。

ラニアーはデジタル資本主義の問題点を要約しBehaviors of Users Modified, and Made into an Empire for Rent（ユーザー

の行動修正を売りものとし、その使用料を得ることで一大企業帝国を築くシステム）BUMMERとして解説。BUMMERはクラウドに潜む統計マシンであり、企業利益を優先させたアルゴリズムを情報心理戦として操り、社会監視システムとポスト・トゥルースを加速させるデジタル行動科学実験である、とラニアーは定義する。

そんなラニアーとともに「デジタル反対者同盟」を結ぶのがニューヨークのメディア理論家であり、サイキックTVのメンバーでもあった[※2]ダグラス・ラシュコフだ。1995年『サイベリア〜デジタル・アンダーグラウンドの現在形』でカウンター・カルチャーとしてのサイバー・スペースをドキュメント形式で描いたラシュコフ。そのサイベリアのデジタル空間ではあらゆる文化現象と異教主義、ドラッグとレイヴが混在していたが、やがてそのカオスはデジタル資本主義に吸収され、巨大企業用に最適化されていったと述べる。

「コンピューター文化に対する無数の批判のなかでも重要なのが、企業側が我々の個人データから利益を得ている事実である。我々の思考や人間関係、基本的欲求はコンピューターのアルゴリズムによって処理され、広告主に売買されている。いまやＡＩは我々自身よりも我々のことを知っているのかもしれない」

『サイベリア〜デジタル・アンダーグラウンドの現在形』（ダグラス・ラシュコフ著、大森望訳、アスキー、1995年）より引用・抜粋

ラシュコフらによる「デジタル反対者同盟」はそのスローガンとして2015年末「チーム・ヒューマン」を表明する。ドキュメンタリー映像作家アストラ・テイラーや、映画「イエスメン2〜今度は戦争だ！」で米大企業ダウ・ケミカル社を糾弾したアンディ・ビシュルバウム、人間のDNAを使ったバイオ・アートで論争を巻き起こしたヘザー・デューイ＝ハグボーグ、元サイバーカルチャー雑誌「MONDO 2000」編集者R．U．シリアスなど、作家、アーティスト、ITエンジニア、哲学者などの面々が論客として参加、その活動は毎週配信される彼らのポッドキャスト[※3]を通じて「デジタル時代における人間性の再定義」を議論し続ける。

「ロボットやアルゴリズム、そしてシリコンバレーのニーズよりも人間は優先されなくてはならない。我々はチーム・ヒューマンである」

『サイベリア〜デジタル・アンダーグラウンドの現在形』より引用・抜粋

BUMMERに象徴されるインフォテック（ITやAI）と資本主義の魔合体が人類にもたらすであろうシンギュラリティを前に、はたしてヒューマニズムという神話は未だ有益なのだろうか？「自由と民主主義はもはや両立しない」とピーター・ティールなど新反動主義者たちは宣言し、トランプ大統領誕生やブレグジット問題など近代思想の覇者であったリベラル・デモクラシーの虚構がほころび続ける様を世界中が注視する現在、チーム・ヒューマンは新しいヒューマニズムを模索し続けている。

それにしても「新しいヒューマニズム」とはどのようにデザインされるべきなのだろうか？

「ヒューマニズムとは共有虚構である」とはイスラエルの歴史学者ユヴァル・ノア・ハラリ[※4]の言葉だが、ハラリによれば我々人類の文明に飛躍をもたらしたものは「虚構を信じる力」であるという。この力こそが我々人類に共有可能な神話や物語性を想像させ、ヒューマニズムを生み出し、文明を築き上げたのだと主張する。

このハラリの主張を前提とするならば、我々人類にとって真実とはさほど重要なものではなく、昨今の問題となっているフェイクニュースなどのポスト・トゥルース現象もそもそも人類の認知ベースとして存在していた基本要素にすぎないのかもしれない（ハラリにいわせれば科学的根拠がないという意味では伝統宗教もフェイクニュースのひとつに過ぎない）。そう考えればポリティカル・コレクトネスなどの「正しさ」に自縛され、物語性を疲弊させていったリベラル勢力が減速していったのもうなずけるのではないか。

「ひとつのテーゼとアンチテーゼがせめぎあったとき、何が起きるかといえば多数決によるジャッジなどではなく、そのせめぎあいという相互媒介から統合したジンテーゼが発生する。つまり脱人間中心主義でデジタルなポスト・ヒューマン的リアリティと、人間性回復主義で肉体的なチーム・ヒューマン的リアリティの両方が融合していく未来しか我々は人間として見ることができない」

磐樹炙弦

アシッド・キャピタリズムの加速の果てに広がる現代シンギュラリティ神話……脱人間中心主義による「未知なる外部」へのコンタクトを目指すニック・ランドらポスト・ヒューマンなリアリティと、デジタル時代のヒューマン・ポテンシャル運動とも呼びうるチーム・ヒューマンらのリアリティ……この二つのリアリティが並走しせめぎあっている現在、あらゆる情報神経戦はヴェイパー化し交接しながら何十年もフリーズしたままの我々の未来像を霧散しながら覆いつくしていく。そして視界ゼロの未来像に閉じ込められながら、徒手空拳で新たな虚構＝神話をデザインしていく意志が求められているのが「いま」なのだ。

※1 「VRの父」 仮想現実〜ヴァーチャル・リアリティVRはアルトナン・アルトーが芸術用語として生み出したものだが、その概念をラニアーがIT技術化し「VRの父」と呼ばれるようになる。

※2 サイキックTVのメンバーでもあった 『サイベリア』でもジェネシス・P・オリッジやTOPYメンバーとの親密なやりとりが描写されていたラシュコフは2007年PTV復活作品である『Hell is Invisible…Heaven is Her/e』にKey奏者として参加。

※3 ポッドキャスト https://teamhuman.fm/ ラシュコフがホストを務める。オープニングにフガジのナンバーが流れるエモいテンションでデジタル時代のヒューマニズムを模索する。ジェネシス・P・オリッジも出演。2019年には同タイトルの書籍とオーディオブックがラシュコフより出版。

※4 ユヴァル・ノア・ハラリ 2011年ヘブライ語で出版された『サピエンス全史』がFacebook創始者マーク・ザッカーバーグに「人類文明の壮大な歴史物語」と絶賛され世界的ベストセラーになる。日本では『サピエンス全史：文明の構造と人類の幸福』『ホモ・デウス：テクノロジーとサピエンスの未来』が河出書房新社から出版されている。ヘブライ大学で教鞭をとる一方、無料オンラインで人類史概論などの講座を開設。全世界で10万人以上の受講者を受け持つ。また「工業型農業は人類史上最悪の犯罪のひとつ」と宣言しイスラエル近郊のモシャブ（農業共同体）で暮らしながらヴィーガン思想を貫く。ヴィパッサナー瞑想の実践者。

column 海上国家というネヴァーランド

1992年5月27日スウェーデンの現代美術家にして電子音響作家、そして霊界音源研究家でもあるCM・フォン・ハウスヴォルフ&レーフ・エレグレンにより建国された架空王国ザ・キングダムズ・オブ・エレグランド・ヴァーグランド。その国土は地球上の未統治地区ノーマンズランドや国境界線、そして我々の変性意識領域に存在し、現在世界で進行している政治的犯罪行為と経済の一極集中化の破壊、不公正な状況の打破を王国のステイトメントとしている。王国に参加するメンツには故ミカ・ヴァイニオ（パンソニック）、池田亮二、マッツ・ガスタフソン、ジョン・ダンカン、オーレン・アンバーチ、クリス・ワトソン、フェネス、ピーター・レイバーク……などといった世界の実験音楽家たちが名を連ねている。

現在もコンスタントにプロジェクトの進行状況が更新され続けているザ・キングダムズ・オブ・エレグランド・ヴァーグランドだが、無論コンセプチャル・アート的なノリが強くあくまでメタとしての思想運動なのが実情だ。しかし現在、メタではなく莫大な経済力を用いてノーマンズランドに海上国家を築こうとする運動がリバタリアンを中心に現実化しようとしている。「海ｓｅａ」と「家産homested」を合体させたシーステッドSeasted運動である。

シーステッド運動はPaypal創業者ピーター・ティールと、元Googleのエンジニアのパトリ・フリードマンにより設立された「シーステッド研究所」が仮想通貨プロジェクトを推進する会社「ブルー・フロンティアーズ」と提携したものとして発足。確固たるリバタリニズムで連帯する海洋生物学者、航海技術者、海事弁護士、水産養殖農家、医療研究者、警備員、投資家、環境保護主義者たちがメンバーとなり、公海上に独立国家を建設させるという壮大なプランとして発動している。

「自由と民主主義はもはや両立しない」と主張するピーター・ティールを代表するリバタリニズムによる思想。来るべき新フロンティアでは社会福祉や労働者の最低賃金をはじめとする「経済や技術の発展の妨げとなるありとあらゆる規制やモラルを撤廃させる」無規制国家が、果たして外交的承認を始めとして樹立可能か否かは不明だ。しかし現実に２０１９年4月22日タイ沖に海上ハウスを無断で建築した米国ビットコイン長者チャド・エルワータウスキーがタイ政府と主権侵害容疑でトラブルとなり逃走したという事態もすでに発生。さらに海上独立国家プランは中国ディペロッパーをも巻き込み地球規模で拡張の狼煙を上げているほどに加速は進んでいる。そこにはあらゆるモラルから逸脱した実験国家としての資本主義的需要もみてとれるだろう。

そんなモラル無視の自由社会とは持続可能な社会なのか？　持続可能だとしたらどのような未来を我々にもたらすものなのか？？　前述したザ・キングダムズ・オブ・エレグランド・ヴァーグランドがステイトメントした「現在世界で進行している政治的犯罪行為と経済の一極集中化の破壊、不公正な状況の打破」は所詮旧世代リベラルのナイーブな夢物語に過ぎないのだろうか？　全ては変化していく時代の泡のなかにのみ存在しており、そのせめぎ合いからそれぞれの物語を紡いでいくほか我々に手立ては残されていない。しかし泡はいずれ弾けて消えるが優れた物語は継承されていくのも事実なのだ。

column　発達障害とスマートドラッグ

近年、日本の社会問題として注目を集める発達障害。定形発達者に比較し精神面、運動面の発達に問題があり、日常生活や社会適応に何がしらかの支援が必要とされる人たちを発達障害 Developmental Disabilities と呼ぶが、この概念そのものの歴史はまだ浅い。

自閉症、アスペルガー症候群、学習障害、注意欠陥多動性障害……など、これらの症状を米国政府が発達障害という名で公式認定したのがケネディ大統領時代の1963年。そして発達障害という概念が日本に輸入されたのが1970年代以降、その対策として「発達障害者支援法」が政府によって施行されたのが2005年であった。

いわゆる統合失調症のような明確な医学的症状とは異なる「定形発達者との相対的概念」としての発達障害。そのなかの注意欠陥多動性障害などに処方されるのがメチルフェニデート系のリタリンやコンサータといった人間の集中力に作用するスマートドラッグである。

人間の脳機能を向上させたり、認知能力や記憶力を高める向知性剤であるスマートドラッグ。1990年代初頭頃より米国を中心にそのマーケットは広がり、NYなど大都市ではスマートバーと呼ばれるスマートドラッグ・カクテルを中心とした非アルコール系のバーが話題になったり、また受験戦争や企業競争にスマートドラッグが活用されるなどしつつ今日に至っている。ハーバード大学では学生の2割がスマートドラッグを使用している調査結果も報告されている状況だ。

ところで日本で「発達障害者支援法」が施行された2005年といえば、中国産ダイエット薬として話題となったエフェドラや5MEO-DIPT（ゴメオ）などいわゆる脱法ドラッグ問題が世間を賑わせていた時期でもあった。また同時期、鬱病やナルコレプシーに処方されていたリタリンもネット上などでの転売が問題化したこともあり、日本では脱法ドラッグもスマートドラッグも同一視される傾向に至ってしまう（余談だがリタリンがアンダーグラウンドに使用され始めたのが日本でマジックマッシュルームが非合法化された2002年頃なのが興味深い)。

しかし時が過ぎるにつれ脱法ドラッグは違法ドラッグ化し、数々の事件、事故を起こしながら徐々に下火になっていったのに対して、メチルフェニデート系スマートドラッグは世の中の発達障害問題加速化に比例するかのように注目を高めている印象だ。それもかつてのヒッピーやクラブ愛好者などのドロップアウト志向な若者に限らず、ネットおたくと呼ばれるような、一昔前ならドラッグとは無縁だったであろう層にまでその輪が広がっているのが特徴といえるだろう。

このようにドラッグの時代性というものを考えたとき、かつてのLSDやMDMAの時代のようなドロップアウト型ではなく、「社会の速度に対応するためのツール」としてのスマートドラッグが今後重要になっていくのは必然であると予測される。そんなアシッド・キャピタリズムの最果てでわれわれが目撃するのは果たしてどのような未来なのか……。

column 未来天使論

磐樹炙弦（現代魔術研究・翻訳）

「天使 Angel」はそのギリシア語源 ἄγγελος が意味するところ、伝令（Messenger）を本意とする。ユダヤ／キリスト／イスラム教を包摂する啓典宗教世界では、マリアに救世主イエスの受胎を告知し、ムハンマドにクルアーンを啓示するガブリエル／ジブリールが、その最も元型的な表象といえる。

神のメッセンジャーとして天使が人類にもたらすものは、必ずしも祝福ばかりではない。エデンでエヴァに善悪の知恵の樹の実を手に取らせ失楽園の元凶となったサマエル、神の怒りを買って最高の光輝から最低の闇に堕とされ、以降サタンと呼ばれ人間を惑わせ続ける天使長ルキフェル、はたまた自ら神に背いて堕天し、地上の女と交わり呪われた魔女の血族を生み出しつつも彼女たちに手芸と化粧の技術を伝えた、ありがたいのかありがたくないのか微妙なアザゼルなど、どちらかといえば人類にとっては面倒ごとをもたらすことのほうが多い印象がある。ともかくも、彼らは人類になにかしらの情報や技術を伝達し、その結果起こる災厄については人類の自己責任、というのがトーン＆マナーのようだ。

なにかしら未知なるものを人間にもたらし、その結果なにかしら面倒ごとを引き起こすメッセンジャー。それは外在化すれば知恵の樹の実を勧める悪しきサマエルだが、内在化すればエヴァの好奇心溢れる知覚神経系そのものと言える。それが失楽園という人類史上最悪の喪失体験を引き起こすとしても、その樹の実をどうしても口に入れてみたかったエヴァの純真無垢なトキメキを、我々は、特に本書をここまで読み進めてきたようなタイプの人間には、心の底から非難することは不可能であろう。我々は今後も、食べたことのない果実をほとんど本能的に口に運び、その運命を引き受ける。というか、引き受けるとか引き受けないとかそういうことでもない。なにかが起こる。その結果を全身に浴びる。そうして今がある。

我々の知覚神経系の働きを外在化したものが「天使」で

あるなら、その表象は時代とともに更新され続ける。美しい裸体の幼子に翼をはやかした天使像はルネサンス期のエロス礼賛の産物であるし、ドーバー海峡に海底ケーブルが敷かれ大陸とブリテン島間の電信が可能になった途端、霊媒ブラヴァツキーの元にはヒマラヤ最深部の霊的マスターたちから手紙が届くようになる。第二次大戦後冷戦の空を飛び交うＵＦＯは、サイケデリックなマルチメディアショーからスタジアムロックに発展するＰＡ／ライティングシステムを実装し（スティーヴン・スピルバーグ監督「未知との遭遇」１９７７年）、最近では恋を囁くＡＩ（スパイク・ジョーンズ監督「her／世界でひとつの彼女」２０１３年）にまで「天使の身体」は進化し続けている。

メディア理論家マーシャル・マクルーハン（１９１１-１９８０）は、「メディアこそがメッセージだ」と喝破した。それはつまり、エデンの蛇が、ＥＴが、ＡＩが、なにを伝えようとしているのか、その意味内容の解釈に溺れてはならない、という警鐘だ。そうではなく、蛇を、ＥＴを、ＡＩを、摂取し、交配し、溶融する。そうすることで我々は、未知を未知として手繰り寄せ、無限の面倒ごとを

引き起こす。そこでなにかしらが伝達され得るなら、それを我々は未来と呼ぶのであろう。

HAKIM BEY / T.A.Z. (Axion) 1994

ソ連崩壊&セカンド・サマー・オブ・ラブの季節に米国アナキズム思想家ハキム・ベイ(ピーター・ランボーン・ウィルソン)が提唱したThe Tempor Autonomoug Zone 一時的自律ゾーン「T.A.Z.」。この詩的テキスト(本人による)朗読にビル・ラズウェルが異教アンビエントでバックアップした作品。ラズウェル以外では中国琵琶奏者ウー・マンやバケッドヘッド、ニッキー・スコペリティスなどマテリアル関連のメンツが陣取る。冒頭つぶやかれる「カオスは決して滅びない」から一気に意識を持っていかれる聴覚による「T.A.Z.」。「カオス」「詩的テロリズム」「狂気の愛」「イミティアティズム」……など。T.A.Z. ファンお馴染みのテキストによる、この詩とも哲学とも魔術ともつかない(もしくはその全てのミクスチャーである)表現世界は何度体験しても多幸感に包まれる。ハキム・ベイのこのテキストはあらゆる著作権が放棄されているのでみんなもっと活用すべき。対サイバー資本主義、ポスト・コミニュズムとしてのアナキズム!

THE KLF / The White Room (KLF Communications) 1991

「魂の解放への抜け道」であるホワイトルームを探す旅を描いた1989年 The KLF 制作のアンビエント・ロードムービー「The White Room」。この謎すぎる映画のサントラとしてレコーディングされ、1991年完成した実質上のラスト・アルバム。彼ら自身による初MDMA体験をテーマとした「What Time Is Love?」を筆頭とするスタジアム・ハウス三部作を中心とした擬似ライブ・アルバムで、メチャメチャ盛り上がってるファンの歓声はU2やドアーズのライブ盤からパクったもの。彼らが追求し続けたジョーク宗教世界

とコテコテのダンス・ミュージックが見事一体となった歴史的一枚。これにより翌年ブリット・アワードで「最優秀バンド」賞を受賞するも、それが理由で音楽業界からの引退を声明。そしてバンドで稼いだ１００万ポンド（約1億5千万円！）を１９９４年に忍び込んだ空家の暖炉で2時間かけて燃やし尽くしてしまう。余談だがエクストリーム・ノイズ・テラーと『The Black Room』というアルバムを制作予定だったが頓挫してしまった件はかえすがえすも残念。

THE KLF / Chill Out（KLF Communications）1990

元ビッグ・イン・ジャパンからZoo Records経営、エコー&ザ・バニーメンのマネージャーを経たビル・ドラモンドが元ゾディアック・マインドワープのジミー・コーティーと結成した伝説のハウス・ユニット。野外レイヴ会場の明け方、アシッド酔いでボンヤリしていたとき、遠方で汽笛が流れていったのが「イイ感じ」だったのにヒントを得たアンビエント・ハウス金字塔の本作を筆頭に、彼らが～テクノ・シーンに与えた影響は計り知れない。そしてこの世界観のベースとなるのがドラモンドのオカルチャーへの傾倒であり、そこにはロバート・アントン・ウィルソンからムー大陸、ストーンヘンジ、レイラインなどへの並々ならぬ愛情、そして狂牛病騒動時に鉄塔に牛の死骸を吊るしてみたり、他人のトウモロコシ畑でミステリーサークルを作ろうとして見つかりBBCニュースで晒されたりといったアナーキー行動主義がある。１９９２年ブリット・アワードでエクストリーム・ノイズ・テラーをバックに観客にマシンガンをぶっ放し（空砲）、ホテルに生贄の象徴である羊の死骸を置いて逃走。そのまま解散した。

DJ YOGURT & KOYAS / Chill Out (Third Ear) 2010

アンビエントとは何か？　そしてチルアウトとは何ぞや??　そんな意外と誰も答えを出せていないテーマに真っ正面から取り組み、しかもその素材としてThe KLFの大名盤『Chill Out』をチョイスしたDJヨーグルト作品。The KLF作品が著作権無視のサンプリング主体アンビエント作品だったのに対して、こちらはシンセや生楽器を駆使しイチから組み立て直した内容。セカンド・サマー・オブ・ラブに衝撃を受け、アジアやヨーロッパを放浪した体験を持つヨーグルトだけに「なんとなくムーディーなドローン」に没しがちなアンビエントとは一線を画する、「潜在意識へのエフェクト」としてのアンビエント、チルアウトを体現。そしてそんな「潜在意識へのエフェクト」こそがThe KLFの目論見でもあったことを思い出させる一枚ともなっている。

SPACE TIME CONTINUUM WITH TERENCE MCKENNA / Alien Dreamtime (Astralwerks) 1993

ユリ・ゲラーによるとジョン・レノンは1979年にNYの自宅アパートで深夜昆虫型エイリアン4人の来訪を受け、その際に謎の卵型物体を受け取ったという。ゲラーに「これは外宇宙へのチケットさ」と語ったというレノンはその1年後射殺されるわけだが、レノンに8年も先駆ける1971年、米国思想家テレンス・マッケナは37日間に及ぶアヤワスカとマジックマッシュルーム投与実験の果てにレノンと同じ体験を果たしていた！　マッケナもまた「カマキリに似たエイリアンに卵型物体を授けられた」という。マッケナはアヤワスカなどに含まれるDMT（ジメチルトリプタミン）が外宇宙や超時空に存在するエイリアンと繋がる鍵だと主張する。サンフランシスコ電子音楽家ジョナ・シャープによるアンビエント・ユニット、スペースタイム・コンティニュームがなぜこのマッケナとマッケナの主張を前面に押し出した作品をデビュー作としたのか？　そしてこの作品はサイベリア世代の「7UP」なのか?？?

THE SHAMEN / Boss Drum (One Little Indian) 1992

1985年デビュー当時はネオサイケ調ギター・バンドだったものの、1987年セカンド・サマー・オブ・ラブの洗礼をモロに受けアシッド・ハウス化したシェイメン最高傑作。同時代多発したインディー・ロック・バンドのハウス化現象は何だかんだいってもロック・バンド然としたものがほとんどだったが彼らはアタマひとつ突き抜けていた（故に「売れ線にコビ売りやがって」的な批判も多かった）。そしてその突き抜けのベクトルはサウンドのみならずサイケデリックとは何ぞや?？?な思想戦へと突撃。何せ露骨に「Eは良いぜーワッハッハ!!!」を唄いあげる「Ebeneezer Goode」をチャートに叩き込み英国のお茶の間にMDMAメディア・ウイルスを撒き散らした事実だけでも相当なモノだが、ラスト・トラック「Re:Evolution」では米国サイケデリック思想家テレンス・マッケナが延々とシェイメンの電子音楽をバックにシャーマニズムやハウス・ミュージック文化についてウイリアム・ブレイクの詩を引用しながらリーディング！　ハウスと変性意識を考えるうえで重要作品となっている。

SHPONGLE / Nothing Lasts But Nothing Is Lost (Twisted Record) 2005

サイケデリックトランスの重鎮ラジャ・ラム爺とサイモン・ポスフォードにより

１９９６年英国で結成されたシュポングルの傑作３ｒｄ。とにかくＤＭＴに対するこだわりが活動初期よりハンパなく、その音楽内容は聴覚によるアヤワスカ体験としかいいようがない世界を展開。そしてＤＭＴといえばテレンス・マッケナ先生！　ということで本作も堂々と「マッケナに捧ぐ」宣言されている。トライバルな民族音楽やラテン音楽がエレクトリック処理され、ギンギラのあの世に突き抜けるブレイクスルー感覚が延々ノンストップで展開される様はまさにトリップのお供以外なにものでもなし！　彼らは本作発表後、一旦解散するものの２００９年には復活。またサイモンはハルシノジェン名義でも活動しており、こちらもマガったモノが好きな人々から絶大な支持を集めている。マッケナがサイケデリックトランスに及ぼした影響を知るうえでここら辺の作品は重要だ。

THE GRID / Electric Head (East West) 1990

ソフト・セルのオリジナル・メンバーであり映画「デコーダー」のサントラ制作やサイキックＴＶへの参加でインダストリアル方面からも関わり深いデヴィッド・ボールが、同じくサイキックＴＶのアシッド・ハウス作品『Jak The Tab』で共演したリチャード・ノリスとともに結成したハウス・ユニット。当時はプログレッシブ・ハウスなどと呼ばれていたのも懐かしい、デビュー・シングル「Floatation」の浮遊感の衝撃は今も忘れられない。ベルリンの壁が崩壊し、オウム真理教のサティアンから流通したＯＬストリートが跋扈していた時代のニュー・エッジ・ミュージック。しかしこうしてみるとザ・グリッドといいゾス・キアのメコンといい、サイキックＴＶ卒業組は意外に商業的成功を収めている人が多いかも。１９９６年にいったん解散し、デヴィッド・ボールはソフト・セル再結成、リ

チャード・ノリスはアーマンド・ヴァン・ヘルデンとチームを組むなどしたが２００５年ザ・グリッドとして再結成を果たした。

V.A. / Techno! The New Dance Sound Of Detroit（10 Records）1988

いわゆるジャンルとしてのテクノ（ｎｏｔテクノポップ）を誕生させた１９８０年代後半のデトロイト・シーンをコンパイルした歴史的名盤。シカゴのアシッド・ハウスからの影響をモロに被りながらも、シカゴ・ハウスの享楽性よりも工業都市ならではのサイバーパンク感やアフロ・フューチャリズムを思想的にも政治的にも打ち出したエレクトロ・サウンドを展開。ビルヴィレ・スリーと呼ばれたホアン・アトキンス、デリック・メイ、ケヴィン・サンダーソンがそれぞれの名義で参加した本コンピにおけるＤＩＹな実験精神はアカデミックな実験音楽とは異なる輝きを現在も保持している。このデトロイト・テクノ・シーンはセカンド・サマー・オブ・ラブの波に乗り欧州へと輸出され、むしろ欧州で「ハウスよりもシリアスでハードな音楽」的なノリで欧州全土に広がり、ベルギーのニュービートやロッテルダムのガバ、ジャーマン・トランスなどそれぞれの土地の文化と融合していくこととなる。

MADONNA / MDNA（Interscope Records）2012

「みんなMollyに会ったことあるー?」２０１２年マイアミで開催されたＥＤＭフェス、ウルトラ・ミュージック・フェスティバル出演時オーディエンスに向かって挑発とも取れる発言が問題視されたマドンナ。MollyとはＭＤＭＡのスラングであり、丁度当時リリースしたばかりの12thアルバム『MDNA』のタイトルがどう考えてもMDMA過ぎることがドラッグ撲滅団体からクレーム入りまくっていた時期のことだ。同フェス出演のデッドマウスからも「EDMとドラッグがあたかも関係してると思われてしまう」と非難を浴びたマドンナ。しかしそもそもポップスターとはドラッグにせよ、宗教（マドンナは神秘主義思想カバラの熱心な信者であり自宅をカバラ・センターとして提供している）にせよ、セクシャリティーにせよ「文化の先端をマス向けに咀嚼して社会に提示するもの」ではなかったのか？　仏DJマーティン・ソルヴェイをPro. に迎えEDM路線を導入した本作ではそんなマドンナのポップスターとしての覚悟のほどがうかがえる内容。

MINISTRY / The Land Of Rape And Honey（Sire）1988

ハウス・ミュージック聖地であるシカゴにてエレクトリック・ボディ・ミュージックEBMというインダストリアル・ダンス・サウンド代表格であったミニストリー。しかし彼らはセカンド・サマー・オブ・ラブの季節に突如ダンス・ミュージックへの決別を宣言するかのようなスラッシュ・メタル路線を本3rdアルバムより導入する。「かなりアンチハウスだったね。少なくともシカゴではそうだった。アル・ジュールゲンセンは特に嫌っていた」「USのクラブカルチャーはUKやヨーロッパで起きていたサマー・オブ・ラブには興味がなかった。要するにコカインとエクスタシーの違いさ」とは当時ミニストリーに参加していたクリス・コネリーの証言だが、以降の彼らの活動をみれば納得。本作でインダストリアルメタルなる新ジャンルを確立したミニストリーはメタル色とともにニュー・ワールド・オーダーなど陰謀論色も加速させていき、インダストリアル・ミュージッ

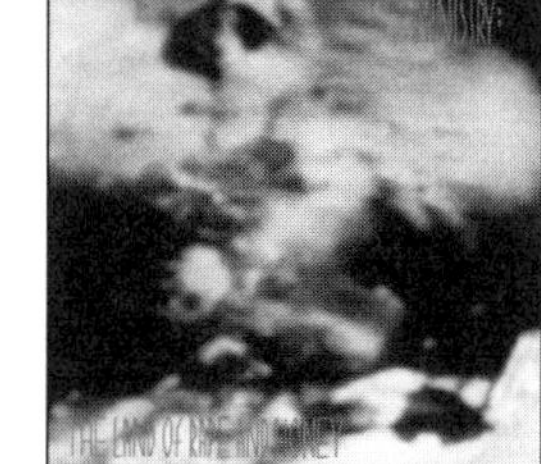

クという言葉の意味を変質させた。

WILLIAM S. BURROUGHS / The Final Academy Documents (Cherry Red) 2002

7年の執筆期間を経て書き上げられた『シティーズ・オブ・ザ・レッド・ナイト』の出版祝いに1982年サイキックTVが企画したアート・イベント・ツアー「ザ・ファイナル・アカデミー」の模様を収めた映像作品。イベントにはサイキックTVやキャバレー・ヴォルテール、23スキドーなども参加していたはずだが残念ながらそこら辺はカット。バロウズによる「デッド・ロード」「裸のランチ」「ノヴァ急報」の朗読、そしてなぜかジョン・ジョルノのパフォーマンス・リーディング模様が収められている。リリース元は「Cherry Red」だが日本盤も「トランスフォーマー」から発売され、翻訳は山形浩生氏が担当。おまけというか、バロウズがらみの映像ということでゆかりの深い英国映像作家アンソニー・バルチ作品もカップリング。代表作である「Towers Open Fire」そしてバルチ死後編集された「Ghosts At No.9」の2作品が収録。バロウズのカットアップ感を実験映像で表現した素晴らしい短編作品だ。

O.S.T. / Decoder (Transperency) 2010

バロウズが生涯テーマとした潜在コントロール概念を最もわかりやすくエンターテイメント作品化したのが1983年西ドイツ映画「デコーダー」。ここでは大衆コントロール・ツールとして「ミューザック」が使用され、そのシステムに気が付いた主人公（ノイバウテンのFM・アインハルト）が「ミューザック」をカットアップした音源を世界にばらまき、コントロール・システム破壊をもくろむ物語。プロデューサーのクラウス・メックは本作の他にもバロウズやノイバウテンの映像作品を手掛けるドイツ映画界重鎮。監督ムシャはアタタックのNWグループ、サーティーンに所属した人物だが映画仕事はこの作品のみ。サントラはソフト・セルのデヴィッド・ボールが担当。ジェネシス・P・オリッジやクリスチーネ・F、E・ノイバウテン、ザザ、そしてバロウズも参加。米「Transperency」からリリースされているDVDとCDの2枚組セットで堪能したい。

BILL LASWELL / Hashisheen: The End Of Law (Sub Rosa) 1999

11世紀イスラム教シーア派内イスマーイール派からの派生したニザール派開祖ハッサン・イ・サッバー。イラン、イラクなどの山岳地帯に「鷲の巣」と呼ばれる要塞を築き、ハシシで統率した暗殺集団を組織したとされる「殉教者の祖」。この伝説の存在をビル・ラズウェル総指揮、そしてハキム・ベイがテキストを作り音楽作品化した一枚。とにかく参加メンツがとんでもなくハキム・ベイ、ウィリアム・S・バロウズ、ジェネシス・P・オリッジ、イギー・ポップ、パティ・スミス、ジャー・ウーブル、ヘリオス・クリード（クローム）、アントン・フィアー、リジー・メルシェ・デクルー、テクノ・アニマル、ポール・シュルツ……などが「アサシン伝説」についてダビーな音楽と朗読で綴っていく内容。実際のサッバーは暗殺集団など率いてなかったし、トルコ軍の流入を防いだ英雄との見方も今日では濃厚だがそんなことはここでは問題ない……とジェネPもサッバーの有名なセリフを囁き続けている。「真実などない、全ては許されている」と。

MATERIAL / Seven Souls (Virgin) 1989

ウィリアム・S・バロウズがバラバラにした文章を無作為につなぎ合わせることで、潜在意識に隠されたメッセージを顕在化させたカットアップ・メソッド。このメソッドを音楽に応用したのがビル・ラズウェル率いるマテリアルだ。バラバラな音楽スタイルや、その音楽が持つカルチャーや政治、宗教を「異質なまま」ミックスすることによって、予測不能の世界を浮かび上がらせる。そんなマテリアルがバロウズ本人を招聘して制作したのがこの３ｒｄアルバムである。バロウズの小説「ウェスタン・ランド」をテーマに、「古代エジプト人は魂が７つあると想定していた……」と死神ボイスで語るバロウズの朗読を軸に、多国籍ファンク、ダブ、アンビエント、ジャジューカが渾然一体となって繰り広げるパラノイヤ絵巻に圧倒させられる。後にリミックス作もリリースされるがやはりオススメは大竹伸朗ジャケのオリジナル。

BRION GYSIN / ONE NIGHT @ THE 1001 (SUB ROSA) 1998

ドリームマシン発明者であり、「文学は絵画より50年は遅れている」と豪語しカットアップ・メソッドをウィリアム・S・バロウズに伝授した男。またローリング・ストーンズのブライアン・ジョーンズをモロッコ山岳音楽ジャジューカへと導いたグル。はたまたオーネット・コールマンやスティーヴ・レイシー、ジェネシス・P・オリッジなどとの交流でも知られる英国シュールレアリスト、ブライオン・ガイシン。彼がジャジューカ音楽に魂を奪われた挙句、ジャジューカの素晴らしさを世界に伝えようと１９５４年タンジールに出店したライブハウス兼レストラン「１００１クラブ（千夜一夜物語）」におけるジャジ

ューカ音源と、そのジャジューカの山岳部楽に入会する儀式のフィールド録音音源に電子音響処理をほどこした1956年作品のカップリング。この「1001クラブ」はオープンからわずか3か月で地元スタッフの呪術戦に巻き込まれあえなく閉店、その後スッカラカンになったガイシンはタンジールで「裸のランチ」を書き上げたバロウズとともにパリへと渡った。

V.A. / Death Garage : Kata Jungle (Katasonix) 1999

1995年英国ウォーリック大学において結成されたCCRUは当時大学で講師を務めていた哲学者ニック・ランドと、サイバーフェミニズム理論家セイディ・プラントを中心に、学生たちを巻き込んで組織される。大陸哲学とSF、オカルティズムをクラブカルチャーを通して研究しようとするサークルであり、「思想を生成する概念機械として」サウンドと社会、テクノロジーの繋がりを追求するものだったという。そんなCCRUの活動の一環として設立されたレーベルがKatasonixであり、その唯一のレコード・リリース作品が本作になる。コード9の最初期音源となるジャングル・トラックや、『資本主義リアリズム』著者マーク・フィッシャーがXxignal名義で録音した暗黒ガラージなど収録。1990年代末期のUKアンダーグラウンド・クラブ・シーンにおける混沌の突端として加速を志したCCRUの心意気がほとばしる。そしてKatasonixは現在もネット内でレーベル活動を継続させている。

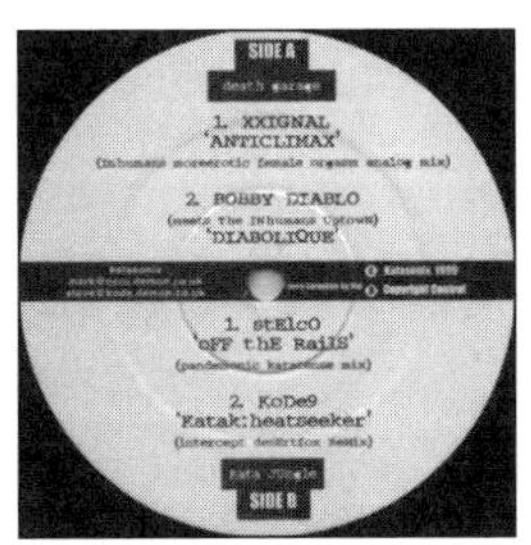

KODE9 + THE SPACEAPE / Memories Of The Future（Hyperdub）2006

英哲学者ニック・ランドがアンフェタミンで加速させた脳ミソでジャングルやドラムンベースの90's英国クラブカルチャーを「音楽として」だけでなく「思想形成装置」として重要視していた時代、彼の教え子でCCRUの学生だったのがkode9ことスティーブ・グッドマンだった。情報ウイルス／データスフィアとしてのクラブカルチャー思想をランドから継承したグッドマンは2001年にウェブジンを立ち上げ、そこから発展したレーベル「Hyperdub」を2004年設立。ゼロ年代ダブステップ旋風の爆心地となる。グッドマンはウェブ上の哲学フォーラムでHyperdubについて「情報ウイルスであり、人間とマシンを複製化し突然変異体を誕生させる。その手口はアフロ・ヴォーティシズム（渦巻き派）である」と宣言する。そんなグッドマンがkode9名義で発表した1stアルバムは2014年に死去したMCザ・スペースエイプとのコラボで、ポエジー溢れるジャマイカン・ダブステップが圧巻。

CHUCK PERSON / Eccojams Vol.1（The Curatorial）2010

ヴェイパーウェイブ発火点！　ブルックリンのアブストラクト電子音楽家として2007年よりワンオートリックス・ポイント・ネヴァー名義で活躍するダニエル・ロパティン。彼が2010年チャック・パーソン名義にて限定100個のカセットテープ作品として発表した本作。マイケル・ジャクソンやトトなど大メジャー音源をチョップド&スクリュードやループ、コラージュ編集しまくった脱構築商業ポップスは、ネット・ミームとしてのそれではないものの、後のヴェイパーウェイブの雛形となったのは間違いないだろう。感覚としてはかつてのジャンク・ノイズにあったピープル・ライク・アスとか初期ストックハウゼン&ウオークマン、初期暴力温泉芸者とかのアナキズムに近いものを感じる。２０１６年にこれまた限定１００個のカセットテープが復刻されるも速攻で入手困難になった。まあ多くのヴェイパーウェイブ同様ネットでいくらでも体験できるし、そういうジャンルなので皆もネットで楽しんでいただきたい。

ONEOHTRIX POINT NEVER / Age Of (Warp) 2018

CHUCK PERSON / Eccojams Vol.1 にてアシッド・キャピタリズムとしてのヴェイパーウェイブを爆誕させたダニエル・ロパティンの本業ＯＰＮの２０１８年作品。加速主義、暗黒啓蒙を通して新反動主義に影響を与えるニック・ランド、そしてＣＣＲＵからのインスパイアを公言しまくったその内容はシンギュラリティ到来後のニューエイジ世界か。バロック調のハープシコードがヴェープ化していくタイトル・ナンバーからフリーキーなセッション・ナンバー、メロディアスなボーカルものまで、全体を包み込むメランコリックさと、そのメランコリックさが沸点に達してメルトダウンしていく様が俯瞰した視点から物語られていく。しかしそんなアポカリス感満点な世界観なのに深刻さはゼロ！　本作からの先行発表された「Black Snow」ＭＶはモロに福島第一原発「指差し作業員」パロディだが、ポスト福島すらも「キメる」ことしか資本主義社会では許されていないという意思表示なのか。

ULTRADEMON / Seapunk（Rephlex）2013

テン年代以降の西海岸ＳＮＳカルチャーを象徴するシーパンク、といえばエメラルド色に染め上げた髪の毛にクリスチャン・ラッセンな柄物ファッション。そしてロウファイな音質のダンス・ミュージックに、そのＢＧＶとしてレトロ感満載の３Ｄグラフィックってイメージだが、その代表格だったのがこのウルトラデーモン。それまでのネット上での活躍から一転してエイフェックス・ツインなどでお馴染み「Rephlex」から現実世界へと商業デビューを果たした本作。とはいえＣＤなどの音楽「だけ」でシーパンクが成り立つモノかと問われれば疑問だし、まあフォーマットのひとつとして提示されたプレゼン的内容と受け取るのが正解か。ともあれセカンド・サマー・オブ・ラブ以前のレイヴ・カルチャーとは断絶されたユース・カルチャーの誕生をどう読み解いていくかは重要。余談だがウルトラデーモンは２０１６年性転換後にＬｉｌｌｙ名義に変更、ウルトラデーモン及びシーパンクを完全封印している。

MACINTOSH PLUS / Floral Shoppe（Beer On The Rug）2011

１９７０年代にスロッビング・グリッスルが資本主義社会がもたらす大量生産&大量消費社会をテーマに非音楽的手法でインダストリアル・ミュージックを生み出したように、テン年代以降のグローバル資本主義社会に対するカウンターとして注目されるのがヴェイパーウェイブの存在だ。かつてのThe KLFを彷彿とさせる著作権ブッチでの盗用サンプリング音源（ほとんどがネット上での拾い音源）をスクリュードやループなどエフェクトの彼方へとブッ飛ばし、酸性の蒸気に包まれたがごときレトロ・フューチャー世界を醸し出す

ヴェイパーウェイブ。インダストリアル・ミュージックが非音楽的手法で新たな音楽を生み出そうとしたのに対し、ヴェイパーは非音楽的手法で音楽システムそのものの解体を加速させる。そんなヴェイパーの臨界点ともいうべき作品がUS女性トラックメイカー、ヴェクトロイド（ラモーナ・アンドラ・ザビエル）がマッキントッシュ・プラス名義で発表したこの2011年作品。以降のシーンの動向を決定付けた歴史的意味は音楽ファンが想像するより大きいのかもしれない。

SAM KIDEL / Disruptive Muzak (The Death Of Rave) 2016

かつてバロウズによるコントロール概念を描いた西ドイツ映画「デコーダー」（1983年）では商用BGMであるミューザックが重要テーマとなっていたが、現在ポスト・アンビエント〜ニューエイジ・シーンに重要な相関関係を担うヴェイパーウェイブ界隈においてもミューザックの存在は重要だ。使い捨てBGMであるミューザックが持つジャンク性をヴェイパーはズタズタに、かつメランコリックに再利用してみせる。そしてブリストルのヤング・エコーなどで活躍するEl Kidによるこのソロ作品では、その再利用ミューザックが企業や官庁に対してテロ的アクションを仕掛けるコンセプトに基づいて制作されている。ヘルプラインやコールセンターのオペレーターによる「もしもし」「後ほどお掛け直しください」などの機械的会話にミックスされるヴェイパー・サウンドは「分裂するミューザック」とのタイトル通りの現代批評性に彩られており、ヴェイパー・シーンにおいても異色の内容。

猫 シ Corp. / News At 11（猫 シ Corp.） 2016

「ヴェイパーウェイブは1980年代の消費主義、ファッション、ヤシの木があるスタイリッシュなモール、ネオンが輝く道での真夜中のドライブ……そういったものにかなり依存している」と語るのはオランダ出身の猫 シ Corp. だが、彼を含めほとんどのヴェイパー系アーティストは世代として80'sポップカルチャーの体験者ではない（猫 シ Corp. 自身は1989年生まれ）。彼らが描くノスタルジーは冷酷な世界に対しての逃走であり、現実社会を書き換えるための魔術的行為とも呼べそうだ。2016年9月11日に発表された本作品はタイトル通り2001年アメリカ同時多発テロをテーマとしたもので、当日のテレビ番組のコラージュで構成されている。そして全てのサンプル音源がテロ発生直前でカットされており、あたかもテロは発生しなかったような世界が演出されている。ひたすら引き伸ばされた仮想ノスタルジー。

SAINT PEPSI / Hit Vibes（Keats//Collective） 2013

世の風営法問題など笑い飛ばすかのようなイリーガル・ディスコ世界。ヴェイパーウェイブから2012年突如サブ・ジャンルとしてフューチャーファンクを牽引したセイント・ペプシことライアン・デロバーティス。NY州ロングアイランドを拠点に80'sシティ・ポップス（某タツロウなど邦楽ネタ多数）やディスコ〜ソウル・ネタをズタズタに切り張りしてグチャグチャにリサイクルさせたその音楽スタイルはネット・ミームの殻を突き破り、現在ではCarparkなど表世界で活躍中。しかし三次元世界のしがらみは面倒なものでセイント・ペプシ名義はやっぱ法的に問題アリアリなため2015年スカイラー・スペンスへと改名を余儀なくされる。本作は２０１３年にＭＰ３などデータでリリースされたアルバムで、その人気から２０１４年にカセット化、２０１５年にはヴァイナル化もなされた出世作。どこにも存在しないヴァーチャル・ノスタルジーで踊りまくる名盤。

CYBERNAZI / Galactic Lebens (Cybernazi) 2016

インターネット・ミームとして世界に認知されたことで様々なサブ・ジャンルを生み出したヴェイパーウェイブ。しかしなかには不穏なものも存在し、その最たるものがファッショウェイブだ。ファシストとシンセウェイブの混成語であるファッショウェイブはヴェイパー同様にネット上のミームであり、80's消費社会へのノスタルジーを掲げるも、その一方白人至上主義、反ポリコレ、反リベラルな思想を曲タイトルやヴィジュアル・イメージで主張。２０１５年11月パリでのテロ事件をキッカケに誕生したサイバーナチはその代表格だ。ナチスの「東方生存圏」をもじったトラック「Galactic Lebens（銀河生存圏）」によってデビューを飾ったサイバーナチはかつてライバッハがメタとして展開してきたファシズムのパロディを（恐らく）本気で展開させる。ジョン・カーペンター映画のサントラをひたすらベタベタにしたようなこのサウンドがどのように聴かれているのかは不明だが、オルタナ右翼たちには熱烈に支持されている。

XURIOUS / Rise Of The Alt-Right (Xurious) 2016

かつてファシズムのパロディ「ニューライト宣言」において黒人音楽全否定を表明したホワイトハウスに呼応したわけでもないだろうが、ファッショウェイブはアフリカ的リズ

ムを全否定しＥＤＭすら「退廃音楽」とみなしている。彼らにとってファッショウェイブはダンス・ミュージックなどでは決してなくアンビエント・ミュージック、もしくはムード・ミュージックなのだという。サイバーナチとともにファッショウェイブのパイオニアであるジューリアスのネット上で展開されるトラックもまたオルタナ右翼たちが夢想する「白人だけのユートピア」で鳴らされるムード・ミュージックなのかもしれない。イタロ・ディスコから官能性をそぎ落とし、いなたさだけを追求したような世界を鼻で笑うことはたやすい。しかし時代はすでにファッショウェイブからトランプウェイブというサブ・ジャンルを生み出しネット内を侵食中。

P.E.P.E. / Shadilay (Magic Sound) 1986

第45代米大統領選挙戦真っ只中の２０１６年９・11。オルトライトのネット・ミームと化したマンガのキャラ「カエルのペペ」を唐突に非難したトランプ対抗馬ヒラリー・クリントンは９・11追悼式典にて謎の体調不良をおこし倒れる。すかさず同日にネット内でオルトライトに「偶然に」発見され話題となるのがこの作品だ。何とアーティスト名がペペで、レコードのラベルには魔法の杖を振っているカエルのイラストがプリントされているではないか！　ここから「何か」を積極的に受信したオルトライト陣営はこの曲を自分たちの国歌に認定！　ネット内では数々のリミックスがヴェイパーに溢れる事態となった。まあ元ネタは１９８０年代イタリアで活躍したシンガーソングライター、マニュエル・ペペによるイタロ・ディスコ作品なのだが、オルトライトによるケイオス・マジック、ケク信仰に加速を及ぼし、誰もが予想しえなかったトランプ大統領を生み出すいち要素になっ

たのだから「This Stuff Works」この上ない話である。

2814／新しい日の誕生（Dream Catalogue）2015

インダストリアル世代なのでヴェイパー界における変な日本語乱立を目にする度にフィータスによる一連のアート・ワークを思い出してしまうのだが、まあ実際のところはサイバーパンクやアニメ、ゲームなんかの影響なのだろうか？ ムーブメントを牽引するレーベル、ロンドンのDream Catalogue首謀者であるＨＫＥ（元Hong Kong Express）がtelepathテレパシー能力者とタッグを組んだユニットであるこの２８１４作品もアルバム・タイトルから各トラック名まで全て日本語（一部中国語）で統一されており、その字面（新宿ゴールデン街、遠くの愛好家など）だけで異様な世界観を醸し出している。しかし「サイバー昭和」な視覚イメージとはうらはらに、音の方は上質な電子アンビエントを展界させ（ヴェイパーウェイブにしては珍しく）ウェブ上のみならずカセットやＣＤ、ＬＰなどもリリースされた。どこにも存在しない思い出へと沈んでいくようなノスタルジーに胸が締め付けられる。

JULIAN COPE / Peggy Suicide（Island）1991

今や『ジャップ・ロック・サンプラー』の著者としてしか日本では認識されなくなった感アリアリのジュリアン・コープ。思えば「モノクローム色こそ正義」なポスト・パンク時代にギンギラなバブルガム・サイケを志向したティアドロップ・エクスプローズ時代から一貫してカウンター側に存在する人だった。特にキリスト教的な白人男性主義にノーを突きつけ80年代の来日公演では「自分白人男性でゴメン」的なハラキリ・パフォーマンスまで披露。さらにはセイント・ジュリアン路線で救世主の仮面を被ったインチキ白人男の物語を延々と展界したりとこじらせっぷりはハンパなし。そしてこの作品のあたりから旧石器時代の巨石信仰研究へと傾倒。自虐史感からペイガン路線に開眼。巨石に関する専門書を二冊も執筆発表してしまう本気っぷりに驚く。本作はそんなジュリアンが幻視したペギーなるマザー・アースをテーマにゴアトランス的価値観をアートロックで表現した怪作。

JARON LANIER / Instruments Of Change (Point Music) 1994

仮想現実〜ヴァーチャル・リアリティVRはアルトナン・アルトーが芸術用語として生み出したものだが、その概念をIT技術化し「VRの父」と呼ばれるのがジャロン・ラニアー。1992年には映画「バーチャル・ウォーズ」でヘッドセット装置をデザインし、初期VRアイコンの多くを発明するも1993年にはVR業界から撤退。以降AIを筆頭とするポスト・ヒューマン運動にことごとく警鐘を鳴らし続け、2015年には『サイベリア』著者でありメディア理論家、デジタル経済評論家であるダグラス・ラシュコフが主催する「チーム・ヒューマン」による反シンギュラリティ運動に参加。2018年にはVR製作に復帰するも「VRとAIは正反対のものである」と一貫した姿勢を表明し続けている。本作はそんなラニアーがVRから離れ、音楽活動に注力した1st。そもそもピアニストであり、テリー・ライリー作品にも参加していたラニアー。アジアの民族楽器を駆使しまくったニューエイジ的実験音楽はライリーやルー・ハリソンなどの系譜に位置するものだ。

BJORK / Vespertine (One Little Indian) 2001

地元アイスランドで12歳より歌手活動を続けるビョーク。地元ポストパンク・バンド、K.U.K.L.やシュガーキューブスでの活躍を経て1993年ソロ・デビュー。ダンス・ミュージックに乗せたノリノリの歌姫路線で世界的人気を博すが、徐々に彼女の創作世界は内面化していき本作でその内観路線は頂点を迎える。「アイスランド人はキリスト教徒からみたら異教徒」と語る彼女の想いと信念が情念となってあふれ出す「Pagan Poetry」や北欧神話のカーリ伝説にまつわる「霜」をテーマにした「Frosti」などペイガン路線を前面に押し出した内容。そもそもアサトル協会の高位聖職者ヒルマル・オウルン・ヒルマルソンとの古くからの関係や、彼女の腕に刻まれたルーン文字コンパスのタトゥーなど、ペイガンからの影響を公言してきた彼女のステイトメントとも受け取れる。以降彼女はテクノロジーと自然をテーマに、従来の音楽活動に加えVRやアプリ、ウェブサイト、ワークショップなどマルチメディアを駆使し、デジタル・シャーマニズム路線をひた走ることとなる。

Ражданская Оборона / Поганая Молодежь (Not On Label) 1989

1993年エドワルド・リモノフ&アレクサンドル・ドゥーギンとともに国家ボリシェヴィキ党「ナツボル」設立に参加したロシア・ポストパンク界のスター、イゴール・レートフ。その彼の代表的ユニットが1984年シベリヤで結成されたグラジュダンスカヤ・アバローナである。以前より反体制活動をくり返しKGBによって精神病院に収監されていたレートフは自らのアパートにて宅録パンク・スタイルを確立。ほぼ全てのパートを自分でこなし、初期ディスチャージをひたすらロウファイ化させ、そこにロシア民謡テイス

トをにじませた楽曲に、ジャックスばりの情念ボーカルを叩き込んだ初期作風は今もって衝撃的だ。ペレストロイカ前夜のソ連パンクスたちに熱狂的に支持され、そのレコードはＫＧＢの目をかいくぐりながら地下ルートでコピーされまくったという。以降はインダストリアル色や民族音楽色を取り入れるなど様々な作風を展界させながら30作以上のアルバム・リリースを続けるも、２００８年わずか43歳の若さでレートフは命を落とした。

ANNA VON HOUSSWOLFF / Dead Magic（City Slang）2018

電子音響ノイズ巨匠にして霊界音源収集家でもあるＣＭ・フォン・ハウスウォルフの実娘にして「スウェーデンのケイト・ブッシュ」との異名を持つシンガーがこのアンナ・フォン・ハウスウォルフだ。２０１０年よりミュージシャンとして活動を開始した彼女が描き出すゴシック世界はかつてのデッド・カン・ダンスやコクトー・ツインズといった４ＡＤレーベルが展開させていた異教主義と、ポスト・ロック以降のドローン音響がハイブリット化したような混沌を生み出す。そんな彼女が２０１８年ベルリンのCiry Slangよりリリースした４ｔｈアルバムが本作。Sunn O)))の仕事でもおなじみランダル・ダンをプロデューサーに迎え、コペンハーゲンの教会に設置されたパイプオルガンを多用し制作された幽玄空間が凄まじい。過剰に唯物論化された現代社会へのカウンターとしてのゴシック復興運動。

ACHERONTAS / Faustian Ethos（Agonia Records）2018

Acherontas は Nikolas Panagopouros（ニコラス・パナゴプーロス）を中心とするギリシアのブ

ラックメタル・バンド。古代シュメールの神々を復活させることを目的としてカバラや様々な種類の儀式魔術が一体となった宗教結社として1997年から活動を続けている。中心人物のニコラスは別ユニットのダークアンビエントプロジェクトShibalbaとレーベルZazen Sound及びZazen Sound Magazineを立ち上げ、魔術的なバンドや魔術関連の記事、過去の音源復刻など活発に活動している。このアルバムは今のところ彼らの最新作であるが、非常に聴きやすくメロディラインも美しくテクニック的にも優れた演奏でメタルとしてのクオリティは高く、一般に受け入れられそうな内容になっているが、初期の荒々しさや邪悪さは少々控えめになっている。彼らの全音源がBandCampで試聴及び入手可能。（宇田川）

SHIBALBA : BLACK SEAS OF INFINITY / Mahakala (Nihilward Productions) 2015

ニコラス・パナゴプーロスの別プロジェクトがShibalbaである。重低音を強調したダークアンビエントは聞く者の恐怖感を煽ると同時に強烈なリズムが随所に用いられ、異教の儀式の中乱舞する狂信者たちの群像を思い起こさせる。収録曲「Death Posture」はまさに儀式の際のポーズであり、耳にしただけで儀式に参入し精神が変容しそうな気分になる。なにやら怪しげなお香の薫りもしてきそうな音楽。一般受けはしないものの、わかる人にはわかるような心のどこかの引き金を引きそうな音楽。これもBandcampで聴くことも買うこともできる。なおZazen Soundの販売するものは皆少量限定で機会を逃すと入手困難なものが多い。Zazen Sound Magazineは英語で書かれ、良質の記事で満ちていて、ヨーロッパの偏った思想の持主による音楽シーンを知る上では欠かせない資料である。（宇田川）

SHIBALBA : EMME YA / Witchblood Emanations (Nihilward Productions) 2015

Emme Yaはシリウス伴星の太陽系にある二つの黒い太陽を持つ惑星。アトランティスの伝承によればこの星の異星人が地球人に叡智をもたらしたとされる。Emme Yaはコロンビアのカリ在住でproud to be homosexualと自称する魔術師でミュージシャン兼アーティストのエドガー・ケルヴァルのプロジェクトである。エドガーは雑誌「Qliphoth」などを定期的に刊行し、全世界のケイオス・マジックのネットワークと文献紹介を精力的に行なっている。筆者も定期的に彼の刊行物を購読して愛読することで得ることも多い。さてEmme Yaの音楽だが、これは陰鬱な重低音を強調したブラックメタル寄りのダークアンビエントともいうべきもので、あえてダンサブルなリズム感は排除して、瞑想に適した音楽として作られている。儀式の際に何かの薬物とともに用いられることで最大限の効果をもたらすのではないかと思われる。(宇田川)

AGNUS DEI / Paternoster (Musik Atlach) 2009

アグヌス・デイは外田直美のワンマンプロジェクトである。第1作Gaea (Indigo Music SCD 30.010, 2004) はニューエイジ色の強い作品であるが第2作Dixit Dominus (自主製作) からダークアンビエントに作風が変化。その原因はパレスチナのガザ地区へのイスラエル侵攻に抗議するためという。音楽的にはA Challenge of Honourを彷彿とさせるアグヌス・デイのライブは、暗闇の中で数本の蝋燭の明かりだけで行なわれ、いやがうえにも儀式性は高まった。外田直美(元マドモアゼル・ショートヘアー)は関西プログレシーンでの活躍が長く、かつては夜来香(ページェント、浪漫座の中嶋一晃氏率いるバンド)のヴォーカリストを務めていた。現在外田はナスカ・カーのボーカルとして活動中であるが、アグヌス・デイのライブをもう一度見たい気もする。（宇田川）

LES JUMEAUX DISCORDANT / Les Chimères（Athanor）2015

90年代にダークウェイブ・バンドGothicaで活動していたロベルト・デル・ヴェッキオが2000年に開始したダークアンビエント／ダークウェイブ・プロジェクトがル・ジュモー・ディスコルダントだ。実はル・ジュモー・ディスコルダントの前に彼はThe Last Hourなるプロジェクトを立ち上げ、これは現在も活動中だが、男性ボーカルの入ったダークウェイブといった音楽性で、これは私の琴線を揺らさなかった。ル・ジュモー・ディスコルダントはレーベルのプロデュースが良かったのか、魔術や錬金術がコンセプトの根底にあり、Les Joyaux De La Princesseのような20年代を彷彿させるレトロでクラシカルなメロディと電子音やノイズとの融合、幻想文学に題材をとった魔術的なまでに詩的な歌詞の効果的な使用といった各要素が見事に合致して類まれな作品になっている。（宇田川）

LES JOYAUX DE LA PRINCESSE & REGARD EXTREME / Die Weiße Rose（Les Joyaux De La Princesse）1995

ナチス政権化の第二次大戦中、ミュンヘン大学にてハンス・ショルとその妹ゾフィー・ショルを筆頭とする5人の学生とクルト・フーバー教授によって組織されていた「白バラ抵抗運動」。1942年から43年にかけて「全ドイツ人への訴え」としてナチスによる欧州支配を非難した6種類のビラを配布。当時のドイツ知識階級による反ナチ運動の前衛として活動するも、大学構内でビラを撒いていたゾフィーが大学職員に見つかり全メンバー逮捕。死の裁判官ローラント・フライスラーの人民法廷にて反逆罪を宣告され全員処刑された。時は経ち1995年、エリック・コノファルによる仏マーシャル・インダストリアル・ユニットLJDLPが突如この「白バラ抵抗運動」に捧げたアルバムを発表する。まるで宝石箱のような初回限定ボックスにはCD、ピクチャー7EP、「白バラ」について綴ったブックレット、そして運動メンバーのポストカードがまるで遺品のように詰め込まれていた。はたしてこれはレクイエムなのか、それとも新たな抵抗運動宣言なのかは不明だが、彼が熱狂的にまなざす復古主義の先にこそ欧州インダストリアル・シーンの未来の一端が担われている。

LES JOYAUX DE LA PRINCESSE / Aux Volontaires Crois De Sang (Les Joyaux De La Princesse)

2007

エリック・コノファルのワンマンプロジェクトがLes Joyaux De La Princesseである。歴史上の事件や人物を題材にしてヘヴィなインダストリアルノイズに30年代を思い起こさせるメランコリックなメロディがオルガンやピアノで奏でられる。戦前の演説のようなものも随所に挿入され、サウンドコラージュやミュージック・コンクレートの手法が用いられる。それぞれのアルバムはごく少数発行され、パッケージもアートとしての趣向を凝らしているため高価で取引され海賊盤も発行されている。ライブ回数も数少なく、音源も入手困難ではあるが、ノイズ・インダストリアルファンには人気が高い。しかしながら歌詞内容やエリック自身の思想的背景が民族主義的国粋主義的であるとされ活動の機会は狭めら

れている。比較的思想問題でのチェックが甘いとされる日本公演が待たれる存在である。(宇田川)

THULESEHENSUCHT IN DER MASCHINENZEIT / Ungern Von Sternberg Khan (Old Europa Cafe) 2013

テューレゼーンズフト・イン・デル・マシーネンツァイトはソルマン・ムッティのワンマンプロジェクト。作品のコンセプトは、エルンスト・ユンガーの唱える概念であるArbeiter、これは単なる労働者ではなく、高度な技術と同時に強固な意志と禁欲を貫く崇高な人間のことであり、機械の奴隷ではなく機械の主人として存在し、機械と融合した未来の超人たちのために、かつての失われた北方の理想郷チューレを復興させることにある。ルネ・ゲノンに代表される伝統主義や、アレクサンドル・ドゥーギンのユーラシア主義もこれに加わる。グローバリズムに反抗して、それぞれの民族が独自の文化を維持しながら有機的に結合し交流し共存するユーラシアの大地を思い起こさせるようなサウンドスケイプは、高度なテクノロジーに裏付けられ、あらゆるイデオロギーを克服した超人の支配する未来世界を表現した一編の映画を見るようだ。(宇田川)

ORREYELLE DEFINISTRATE BASCULE / The Choronzon Machine (iNSpiRALink) 2007

オリエル・デフィニストレイト・バスクルはオーストラリアのメルボルン在住のケイオス・マジシャンであり、音楽家、彫刻家、画家、劇団Metamorphic Ritual Theatreを運営する劇作家でもある。彼のマジックは伝統的な西洋儀式魔術に世界中の異教的・秘教的知

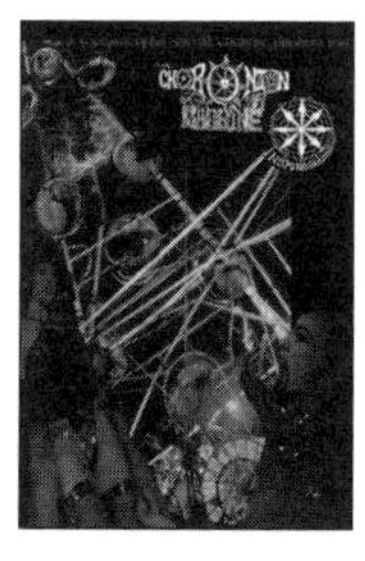

識が融合したものである。地球の様々な聖地をグローバルチャクラと呼び、各地での儀式を行なうことで地球全体の地霊を蘇らせることを目指している。その聖地はカリフォルニアのシャスタ山、ペルーのチチカカ湖、オーストラリア中部のウルル、イギリスのグラストンベリー、エジプトのギザとサッカラ、ブルガリア南部の様々なディオニソスの祭祀遺跡、ニュージーランドのマウントクックなどである。彼にとっての演劇は観客をも巻き込んだ儀式として上演され、錬金術と秘教のシンボルが埋め込まれたものとして、演者と観客の意識の変容を意図している。（宇田川）

MULTICULTURAL SYMBIOTIC SOCIETIES / Drop Out（MSS）2016

画家の内海信彦の弟子であり「ドロップアウト塾」を母体に設立された「早稲田リベラルアーツ・アソシエーション」事務局長を務める山田遼による音楽ユニットＭＳＳ（多文化共生社会）１ｓｔ作品。ドローン・ノイズのザラついた粒子に漂う音声コラージュ。初期ハフラー・トリオのオカルティック音響やデレク・ジャーマン映画「ザ・ガーデン」の心象風景を彷彿とさせるテレパシック空間。ポスト3・11の最果てに誕生した氷点下のアンビエント・サマーに揺らめくアンダーコントロールへの警鐘。アートによるポリティカル情報神経戦を企てながら新時代を切り開こうとする意志。我々の無意識下で従属を強いる全てのシステムからの逸脱を目論むＭＳＳ。「あらゆる抑圧から解放された『リベラル・アーツ＝自由になるため』の、己の日常を深く問い正すことによって生まれる表層的ではない芸術実践の場を創造する」早稲田リベラルアーツ・アソシエーション理念より。

SPITZ A ROCO／人情（Borbon）1984

ノルウェー・インナーサークルのブラックメタラーも泣き出すのが1987年、神奈川県で発生した「藤沢悪魔祓いバラバラ殺人事件」なわけだが、その犠牲となった被害者がリーダーを務めていたバンドの唯一のアルバム作品。理由は不明だがバンドのコンセプトとしてファミリーがテーマとされており、メンバーも「女房に逃げられた親父」「祖父母」「ドロップアウトした息子と娘」という設定でコスプレまでしてステージをこなしており「崩壊寸前の家族が送る涙の衝撃作」なるコピーも意味深だ。ちなみに被害者となったバンドのリーダーは加害者の従兄弟に「世界は悪魔でいっぱいだから、悪魔を祓う救世の曲を作ってほしい」とのリクエストに奮闘するも、結果として彼自身が「悪魔に取り憑かれた」ため殺害されたという。1969年チャールズ・マンソンのファミリーがサマー・オブ・ラブの幻想を壊滅させたように、同じくファミリーを主題とした彼らがセカンド・サマー・オブ・ラブの時代にこのような事件に巻き込まれたことは偶然なのだろうか。

KOOZAR: BANGI VANZ ABDUL / Same（Zero Dimensional Records）2014

日本ブラックメタル黎明期の1992年、突如徳島に発生した独りブラックメタル・ユニット、ゴルゴス。その徹底したアンダーグラウンドっぷりとドス黒すぎるプリミティブさは「国産ブラックメタル・シーンの歴史を塗り替えるレベル」とマニアたちに噂されるもアンダーグラウンド過ぎて存在自体がオブスキュアなまま2000年には活動停止。果たして伝説の彼方へと埋もれたかと思われたが2014年クーザー名義で突然の復活を果たした。それも盟友である実践現代魔術結社「東京リチュアル」代表磐樹炙弦とのタッ

グにて！ クーザーによるゴルゴス直系のプリミティブ・ブラックメタルと、磐樹炙弦による「混沌を召喚する」ディープ音響ノイズが交互に展界される魔術的アプローチが際立つ。北欧ブラックメタルがルーンやアサトル信仰を召喚するのに対しての混沌魔術召還。極東の秘儀としてのリチュアル・ミュージック。

井内賢吾／邪鬼祭 '89ライブ（四国満都）1990

四国のデスフォーク井内賢吾は世紀末から21世紀初頭に活動停止。長い長い沈黙を続けている。向井千恵、長谷川洋、河端一など関西のベテラン・ミュージシャンとの共演や交流もあり、MSBRとのコラボも成し遂げるなど、90年代初期においてはひとつのスティタスを確立していたが、今では記憶の片隅に追いやられ音源も入手不可能に近い。音楽的には現在の瘡原亘にも通じるような陰鬱で病的な歌詞や旋律があり、同時代のアメリカのデスフォークとして知られたヤンデックとの親近性も高い。90年代に電話料金が安くなる深夜に井内氏と長距離電話で話したことを昨日のように思い出す。電話では彼は動物実験の会社に勤めていて動物の頭をホルマリン漬けにする仕事をしているといっていたが、それが真実なのかは確かめようがない。数年前関西在住のベテラン・ミュージシャンに突然井内賢吾からメールが来て、「レコーディングを再開した」と聞いたが、その後の消息は不明である。（宇田川）

えろちか／復らざる時の歌 Live 1991（Acid MothersTemple）2017

アシッド・マザーズ・テンプルの河端一が１９８４年から92年まで率いていた和調プロ

グレバンド「えろちか」の、解散前夜である1991年のライブ音源を自ら発掘、デジタルリマスターを施したもの。えろちかは、1984年関西で結成、1987年名古屋で活動再開、その後メンバーチェンジを繰り返しながら活動を続けたが、国内メジャーやSSEからのリリースを断っているうちに1992年解散。ナゴムのコンピレーション「おまつり」と「イカ天完走版」ビデオにそれぞれ1曲が収録された他に、1990年発行の自主製作8センチCDとカセットブック「Live 91'」をリリースしたのみであった。徹底した変拍子と陰旋法で構築される楽曲、古文調で歌われるエロティックな歌、当時から唯一無比の音楽性を誇った「えろちか」は、時代を超えた作品として語り継がれる。（宇田川）

TOMOYOSHI DATE / Otoha (Own Records) 2011

ニューエイジ・ミュージックが人々の霊性に変化をもたらすことを目的とするものだとすると、しばしジャンル的に混同されがちなアンビエント・ミュージックははたしてどうだろうか？　コリー・デュプリーとのイルハや畠山地平とのオピトープなど国内外アンビエント・シーンで注目を集める音楽家であり、医師として東洋医学と西洋医学のハイブリッド「つゆくさ医院」を調布にて開業する伊達伯欣はこう語る。「瞑想状態における呼気の音のようなものがアンビエントである」と。サイケデリックな意識変容ではなく、意識からの離脱……無という状態への溶解。ソロ名義作品として2ndにあたる『Otoha』は彼の妻の妊娠から出産の間に制作された音源だという。どこか郷愁を感じさせるフィールド音源から電子音、ピアノなどにより紡がれていく「ゆらぎ」。その「ゆらぎ」が体験するわれわれのオーガニックなこころとからだに浸透していく禅的空間。

KENJI SIRATORI / Monster's Device (Minerva) 2013

加速主義やニック・ランド関連の話題からも注目を集める北海道出身の詩人、白鳥健次。2005年頃よりサイバーパンク散文詩や音楽制作などの活動をスタートさせ、インダストリアルやノイズ関連の作品をリチャード・ラミレス（ブラックレザー・ジーザス）、GXジュピター・ラーセン（ヘーターズ）、ヒプノスカル、アストロ……などとのコラボ作品やソロ作品を精力的にリリースし続けている。その作風はMEGO的エレクトロニカからグリッジ・ノイズ、インダストリアルまで幅広いが、一貫したディストピア感をともなっている。2003年発表の本作はチェンバー音などアコースティック音源やフィールド音と電子ノイズが室内楽風にコラージュされ、ナース・ウィズ・ウーンド中期作品にも相通じる感触を持ちながらも、もっとジャンク感と戯れている印象だ。また詩人として2002年英国のCreation Bookより『Blood Electric』を出版しており、現在海外での活動に注力している模様だ。

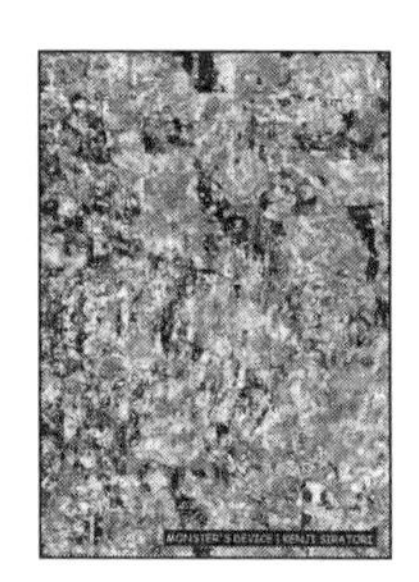

PARANOIA INDUCTA feat. KENJI SIRATORI / Black Paper (Beast Of Prey) 2007

ニック・ランドやCCRUの流れから現在注目の前衛作家、詩人の白鳥健二がポエトリーリーディングで参加したポーランド・インダストリアル・ユニット、パラノイア・インダクタによる2007年作品。アンソニー・アーマゲドン・デストロイヤーにより2003年より運営されるこのプロジェクトは終末思想的宗教色の強いダークアンビエントが特徴だが、ここではなぜか雅楽インダストリアルとでも呼ぶべき世界を展開。中世ジャパネスク色の強いダークアンビエント的稀有な空間に白鳥のサイバーパンク詩が漂う組合わせの異様さが際立ち、ほかに類を見ないクオリティに仕上がっている。かつてニック・ランドがCCRUでドラムンベースをバックにアルトーの詩を絶叫していたように、インダストリアルやエレクトリック・ミュージックとポエトリーリーディングの組み合わせはまだまだ開拓すべき余地があると個人的には考えている。その可能性を証明する一枚がこの作品だ。

KING KONG JAPAN / Gorilla Venus

「金星からきたゴリラ」ことキングコング・ジャパンはエレファント・ノイズ・カシマシのディジリドゥー奏者、小松成彰によるスカムR&Bユニットだ。金色のゴリラ・ビジュアルにてスウィート&ロウなトラックとシュールな歌をエモーショナルに展界させるそのスタイルは90'sロウファイやスカム・シーンをどこか彷彿とさせながらも独自すぎる未来派R&Bを生み出し続けている。サン・ラが土星派ならゴリラは金星派！　しかもレイキやヒプノセラピーといった代替療法の実践者でもあるゴリラが放つバイブレーションは超イルでありつつメガ・ポジティブという道教的陰陽世界。いわゆる既存のスピリチュアル界隈が陥りがちな「イケてなさ」からいかに逸脱するか……そのアンサーの多くをHAHAHAと大笑いしながら軽やかに指し示すゴリラのエヴァンジェリック具合は重要このうえないといえるだろう。

AKIRA THE DON &TERENCE MAKENNA / Clockwork Elves (Not On Label) 2019

ヴェイパーウェーブの流れからロウファイ・ヒップホップが生まれ、そこから派生した

新ジャンルであるミーニングウェーブ（Meaningwave）。そしてそのパイオニアがアキラ・ザ・ドンである。ミーニングウェーブとはテレンス・マッケナやアラン・ワッツ、ジョーダン・ピーターソン、ハンター・S・トンプソン、イーロン・マスクといった思想家、哲学者、ジャーナリスト、芸術家、実業家などの啓蒙的なスピーチをサンプリングし、ヒップホップ・トラックにMIXする手法だ。アキラ本人は自身のミーニングウェーブを説明するにあたって「オーディオ・ハイパー・シジルである」と宣言しており、インテレクチャル・ダークウェブやケイオス・マジックとの関わりも示唆されている。果たしてミーニングウェーブとはポスト・ニューソートなのか？　それともダークウェブ界のニューエイジ・ミュージックなのか？？　メロメロにメロウな楽曲のなかで答はビートに揺られ続けている。

ALAN WATTS & LO-FI. COSM / Watt Is Reality? (Not On Label) 2020

アキラ・ザ・ドンが提唱したミーニングウェーブの流れからはたしてポスト・ニューソート運動が誕生するのかどうかは不明だが、この流れのなかで俄然注目を集めているのがヤソスとの付き合いでニューエイジミュージック・ファンからも支持を集める英国哲学者アラン・ワッツ（1915－1973）の存在だ。アキラ・ザ・ドンがWATTSWAVEなるシリーズ作品をリリースしているのを筆頭に、YME FRESH、NICK BATEMAN、TRISKELION、NORTH WOODSといったヒップホップ、ダウンテンポ、トランスなどのアーティストたちが「この1年ほどの間に」よってたかってアラン・ワッツのスポークン音源をサンプリングしまくっている現象が意味するものは何か？　本作もそんな流行に

乗りまくったアルバム作品で、ひたすらミニマルなロウファイ・ヒップホップに「人生は解決すべき問題ではない。するべき体験なのだ」的なワッツ先生のスポークンが乗っかる内容。啓蒙 or DIE。

ALAN WATTS / This Is It（MEA）1962

2020年代初頭、ミーニングウェーブ界隈で再発見されまくっている英国哲学者アラン・ワッツ（1915-1973）。そもそもは米国西海岸で禅ブーム、ビートジェネレーション、ヒッピー運動、ニューエイジに影響を与え続けたカウンターカルチャー生き字引とも呼べるアラン・ワッツ。そんな彼の代表作品といえばやはりコレ。アモン・デュールの1stばりのアシッド服用グラグラ具合に、（初期サン・ラのメンバーによる）コンガなどのグニャグニャなパーカッション、ピアノやマリンバ、フレンチホルンのキラキラっぷりに召喚される集合無意識的祈りの言葉……。「サイケデリック・ミュージックやニューエイジ・ミュージックの原点」的評価が高い作品だが、個人的には『Organic Music Society』期のドン・チェリーがアシッド過剰摂取によりコントロール不可になった印象。そして啓蒙や洗脳はこんな変性意識状態にこそインプリンティング効果を発揮するのだ。

THE POLICE / Synchronicity（A&M Records）1983

いわずもがなポリスの有名すぎるラスト・アルバムにして、高校生だった自分がカール・グスタフ・ユングの存在を知ったキッカケとなった恩義ある一枚。本作レコーディングのためジャマイカ滞在中、「007」原作者イアン・フレミングの別荘に籠って作業

していたスティングはここでユングの著作を読み漁り『Synchronicity』の着想を得たとのこと。さらにはシングル・カットされた「Synchronicity II」はイエイツの有名な詩「The Second Coming」にインスパイアされており、歌詞上では現代人の集合的無意識の不安象徴としてネス湖のネッシーらしきモノが登場。はてさてイエイツとネッシーといえばネス湖のほとりに別荘「ホレスキン・ハウス」を所有していたイエイツの天敵、アレイスター・クロウリー（ネッシーはクロウリーの魔術的創造物との説有）を想像するほかなく、超心理学とオカルティズム、変性意識などを接続する「あなたの聴かない世界」的には文字通り「シンクロニシティ」な内容となっている。

ALAN MOORE, DAVID J, TIM PERKINS / The Moon And Serpent Grand Egyptian Theatre Of Marrels（Creopatra）1996

実践魔術師であり「ウォッチメン」「フロム・ヘル」などDCコミックス原作者として世界的に有名な英国作家アラン・ムーアが元バウハウス「のデヴィッド・J、そしてマルチ・ミュージシャン兼コンポーザーのティム・パーキンスと組んで制作した音楽作品。このメンツではカセット含めアルバム3作品を発表（デヴィッド・Jのいないティム・パーキンスとのデュオはさらに3作品あり）し、これが3作目にあたる。レーベルがゴス系でおなじみクレオパトラだけあってダークな印象が色濃い（バウハウス作品をコラージュした音源もあり）。アブストラクト・ロックなドローン空間にアラン・ムーアの邪気たっぷりなリーディングが漂う暗黒魔術世界。しかしムーアやバロウズなどに顕著なように欧米では気鋭の作家がエッジの効いたミュージシャンと音楽作品を作る文化がカジュアルに存在し現在も機能し

てるのは純粋にうらやましいし、日本でもみんなどんどんやるべきと思う。

ヘンリー川原／電脳的反抗と絶頂：エッセンシャル・ヘンリー川原（EM Records）2021

ダグラス・ラシュコフが名著『サイベリア』にて90年代前半の米国デジタル・アンダーグラウンドとサイケデリックスやオカルティズムの異種混合文化についてレポートしたように、日本における90's秘教的サイバー文化を音楽的に紐解く存在がこのヘンリー川原である。１９９１年から１９９６年という短期間に日本オカルティズムを代表する出版社八幡書店をメインに23作（23！）の作品を発表。サイキックＴＶファンにもお馴染みのヒューゴ・ズッカレリの立体音響システム、ホロフォニックスの日本型展開としてデジタル式立体音響ヴァーチャル・フォニックスを確立したヘンリーによるケミカル変性意識世界にただただ圧倒される。ライナーノーツで八幡書店代表である武田崇元氏が当時を振り返って「オカルトと神道とサイバーパンクがごちゃまぜみたいな」と評していたが、たしかにそんな時代だった。レイヴ・カルチャー前夜のデジタル・サイケデリアとチルアウト。

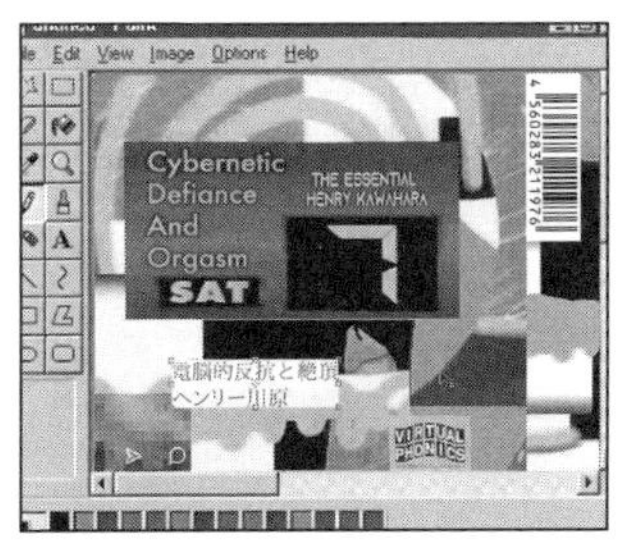

あとがき

「見えないものを見ようとし、聴けないものを聴こうとするトークイベント」として2014年よりスタートした「あなたの聴かない世界」（第一回目のテーマはフレデリック・ユルゲンソンの霊界音源だったな、すでに懐かしい……）。

当初から「トークイベントをシリーズ化してそこから得た知見をまとめたら書籍が一冊作れるのでは？」という取らぬ狸の皮算用ありきなスタートだったが、当然のように世の中そんなに甘くはなかった。それは2014年から現在までかかった年月の長さがすべてを物語っている。まさにノー・プラン、ノー・ライフである。

とはいえ費やした年月のなかで得難い体験はたくさんあった。なにぶん未知の人々とのトークから得たものをベースに情報と思考を積み上げていく作業である。僕の1冊目の著書『INDUSTRIAL MUSIC FOR INDUSTRIAL PEOPLE』のときの孤独な作業とは異なり、多くの師（マスター）たちから思いもよらぬ刺激や発見、気付きを伝授された。そんな「注目すべき人々との出会い」的イニシエーション最終報告（ファイナルレポート！）として本書は存在するものである。

トークイベントとしての「あなたの聴かない世界」の歴史を振り返ると以下の通り。

◉Vol.1：音響ノイズと霊界音源
出演：佐々木秀典（Zoo Tapes）
2014年7／19 大久保 Art Space BAR BUENA

◉Vol.2：ケイオス・マジック・フォー・インダストリアル・ピープル！！！
出演：宇田川兵夫（フリンジカルチャー）、磐樹炙弦（西洋魔術研究家、東京リチュアル主催）
2014年11／22 大久保 Art Space BAR BUENA

◉Vol.3：ネオ・ペイガニズム望郷編
出演：宇田川兵夫（フリンジカルチャー）

２０１５年２／７大久保 Art Space BAR BUENA

◉Ｖｏｌ．４：ニューエイジの彼岸へ
出演：谷崎テトラ（ワールドシフト代表理事）
２０１５年４／24大久保 Art Space BAR BUENA

◉Ｖｏｌ．５：アートとセラピー　相互浸透としての環境音楽
出演：伊達伯欣（つゆくさ医院、イルハ、オピトープ）
２０１５年７／26大久保 Art Space BAR BUENA

◉Ｖｏｌ．６：レイヴ・カルチャーとサイケデリック
出演：ＤＪヨーグルト（UPSETS）
２０１５年10／18大久保 Art Space BAR BUENA

◉Ｖｏｌ．７：A night ＋あなたの聴かない世界合同企画
Majick Lantern Circle 幻灯機団!!!
「ポスト情報神経戦としてのスピリチャリズム」（ＤＪイベント）
出演：Belle、DJ MEMAI、佐々木秀典（Zoo Tapes）、DJ P.R.D.
２０１６年１／10大久保 Art Space BAR BUENA

◉Ｖｏｌ．８：短波ラジオとトランス・コミニケーション
出演：直江実樹（短波ラジオ奏者）、堀口謙（A.N.T）
２０１６年３／20大久保 Art Space BAR BUENA

◉Ｖｏｌ．９：New Age or New Edge　ＥＭレコードとお届けする霊性音楽の世界
出演：江村幸紀（EM Records 代表）
２０１６年６／４阿佐ヶ谷よるのひるね

◉Ｖｏｌ．10：New Age or New Edge Returns 日本ニューエイジ秘史
出演：バンギ・アヴドゥル（西洋魔術研究家、東京リチュアル主催）、マガリ（マガリスギ主催）、Z.A.Z.／婀聞マリ(Ecstasy Tarotblade)
２０１６年７／２神保町視聴室

◉Ｖｏｌ．11：Multicultural Symbiotic Societies ライブの出

張イベント
2016年12/8 大久保アースダム

◉Vol.12：オカルトとナショナリズム
出演：宇田川兵夫（フリンジカルチャー）
2016年12/18 大久保 Art Space BAR BUENA

◉Vol.13：インダストリアル・ミュージック・フォーク・インダストリアル・ユース
出演：DJ P.R.D.
2017年9/3 大久保 Art Space BAR BUENA

◉Vol.14：England's Hidden Revers 解体新書 オカルト文化とインダストリアル・ミュージック
出演：平山悠（Missing Sense）
2017年11/19 大久保 Art Space BAR BUENA

◉Vol.15：新魔女運動とオルタナティヴ・スピリチュアリティ
出演：河西瑛里子（人間・環境学博士）
2018年7/1 大久保 Art Space BAR BUENA

◉Vol.16：アイ・ヒア・ア・ニュー・ワールド、サード・サマー・オブ・ラブを探して
出演：磐樹炙弦（西洋魔術研究家、東京リチュアル主催）
2019年1/20 大久保 Art Space BAR BUENA

これらイベントに参加していただいた方々、またワケのわからないイベントにもかかわらず場所を提供してくれた店の方々には感謝しかない。

そしてトークイベントに不慣れな僕を辛抱強くサポートしてくれた相方の永田希さん（『積読こそが完全な読書術である』『書物と貨幣の五千年史』著者）にも最大の謝辞を表明したい。本当、永田さんがいなければイベントのシリーズ化は無理だったと思う。

また『INDUSTRIAL MUSIC FOR INDUSTRIAL PEOPLE』に引き続き書籍化実現に向けて尽力していただいたディスクユニオンの佐藤雄彦さん、DU BOOKS 稲葉

将樹さんにも感謝申し上げたい。多くの人々に支えられて生きていることを今実感しているマジで……。

さて本書を書き上げてから世界ではいろいろなことが起きた。

いまだ収束を見いだせないままの未知の疫病とウィルス問題、そして隣の大国での戦争、日本の元首相の射殺事件とカルト宗教&ＣＩＡやＫＣＩＡの歴史的暗躍、大衆化しその加速が手に負えないところまで浸透した陰謀論……ｅｔｃ

これらとどまることを知らぬ集合意識のカオスに対して「あなたの聴かない世界」的まなざしは次のステップに着手しなければならないと考えている。

前作『INDUSTRIAL MUSIC FOR INDUSTRIAL PEOPLE』出版前には３．１１が発生し、本書出版前には前述の出来事が発生したことを踏まえると、次に僕が何かを出版するときはそれこそ人類滅亡もありうるかもだが、まあ黙示録を記すくらいの気概で挑んでいきたい。

２０２２年冬

主要参考文献

第一章

『超常現象の事典』リン・ピクネット著、関口篤訳（青土社）

「ユリイカ」エリック・サティの世界　２０１６年１月臨時増刊号（青土社）

『世紀末シンドローム』海野弘著（新曜社）

『神秘学大全』ルイ・ポーウェル、ジャック・ベルジュ著、伊東守男編訳（サイマル出版会）

『現代オカルトの根源』太田俊寛（ちくま新書）

『ルポ 現代のスピリチュアリズム』織田淳太郎（宝島社新書）

『彼らはあまりにも知りすぎた』濱田政彦（三五館）

『注目すべき人々との出会い』Ｇ．Ｉ．グルジエフ著、棚橋一晃監修、星川淳訳（めるくまーる）

『テンプル騎士団』佐藤賢一（集英社新書）

『魔術 理論と実践』アレイスター・クロウリー著、島弘之、江口之隆、植松靖夫訳（国書刊行会）

『法の書』アレイスター・クロウリー著、島弘之、植松靖夫訳（国書刊行会）

『神智学の鍵』Ｈ・Ｐ・ヴラヴァツキー著、田中恵美子訳（神智学協会ニッポンロッジ）

『あの世の存在（いのち）に活かされる生き方』パット・クビス、マーク・メイシー著、冨山詩曜、臼杵真理子訳（徳間書店）

『日本会議の研究』菅野完（扶桑社新書）

『巨人 出口王仁三郎』出口京太郎（天声社）

『大本襲撃』早瀬圭一（新潮文庫）

『子午線 原理・形態・批評 Ｖｏｌ．５』（書肆子午線）

『「生長の家」教団の平成30年史』生長の家正史編纂委員会（光明思想社）

『新宗教 その行動と思想』村上重良（岩波現代文庫）

『ヒトラーとナチ・ドイツ』石田勇治（講談社現代新書）

『黒魔術師ヒトラー』ジェラルド・サスター著、近藤純夫訳（徳間書店）

『神秘学オデッセイ』高橋巌、荒俣宏（平河出版社）

第二章

『ドラッグ・カルチャー』マーティン・トーゴフ著、宮家あゆみ訳（清流出版）

『アシッド・ドリームズ』マーティン・Ａ・リー、ブルース・シュレイン著、越智道雄訳（第三書館）

『神経政治学』ティモシー・リアリー著、山形浩生訳（リブロポート）

『サイエンティスト』ジョン・Ｃ・リリー著、菅靖彦訳（平河出版社）

『ニューエイジの歴史と現在』レイチェル・ストーム著、高橋巌、小杉英了訳（角川選書）

『ファミリー』エド・サンダース著、小鷹信光訳（草思社）

『ロックミュージックのオカルト的背景』ヨハネス・グライナー著、竹下哲生訳（SAKAS-BOOKS）

『今を生き抜くための70年代オカルト』前田亮一（光文社新書）

『ジ・オウム』プランク編（太田出版）
『ニューエイジ「大曼荼羅」』北山耕平（徳間書店）
『神々のラッシュアワー』H.N.マックファーランド著、内藤豊、杉本武之訳（社会思想社）
『アイ・アム・ヒッピー』山田塊也（第三書館）
『トワイライト・フリークス』山田塊也（ビレッジプレス）

第三章

「ILLUMINATES OF THANATEROS」Wikipedia https://en.wikipedia.org/wiki/Illuminates_of_Thanateros
「THEE TEMPLE OV PSYCHICK YOUTH」Wikipedia https://en.wikipedia.org/wiki/Thee_Temple_ov_Psychick_Youth
『無の書（現代魔術大系）』ピート・J・キャロル著、秋端勉監修、金尾英樹訳（国書刊行会）
『ドラッグソウル』黒野忍（スタジオビート）
『危ない薬』青山正明（データハウス）
『ノイズ・ウォー』秋田昌美（青弓社）
『ENGLAND'S HIDDEN REVERSE』DAVID KEENAN（STRANGE ATTRACTOR）
『MISSING SENSE』平山悠（自主出版）
『LIVE AND LET LIVE』平山悠（自主出版）
『アート セックス ミュージック』コージー・ファニ・トゥッティ著、坂本麻里子訳（Pヴァイン）
『ポストパンク・ジェネレーション1978-1984』サイモン・レイノルズ著、野中モモ訳（シンコーミュージック）
『魔女の世界史』海野弘（朝日新書）
『グラストンベリーの女神たち』川西瑛理子（法藏館）
『日本巫女史』中山太郎（国書刊行会）
『リモノフ』エマニュエル・キャレール著、土屋良二訳（中央公論新社）
『ユーラシアニズム ロシア新ナショナリズムの台頭』チャールズ・クローヴァー著、越知道雄訳（NHK出版）
『ブラック・メタルの血塗られた歴史』マイケル・モイニハン、ディードリック・ソーデリンド著、島田陽子訳（メディア総合研究所）
『東欧ブラックメタルガイドブック：ポーランド・チェコ・スロヴァキア・ハンガリーの暗黒音楽』岡田早由（パブリブ）

第四章

『問答2000』（東京リチュアル）
『コスミック・トリガー』ロバート・A・ウィルソン著、武邑光裕訳（八幡書店）
『サイケデリック神秘学』ロバート・A・ウィルソン著、浜野アキオ訳（ペヨトル工房）
『MDMA大全』MDMA研究会（データハウス）
『サイケデリック・トランス・パーティー』木村重樹（河出書房新社）
『たかがバロウズ本。』山形浩生（大村出版）
『ウィリアム・バロウズ―視えない男』バリー・マイルス著、飯田隆昭訳（ファラオ企画）

『The KLF ハウスミュージック伝説のユニットはなぜ１００万ポンドを燃やすにいたったのか』ジョン・ヒッグス著、中島由華訳（河出書房新社）

『サイベリア―デジタル・アンダーグラウンドの現在形』ダグラス・ラシュコフ著、大森望訳（アスキー）

『ブレイク・ウイルスが来た!!』ダグラス・ラシュコフ著、日暮雅通、下野隆生訳（ジャストシステム）

『TEAM HUMAN』DOUGLAS RUSHKOFF（W W NORTON）

『今すぐソーシャル・メディアのアカウントを削除すべき10の理由』ジャロン・ラニアー著、大沢章子訳（亜紀書房）

『人間はガジェットではない』ジャロン・ラニアー著、井口耕二訳（早川書房）

『資本主義リアリズム』マーク・フィッシャー著、セバスチャン・ブロイ、河南瑠莉訳（堀之内出版）

『ダークウェブ・アンダーグラウンド』木澤佐登志（イースト・プレス）

『ニック・ランドと新反動主義』木澤佐登志（星海社新書）

『NEW AGE MUSIC DISC GUIDE』（自主出版）

著者プロフィール

持田保

1967年生まれ。青森県弘前市出身。工場労働者兼リアル・インダストリアル・ライター。『INDUSTRIAL MUSIC FOR INDUSTRIAL PEOPLE!!!』(DU BOOKS)著者。恐山 Vibration 主催。

寄稿・執筆者プロフィール

永田希

著述家・書評家。1979年コネチカット州生まれ。書評サイト「Book ニュース」主宰。『このマンガがすごい!』『週刊金曜日』『図書新聞』『週刊読書人』などに執筆。単著に『積読こそが完全な読書術である』(イースト・プレス、2020年)、『書物と貨幣の五千年史』(集英社、2021年)。現在、鋭意新著の準備中。

宇田川岳夫

1957年生まれ。東京都出身。フリンジカルチャー研究家。著書『マンガゾンビ』『フリンジカルチャー』、共著『J・A・シーザーの世界』(現在すべて絶版)

磐樹炙弦

1973年生まれ。近現代オカルティズム、現代魔術研究。翻訳に、M.K. グリーア『タロットワークブック』、R. ポラック『タロットバイブル』(朝日新聞出版)ほか。心療内科 HIKARI CLINIC(岡山市)でフローティングタンク 、集団精神療法、VR カウンセリング "HIKALY" 担当 。# ハードコア星占い

あなたの聴かない世界

スピリチュアル・ミュージックの歴史とリスニングガイド

2023年4月1日　初版発行

著　持田保

企画・編集　佐藤雄彦（ディスクユニオン）

デザイン　北村卓也

編集・制作　筒井奈々（DU BOOKS）

発行者　広畑雅彦
発行元　DU BOOKS
発売元　株式会社ディスクユニオン
東京都千代田区九段南 3-9-14
編集　tel 03-3511-9970 ／ fax 03-3511-9938
営業　tel 03-3511-2722 ／ fax 03-3511-9941
https://diskunion.net/dubooks/

印刷・製本　大日本印刷

ISBN 978-4-86647-198-3

本書の感想をメールにてお聞かせください。 dubooks@diskunion.co.jp

INDUSTRIAL MUSIC FOR INDUSTRIAL PEOPLE!!!

雑音だらけのディスクガイド511選

持田保 著

燃えつきるより、サビつきたい!!!

「工場産業従事者のための工業音楽」スロッビング・グリッスルのデビュー作のジャケットに記載されたこのスローガンにより誕生したといわれる「インダストリアル・ミュージック」。

世界初、ノイズ&インダストリアルの厳選盤511枚を紹介するディスクガイド。

本体2000円+税　A5　221ページ　好評3刷!

ニューエイジ・ミュージック・ディスクガイド

環境音楽、アンビエント、バレアリック、テン年代のアンダーグラウンド、ニューエイジ音楽のルーツまで、今聴きたい音盤600選

門脇綱生 監修

癒し(ヒーリング)系だけじゃない!　70年代のルーツから、2次元イメージ・アルバム、自主盤、俗流アンビエントまで。世界的なニューエイジ・リバイバルを読み解く決定版。
インタヴュー:細野晴臣×岡田拓郎、尾島由郎×Visible Cloaks、Chee Shimizu×Dubby
コラム:持田保(『INDUSTRIAL MUSIC』)、江村幸紀(EM Records)、ばるぼら、柴崎祐二、糸田屯、TOMC、動物豆知識bot。

本体2200円+税　A5　224ページ(オールカラー)　好評3刷!

新蒸気波要点ガイド

ヴェイパーウェイヴ・アーカイブス2009-2019

佐藤秀彦 著　New Masterpiece 編集

近未来?　ノスタルジー?　インターネット発の謎多き音楽ジャンル「Vaporwave(ヴェイパーウェイヴ)」の誕生から現在までを紐解く、世界初にして唯一の"レコード屋では売っていない音楽"のディスクガイド。

総計300作品の年代別ディスクレビューのほか、アーティストやレーベルオーナーへのインタビュー、用語辞典、年表などを収録。

本体2500円+税　A5　192ページ(オールカラー)　好評4刷!

ベース・ミュージック　ディスクガイド

BAAADASS SONG BASS MUSIC DISCGUIDE

ベース・ミュージック　ディスクガイド制作委員会 著

「GROOVE」、ototoy、CINRA.NETにて紹介されました!

Diplo、サウンドシステムeastaudio(VOID)、菊本忠男(TR-808開発者)インタビュー収録!　重要作400以上掲載!

UK、US、南米からアフリカ、インターネットまで。歴史、場所を超え、拡散するサウンド+カルチャー。踊れ、体験せよ!

本体2000円+税　A5　208ページ

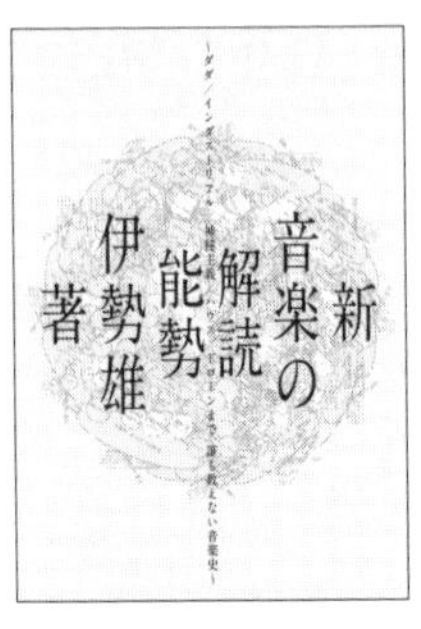

新・音楽の解読

ダダ／インダストリアル／神秘主義／ハウス／ドローンまで、
誰も教えない音楽史

能勢伊勢雄 著

松岡正剛氏をして「強力アーカイブ」と言わしめた、アンダーグラウンド ポップカルチャーの「生き字引き」＝能勢伊勢雄。その歴史約40年分とも言われるこれまでの活動の歩みをパッケージング、独自の切り口でレクチャーした著作です。万単位を超える能勢伊勢雄氏所蔵のレコードジャケットとその解説を軸に、書籍、フライヤー、メディアパッケージ、その他の秘蔵ビジュアル写真を多数収録！

本体2200円＋税　A5　168ページ（カラー16ページ）

ナース・ウィズ・ウーンド評伝

パンク育ちのシュルレアリスト・ミュージック

平山悠 著

ナース・ウィズ・ウーンド（NWW）とは何か？　パンク・ムーヴメント以降のシーンに何が起こっていたのか？を明らかにする画期的な1冊。もっともミステリアスなバンドの中心人物、スティーヴン・ステイプルトンに著者が直接インタビューを敢行!! 40年以上のキャリアを誇るNWWの歴史と同時に、パンク以降のDIY精神の在り方を模索した人々の物語を辿った骨太なクロニクル。

本体3500円＋税　A5　264ページ（カラー口絵16ページ）

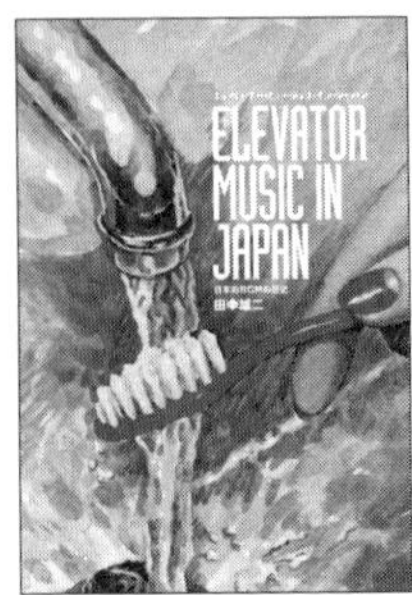

エレベーター・ミュージック・イン・ジャパン

日本のBGMの歴史

田中雄二 著

名著『電子音楽 in Japan』の著者による、入魂のジャパニーズBGM史！
海外で生まれたBGMビジネスが、日本にどのように持ち込まれ普及していったのか？　その歴史をビジネス界のトレンド、ハードウエア史、著作権の変遷など、さまざまな視点を絡めながら、今日に至るヒストリーを振り返る。
日本初のBGM年表も掲載！　装画：奥村靫正。

本体2200円＋税　A5　216ページ　好評2刷！

世界のレイヴの歩き方

準備、行き方、楽しみ方まで あたらしい自分に出会う旅

頑津雲天 著

唯一無二の非日常体験。各国のレイヴを、アクセス・入場料・天候や物価、出演者ラインナップまで、徹底ガイド。レイヴ飯・ファッション・1日の過ごし方・レイヴLOVER座談会など、読みものも充実！　レイヴには、ダンスの快楽や刺激と共に、多くの困難と知恵比べが必要となる。——まさにサバイバル。アジア〜ヨーロッパ、アフリカまで、まだ見ぬ土地へ、ダンスの旅！　世界で、踊ろう。

本体2200円＋税　A5　176ページ